ワードマップ

現代現象学

経験から始める哲学入門

植村玄輝・八重樫徹・吉川 孝 編著
富山 豊・森 功次 著

新曜社

まえがき

現象学とは何か。フッサールの最初期の著作から半世紀も経ってなおこんな問いを発せねばならぬとは、いかにも奇妙なことに思えるかもしれない。それにもかかわらず、この問いはまだまだ解決からはほど遠いのだ。（M・メルロー＝ポンティ『知覚の現象学1』竹内芳郎・小木貞孝訳、みすず書房、一九六七年、一頁。）

メルロ＝ポンティがこのように書いてからすでに七〇年以上の歳月が流れたが、「現象学とは何か」は、あいかわらず簡単に答えることができない問題であり続けている。こうした事情の一因は、フッサールによる創始以来、現象学がつねに拡張または拡散を繰り返してきたことにあるだろう。「事象そのものへ！」をモットーとする現象学には、論じられる事象と同じだけ可能性がある。実際、これまでさまざまな学問が現象学の観点・方法を取り込んでおり、『〜の現象学』というタイトルの本は枚挙に暇がない。このようにさまざまな展開に対して開かれていることは、間違いなく現象学の魅力の一つである。だが、狭い意味での哲学のなかに収まらない現象学の柔軟さばかりに目をやると、現象学はそもそもどのような哲学なのかということは、ますます掴みどころのないものになってしまうようにみえる。

こうした状況に一石を投じるべく書かれたのが本書である。現象学は哲学として生まれ、哲学の問いに取り組んできた。本書はそのような哲学としての現象学を現代に蘇らせようとする試みであり、現象学を通じて哲学に入門するための手引きである。したがって、フッサールをはじめとした古典的な現象学者の注釈・解釈を目的にはしていない。また、心理学、社会学、教育学、考古学などの人間を対象とする個別科学に方法論として組み込まれているかぎりでの現象学も、さしあたり本書の主題ではない。本書のタイトル「現代現象学」は、現代哲学のなかに現象学を再び位置づけようとする意図をあらわしている。もちろん、これとは別の方針のさまざまな「現代現象学」の可能性が成立しており、本書の立場からもそれらは歓迎されるかもしれない。しかし、執筆者たちは、現代の現象学はさしあたり本書のようなスタイルが望ましいと考え、その姿をなるべくはっきりと描き出してみた。

本書は、第1部・基本編と第2部・応用編という大きく二つの部分に分かれている。現象学を通じての哲学への入門という本書の目的に応じて、基本編と応用編はそれなりに独立しており、それぞれ異なる役割を担っている。

第1部・基本編……現象学的哲学の基本的な発想や概念の解説
第2部・応用編……哲学の諸問題に対する現象学からのアプローチの試み

基本編（第1章 現代現象学とは何か、第2章 経験の分類、第3章 経験の志向性と一人称性）

では、現象学的哲学の基本となる事柄を解説する。したがって、現象学についての基本的な知識を必要とする人は、まずは基本編に目を通していただきたい。

応用編（第4章 志向性、第5章 存在、第6章 価値、第7章 芸術、第8章 社会、第9章 人生）は、哲学の諸問題をあつかう。これらは、哲学の伝統のなかで重要とされてきたテーマの一部であり、現代においてもなお議論されている。本書は、現象学的立場からの哲学へのアプローチとして、あえて伝統的な哲学の諸問題を引き受ける。哲学の諸問題のそれぞれに関心がある人は、応用編から読み始めていただいてもかまわない。応用編のそれぞれの章は独立しており、どの章から読み進めても、理解するのに差し支えない。また、応用編の各章は、たとえば第4章が【4−1 思考と真理】と【4−2 意味と経験】というように、前半と後半との二つの項に分かれている。これらの項もそれぞれがそれなりに独立した内容になっており、どのように読むかについては読者に委ねられている。

本書は、過去の哲学書の注釈や解説を目的としているわけではないが、フッサールを中心とする古典的な現象学的哲学のテキストを読むときに参考にできるような工夫が施されている（本書の注において、本文の論述と現象学的哲学の主要著作との関連を示すようにしている）。哲学者の書いた文章が、どのような問題や議論のなかを動いているかを知ることは、その哲学者のテキストの読解において大きな意味をもつだろう。哲学の問題や議論をふまえることなしに、哲学書を読むことはできない。

本書は、通常の現象学の入門書の冒頭で紹介される「現象学的還元」「形相的還元」などの方法にはほとんど言及しない。というのも、方法論から話を始めると議論が抽象的になりがちであるし、手段と目的の関係が転倒してしまうことにもなりかねないからである。泳ぎを覚えるには、座学から始めるのではなく、まず水に入って体を動かしてみるのがよい。本書の目的は、あくまでも哲学の問いを考察することであり、問うべき主題から切り離した現象学の方法をそれ単独で明らかにすることではない。現象学のアプローチの特徴——長所だけでなく短所も含めて——は、さまざまな哲学の問題の考察を通じて示されることになるであろう。

本書は、現象学的哲学のみならず、哲学一般への入門書を企図して書かれた。本書にこれまでの現象学の入門書とは異なる傾向があるとすれば、問題への志向、特に伝統的な哲学の問題への強い志向によるものであろう。この新しい試みはしかし、現象学をつくりあげた哲学者たちが伝統的な問題を自ら新たに考えようとした人々だったことを考えるなら、正統な現象学を取り戻そうとする試みでもある。本書を通じて、読者が現象学そのものに親しみ、自ら哲学するようになることを願う。

執筆者一同

現代現象学——目次

装幀＝加藤光太郎

第1部　基本編

第1部では、「現象学とは何か」について本書の立場から概説します。

現象学は、**私たちの経験の探究**です。私たちは世界のなかでさまざまな対象に出会い、さまざまな仕方でかかわっています。私たちと世界の対象との関係がここで「経験」と呼ばれています。現象学は、経験の探究を通じて世界を理解し、それと同時に世界を経験する私たち自身をも理解します。しかも、本書における現代現象学は、ひたすら経験を記述することを目標とし、それだけで満足するのではなく、もともと現象学がそうであったように、**哲学の問い**に取り組みます（第1章）。

哲学の問いを検討するにあたり、さまざまな**経験の分類**を試みます。この作業は現象学の手法のデモンストレーションという意味をもつでしょう。分類の起点となるのは、私たちにもっとも身近である知覚という経験です。物を見ることという意味での知覚の特徴が明らかにされ、それと対比されるかたちで、想像、想起、像意識、他者認知、思考、感情、意志・行為という経験が分類されます（第2章）。

そのうえで、これらの経験が経験としてもっている一般的特徴について検討します。まず経験には、「何かについて」のものであるという**志向性**が見いだされます。さらに経験には、「私にとって」のものであるという**一人称性**が備わっていることが示されます。これらの二つが経験の一般的特徴として認められるかどうかをめぐって、現代の心の哲学でも論争がありますが、ここでは、少なくとも本書であつかう経験がそれらの特徴を備えていることを、哲学の議論のなかで**論証**してみます（第3章）。

では、私たちとともに、経験の探究を通じて、哲学の議論に取り組みながら、世界と自己とを理解する旅に出てみましょう。

第1章　現代現象学とは何か

いったいどのようにして、意識としての経験が対象を与えたり対象に的中したりしうると言うのだろうか。どのようにして、経験が経験によって、ただ主観的に廃棄しあったり強めあったりするだけではなく、たがいに権利を与えあったり修正しあったりすることができるのだろうか。どのようにして、経験に根ざした論理的な意識のはたらきが、客観的に妥当するものを、つまりそれ自体において存在している事物に妥当するものを言いあらわすべきなのだろうか。

(E. Husserl, "Philosophie als strenge Wissenshaft," in *Aufsäize und Vorträge*（*1911-1921*), Hua XXV, p.14)

《ほらね、君が現象学者だったらこのカクテルについて語れるんだよ、そしてそれは哲学なんだ！》

サルトルは感動で青ざめた。ほとんど青ざめた、といってよい。それは彼が長いあいだ望んでいたこととぴったりしていた。つまり事物について語ること、彼が触れるままの事物を……そしてそれが哲学であることを彼は望んでいたのである。

（ボーヴォワール『女ざかり　上』、朝吹登水子・二宮フサ訳、紀伊國屋書店、一二五－一二六頁）

1−1 現象学の特徴

本書における「現象学」とは、二十世紀の初頭にE・フッサール[1]によって創始された哲学的伝統のことである。その基本的な着想の起源は彼の師にあたるF・ブレンターノ[2]にまで遡ることができる[3]。彼らは、意識経験の**記述的分析**に根ざして、哲学の問題をめぐる**論証**を進めるという方法を共有している。この流れはやがて「**現象学運動**[4]」として展開されて、二十世紀の哲学に大きな足跡を残しており、さらには、心理学、社会学、教育学、精神分析学、看護学などの諸分野でも受容されている。

1 経験の探究

現象学とは何か。それはどのような学問であり、どのような特徴をもっているのだろうか。フッサール以後、M・シェーラー、M・ハイデガー、M・メルロ＝ポンティ、J‐P・サルトル、E・レヴィナスなどがそれぞれの現象学的哲学を形成しているが、それらに共通する特徴はあるのだろうか。たしかに、現象学者の数だけ現象学があり、現象学を一つのものとして定義することは難しい。しかし、次の点において

[1] E・フッサール（一八五九―一九三八年）、主な著作に『論理学研究』（一九〇〇―〇一年）、『純粋現象学および現象学的哲学のための諸構想　第一巻（イデーンI）』（一九一三年）。

[2] F・ブレンターノ（一八三八―一九一七年）、主な著作に『経験的立場からの心理学　第1巻』（一八七四年）、『道徳的認識の源泉について』（一八八九年）。

[3] 哲学史における「現象学（Phänomenologie）」の初出は、一七六二年のF・C・エティンガーやJ・H・ランベルトと言われている。その後も、カントやヘーゲルによって用いられている。現代の心の哲学においても、主観的体験そのもののことを現象学と呼ぶことがある。K. Schuhmann "Phenomenology: a Reflection on the History of the Term," in S. Luft & S. Overgaard (eds.), *The Routledge Companion*

は、多くの現象学者が一致しているように思われる。

現象学は私たちの経験を探究する。

たとえば、**物**の現象学的解明は、**知覚**という経験の進行のなかで物がさまざまな側面から私にとって与えられることを明らかにする。そこでとりあげられるのは、物の経験であり、しかも、私たちが実際にもつ（もちうる）ような経験である。現象学は何よりもまず私たちの経験に着目して、それがどのようになっているかを明らかにする。

私たちの経験には、ある種の**不完全性**がともなっている。私たちは自分の**身体**のある「ここ」から物を知覚し、物を一つの側面からのみ見ており、すべての側面から一挙に捉えるわけではない。私たちの経験が「ここ」に拘束されていることは、経験が「私」という**一人称的な観点**をもつことに深く関係している。[5] つまり、「ここ」から物が見えるということは、物が「私にとって」そのように現れているということにつながっている。経験は**私にとってという性格**（for-me-ness）をもっており、私という観点からのまとまりをもっている。したがって、経験に根ざした知識はすべて、「私にとって」という方向性において獲得される。経験そのものや経験によって与えられるものは、まず何よりも私にとってこそアクセス可能であるし、さしあたり私によっ

to Phenomenology, Routledge, 2012, pp. 657-688.

［4］ H・スピーゲルバーグ『現象学運動（上・下）』（立松弘孝監訳、世界書院、二〇〇〇年）は、現象学の歴史についての古典的著作であり、現象学とは何かを考えるための基本文献である。

［5］ 経験の一人称性については、【3－3　経験の一人称性】を参照。

てアクセスされている。[6] 経験の探究としての現象学は、私という観点に根ざし、この観点を捨象することなくそのまま引き受けることになる。

現象学は、一人称的な観点から私たちの経験を探究する。

しかし、経験は、物から区別される**心**の内面に位置づけられるわけではない。経験は心のうちで閉じているのではなく、私たちは経験を通じて物や**自己**や**他者**や**社会**などのさまざまな対象に出会っている。言い換えれば、私たちがそれを通じて何かに出会うときの通路のことが、ここで「経験」と呼ばれているのだ。この意味では、**世界**への私たちのかかわり方のすべてが経験のヴァリエーションであり、世界のあらゆるものが経験の対象になることができる。[7] 空間時間的に存在して、いつどこにあるかを指摘できるような**具体的なもの**のみならず、数などの**抽象的なもの**までが経験の対象でありうる（【4―2　意味と経験】）。しかも、**実体**のみならず、何かと何かとの**関係**、何かに生じる**出来事**、さらには時間的に変化する**プロセス**なども経験されうる。[8] このほかにも言語の**意味**（【4―2　意味と経験】）、美しさなどの**価値**（【6―1　価値と価値判断】）、善悪にかかわる**道徳**（【6―2　道徳】）、交響曲などの**芸術作品**（【7―1　音楽作品の存在論】）、**契約**などの**社会的対象**（【8―2　約束】）などにも、私たちは経験を通じて出会っている。現象学は、このような経験に眼を向けることで、

[6] とはいえ、経験は完全にプライヴェートなものであるわけではない。他者についての経験が成立するのであれば、他者の経験についての知識を獲得することができる（【8―1　他人の心】）。そうしたことから、経験は、複数の経験主体にも開かれていて、「私たち」にとってのものでもありうる。

[7] 「経験」の用語法については【1―4　現代現象学のもくろみ】第2節を参照。

[8] こうした論点からの現象学入門として以下がある。J. Smith, *Experiencing Phenomenology An Introdution*, Routledge, 2016.

世界のあらゆる対象を理解しようとする。

現象学は、一人称的な観点から私たちの経験を探究することで世界を理解する。

ここでは、現象学についてのより具体的なイメージを示すために、現象学者による探究の成果を確認してみよう。

2 物を見る

よく知られている現象学の成果の一つに、物の知覚の分析がある。知覚とは、眼で見る、耳で聴くなどの**感覚**を通じた認識のことであり、フッサールやメルロ＝ポンティ[9]によれば、さまざまな経験の基本的な層をなしている。

私たちが少し離れたテーブルに置かれた珈琲カップを見るとき、その全体が一挙に与えられることはなく、いまの時点ではここからカップの反対側や内側や底は見えていない。しかし、私たちは見える部分だけを知っているのではなく、その部分を通じて、見えない部分をともなった物をまるごと経験している。少なくともそれが珈琲カップという意味をもつかぎり、私たちは見えていない裏側や内側も意識している。私たちはそうした部分についてある種の予想をもっていて、カップのなかには珈琲が注

[9] M・メルロ＝ポンティ（一九〇八－一九六一年）、主な著作に『行動の構造』（一九四二年）、『知覚の現象学』（一九四五年）。

がれていると思い込んでいる。私がカップに近づき、その内側をのぞきこみ、ほんとうに珈琲が入っているかどうかを確かめることができる。

ここで重要なのは、次の二つの点である。第一に、ここでは、同じ物がさまざまアングルからそのつど一面的に経験されており、**知覚対象（現れるもの）**はそのつどの**射映（現れ）**を通じて与えられる。つまり、さまざまな射映を通じて、同じ一つのカップが見いだされるのだ。ここには、多様な射映にもかかわらず統一性をもった対象が現れており、多様性と統一性との相関関係が成立している。[10] 現れはさまざまであり、そのつど異なっているが、そうした現れの多様性を通じて、あくまでも同じ一つのものが現れている。たしかに、そのつどさまざまに変化する現れに眼を向けて、それらを感覚の多様性として描写できるが、私たちの知覚は、そうした多様性を通じてそれなりの統一性をもった物という対象に出会っている。[11]

第二に、このような現象学的分析は、知覚経験の事実を報告しているだけではなく、私たちの認識（日常生活、自然科学、哲学をふくむ）にかかわる洞察を述べている。つまり、私たちの知覚は、原理的に不完全なものであり、対象を完全に知ることができない。[12] 知覚がこうした**一面性**をもつことは、私たちの**身体性**（身体をもっていること）に由来している。私は、私の身体がある「いま・ここ」から、「そこ」にあるカップを見たり、「さっき」あったカップを思い出したりする。私が移動する場合にも、私は身体のある「ここ」からカップの異なった面を見ることになるし、過去の

[10] フッサールは、サイコロの例を好んで用いている（『ブリタニカ草稿』谷徹訳、ちくま学芸文庫、二〇〇四年、一三頁、五八－六〇頁。『デカルト的省察』浜渦辰二訳、岩波文庫、二〇〇一年、第一七節）。サイコロなどの立方体の知覚の例を理解する場合には、対象の面と経験の側面との違いに注意しなければならない。対象の性質として六つの面（表面）があり、そのサイコロを、私たちはそのつど一つのアングル（側面）から経験する（フッサール『ヨーロッパ諸学の危機と超越論的現象学（以下、危機）』細谷恒夫・木田元訳、中公文庫、一九九五年、第四五節）。なお、視覚以外の知覚が射映構造をもつかについては議論があるが、A・D・スミスは知覚経験全般を射映構造（パースペクティヴ性）によって特徴づけている（A. D. Smith, *The Problem of Perception*, Harvard University Press, 2002, chap. 5.）。

カップを**想起**する場合にも、私は「いま」の時点から、過去の対象を想起している。私たちの知覚や想起は身体に拘束されており、対象の完全な認識に到達することはない。私たちの世界認識には、このような身体性に根ざした不完全性が備わっている[13]。

3　道具を使う

M・ハイデガー[14]やM・シェーラー[15]は、知覚のような**認識**の場面よりも**行為**のような**実践**の場面を重視している。とりわけ、ハイデガーによる**道具使用**の現象学的分析は、**日常性**そのものを主題にしたことでおおきな注目を集めてきた[16]。

私たちがハンマーという道具を使用するときには、それは対象として知覚されるわけではない。むしろ、ハンマーは手のなかにあって、釘を打つために使用されている。このとき、私たちの関心はハンマーという対象にではなく、釘をうまく打つことに向かっている。使用中のハンマーは**目立たなさ**のなかで働いているが、私たちはそれを熟知している。自転車の乗り方やスマートフォンの使い方などについては、言語化されたマニュアルを暗記していなくても、私たちはそれらに精通しているのである。

むしろ、物を対象として知覚して、その形や大きさなどを観察するのは、道具が故障したときなどの特別な場合にかぎられる。壊れたときに初めて、釘を打つ面の凸凹や握りの部分の裂け目などの形状が際立ってくる。日常に即した見方をすれば、私た

[11]　こうした見解とは異なって、「**センスデータ**（感覚与件）だけが、直接的に知られうる」という立場がある（B・ラッセル『哲学入門』高村夏輝訳、ちくま学芸文庫、二〇〇五年、第一章。A・J・エイヤー『知識の哲学』神野慧一郎訳、白水叢書、一九八一年、第三章）。フッサールからすれば、経験は感覚の多様と対象の統一という二つの契機をもっていることが重要であり、一つの契機のみを取りあげることは経験を抽象していることになる。この点については【3−2　経験の志向性】第1節を参照。

[12]　フッサール『イデーンI−1』渡辺二郎訳、みすず書房、一九七九年、第四四節。経験の不完全性について、【5−1　実在論と観念論】では理論哲学的考察が、【9−2　哲学者の生】では実践哲学的考察がなされている。

[13]　知覚経験と身体の関係については、【3−3　経験の一人称性】第5節を参照。

ちはまずハンマーを使ったり、自転車に乗ったりしているのであって、何らかの必要が生じたときにそれらを対象として観察するにすぎない。このように、実践における知識は、科学などの理論的関心が求めている知識とはまったく異なっている。[17]

さらには、使用中のハンマーは、「釘を打つため」という用途の**指示**をもつからこそ、そのように使用されている。釘を打つのは「壁に額を取り付けるため」であり、それはさらに「先日購入したポスターを飾り付けるため」であり、それはさらに「部屋の模様がえをするため」である。このように、道具は「…ためのもの」という「**適所性**（Bewandtnis）」において力を発揮しながら存在している。こうした道具の存在は、自己にとってさまざまな**有意義性**の連なりを示しており、**全体としての世界**をかたちづくる。[18] 私が大学生だとするならば、私がそこで生きている世界は、学ぶことをめぐる**意義**をもっており、座るためのもの、書くためのもの、授業開始を知らせるためのものなどが意義の連関をなしている。大学生は、このような世界を熟知しており、**馴れ親しみ**のなかで世界そのものが存在している。しかも、私はたまたま二十一世紀の日本の大学の学生として、Wordで作成したレポートをメールで提出したり、IDカードで出席をとったりする世界を生きてしまっている。

このような道具や世界の分析は、知覚などによる認識にさきだって、日常の日常性が馴れ親しみによって成立することを明らかにしている。こうした指摘は、知覚を基礎として経験の構造を明らかにしたフッサールへの批判を含んでいる。

[14] M・ハイデガー（一八八九－一九七六年）、主な著作に『存在と時間』（一九二七年）、『カントと形而上学の問題』（一九二九年）。

[15] M・シェーラー（一八七四－一九二八年）、主な著作に『倫理学における形式主義と実質的価値倫理学』（一九一三－一六年）。

[16] ハイデガー『存在と時間』（翻訳多数、第一四－一八節）。門脇俊介『『存在と時間』の哲学I』産業図書、二〇〇八年、第五章。H・ドレイファスは、『存在と時間』の核心に「技能の現象学」を読みとっている（H・ドレイファス『世界内存在』門脇俊介監訳、産業図書、二〇〇〇年、三頁）。

[17] 行為における知識のあり方については、【9－2 哲学者の生】でも検討されている。

[18] こうした分析は、世界を空間的延長としてのみ捉えるデカルト

4　経験という観点

知覚や行為の現象学は、そうした経験をありのままに記述することに意味があるわけではない。知覚の分析は、「色は客観性をもつのか」などの**感性的性質**の身分をめぐる問題、「目の前の珈琲カップが本当に存在するのか」という**実在**をめぐる問題、「心と身体はどのように関係するのか」をめぐる**心身問題**などを考察する手がかりとなる。フッサールやメルロ＝ポンティは、私たちの経験が多様性を通じて統一性をもった対象に出会うことを指摘しながら、主観と客観、心と身体とを峻別する**二元論**という発想の困難を論じようとしていた。

道具使用の分析も、「何かが存在するとはどのようなことか」という**存在**や**真理**をめぐる問題、さらには「私たちの行為とは何であり、それはどのような制約を受けるのか」という**行為**をめぐる問題に立ち入っている。ハイデガーは、私たちのあらゆる振る舞いが私たちの馴れ親しんだ世界によって制約されていることをふまえ、世界という**文脈**を捨象して心や行為や出来事などを考察する哲学の伝統を批判していた[19]。このようにフッサールにとってもハイデガーにとっても、経験は哲学の問題を考察するための観点という意味をもっていた[20]。

への批判でもある（ハイデガー前掲書、第一九—二一節）。

[19]　私たちの存在が「世界内存在」と呼ばれている（ハイデガー前掲書、第一二節）。こうした洞察が近現代の心の哲学や行為の哲学への批判になっている点については、以下を参照。池田喬『ハイデガー　存在と行為——『存在と時間』の解釈と展開』創文社、二〇一一年。

[20]　この点については、【1-4　現代現象学のもくろみ】第1節も参照。

1-2

出発点としての経験

現象学は、経験の探究を通じた世界の理解であり、世界のなかの物や道具の経験に目を向けながら、哲学の問題に取り組もうとしている。ここでは、こうした現象学的探究の特徴を確認しておきたい。

1　出発点としての経験

私たちは、身体のある「いま・ここ」から世界にかかわっており、私たちによる世界についてのどのような認識もこの地点を出発点としており、回避することはできない。たしかに、私たちは「色とは何か」「心とは何か」について科学的に探究して、何らかの成果をあげることもできる。しかし、重要なのは、客観性を重んじる探究においても、色や心についての経験が欠かせないということだ。色を見る経験、自分や他人を心をもつ者と見なす経験などのなかで、私たちは色や心に出会っている。色彩科学や心理学の営みも、みずからの解明しているものがまさに色や心であると主張するためには、こうした経験を無視することはできない。これらの経験と何らかのつながりがあるからこそ、私たちは色や心について解明し、語ることになるのだ。

現象学による世界の探究は、経験を事実上の出発点とする。

事実上の出発点ということは何を意味するのだろうか。現象学が経験から始めるという態度をとることは、特定の理論上の立場をあらかじめ決定することを意味するわけではない。たとえば、**物理主義**は、世界のあらゆるものは物質であるという想定から出発して、あらゆる対象を物理学によって説明しようとすることがある。[1] 場合によっては、物理学では説明できない心の存在が認められることで、こうした物理主義の出発点が撤回され、**心身二元論**が正当化されるかもしれない。しかし、経験という観点は、理論のうえで採用することを決定して、場合によっては撤回するような出発点なのではない。経験はすでに事実上私たちの誰もが手にしており、私たちが私たちであるかぎり、取り除くことのできないものである。現象学は、事実上すでに出発点となっているものを確認するのであり、この出発点はあえてそれを無視することはできても、撤回することはできないだろう。物理主義者であれ心身二元論者であれ、心と物をめぐる思考を展開するとき、少なくとも心や物についての経験をもっていなければならないのだ。物理主義が論証に成功する場合にも、さしあたり心として経験されているものを考察するかぎりで、心の経験が出発点になっていたのであり、その事実

[1] 物理主義については、【5-2 心身問題】第3節も参照。

を打ち消すことはできない。
一方たしかに、狭い意味での「経験されないもの」が存在しており、科学的探究にとってはむしろそうしたものが大きな役割を果たしている。さらには科学的探究ではない日常の場面においても、**想像**したもの、他人から伝えられたこと、**伝統**として自明なことなど、狭い意味では経験とは呼べないものが、私たちの認識において大きな意味を担っている。ケンタウロスや人魚などの半人半獣について、たしかに私たちは知覚という意味において経験するわけではない。しかし、それらについても、いまここにいる私たちが絵画や映画などで見たり、文学作品における叙述を読んだりするかぎりで自由に想像することができる。そのような意味において、私たちの経験の営みの対象になっている。さらには、自然科学においては、観察されうる対象のみならず、**理論的対象**という観察されえない対象が探究されている[2]。たとえば、電子の存在がはじめて確認されたとき、陰極線が真空管のなかを通るあいだに電場と磁場によって曲げられることが手がかりになった。いまでも、霧箱のなかを電荷を帯びた素粒子が通過するときに、蒸気の影を痕跡として残すことで、電子の存在が確認される。電子のような対象は、直接的には観察されないけれども、何らかの痕跡を手がかりとして、理論の水準において存在すると見なされるのであり、そうした意味において自然科学者によって経験されている。

［2］戸田山和久『科学哲学の冒険――サイエンスの目的と方法をさぐる』NHK出版、二〇〇五年、第二章、第六章。

2　現象の相のもとで

経験の及ぶ範囲において私が出会うものは、私にとって「**現われるもの**」としての「**現象**」と言い換えることができる。現象学は経験の範囲に収まるものを主題としており、現象学における現象とは、経験と経験されるものという二重の意味をもっている[3]。いまここで私にとって何かが経験されることは、何かが私にとって現われること（＝**現象性**）である。

現象学は、経験に根ざす哲学であり、経験を出発点とするのみならず、あえて経験にとどまろうとする。経験の及ぶ現象性のなかで、世界のあらゆる対象を理解することが、現象学の理想的なプログラムである。私たちが物を経験するとき、たとえばその形や大きさや色などを知覚する。私にとっての現象という観点における世界は、純粋に客観的な物理学的世界とは異なっており、ある種の主観性をもったものとして、まともな科学的探究からは捨象されるかもしれない。とりわけ色は、伝統的に、客観的な物理学的世界には属さない感覚と見なされてきた[4]。しかし、色がそのような主観的なものであり、物理学的世界には見いだされないとしても、私たちが色をともなう物について経験していることは否定できない。色は生物種を区別するための客観的指標としては不十分かもしれないが、私たちの経験している物や生物に欠かすことができない性質である。現象学的探究にとって重要なのは、経験という観点を捨て去って客観性を確保することではなく、主観性をともなった現象性の水準にあえてとどまる

[3]「現象という語は現出することと現出するものとの相関関係によって二重の意味をもっている」（フッサール『現象学の理念』立松弘孝訳、みすず書房、一九六五年、二六頁）。ここでは、現象性が、感覚経験のみならず思考などをも含めた広い範囲に認められている。この点をめぐる現代の議論については、以下を参照。T. Bayne & M. Montague, "An Introduction," in Montague (eds.) *Cognitive Phenomenology*, Oxford University Press, 2014, pp.1-34.

[4]「味や匂いや色彩」などは「たんに感覚主体のなかにそれらの所在がある」にすぎず、「感覚主体が遠ざけられると、これらの性質はすべて消え失せてしまう」（ガリレオ『偽金鑑識官』山田慶児・谷泰訳、中公クラシックス、二〇〇九年、三五八頁）。

ことである。このことを次のように特徴づけることができる。

　現象学は、現象の相のもとで世界を理解する。[5]

私たちは、現象性の水準にとどまりながらも、経験と経験されるものに目を向けて、さまざまな学問的認識を積み重ねていくことができる。一方において、私たちの経験そのものの種類を区別したり、それらの特徴を明らかにできる。[6] そこでは物の知覚と他者経験とがはっきりと異なった特徴をもつことが明らかになる。他方において、経験される対象についてもさまざまな区分をしたり、その内在的特徴を明らかにしたりすることができる。たとえば色について、さまざまな現れ方に目を向けて、その種類を区別できる。[7]

　現象にかかわる認識に依拠することは、現象学に特有のことではない。日常生活のほとんどの場面において、私たちはこのような現象の水準にとどまりながら、同一の物を認識したり、他の物と区別したり、その内在的な特徴を明らかにしたりしている。つまり、現象にかかわる認識はそれなりの信頼性をもっているのだ。たとえば、看護師が患者の表情や姿勢などから体調の変化に気づくとき、現象の水準における微妙な差異を受けとめている。[8] もちろん、そこからさらに体温や血圧を測定したり、医師がレントゲンやCTの検査をおこなうこともある。患者の顔のこわばりや滑舌の悪

[5]　スピノザは、純粋な客観性をもった幾何学的秩序のもとでの世界理解を「永遠の相のもとで」と特徴づけている（スピノザ『エティカ』工藤喜作・斎藤博訳、中公クラシックス、二〇〇七年、第五部、定理三〇、四四八頁）。

[6]　**【2−2　知覚からはじめる経験の分類】**は、本書の立場からのそうした試みである。

[7]　この水準における色彩の解明については、以下に詳しい。村田純一『色彩の哲学』岩波書店、二〇〇二年。D・カッツは、色の現象学的分析（『色の現れ方』一九一一年）のなかで、表面色（物体の表面の色）、面色（空の色のような実体のない色）、空間色（液体などを満たす色）などの色の現れ方を区別している（染谷昌義「現象学的心理学の一展開――David Katz の色彩の現象学」、『現象学年報』第一六号、二〇〇〇年、一九三−二〇九頁）。

さが、精密な検査の結果により、軽い脳梗塞の症状などとして説明されるかもしれない。しかし、そうした装置を用いた診断も、現象をめぐる認識に支えられており、医師はCTの画像を肉眼で見つめながら、脳組織の一部が壊死しているなどの診断をくだしている。どれほどの精密な装置であっても、それを操作したり、目盛りを読み取ったりするときには、私たちの認識や行為は現象の範囲を動いている。[9]

3　真理と存在

現象学的探究がそこに踏みとどまろうとする経験は、カプセルのように閉ざされた**内面としての心**ではなかった。たしかに、現象学における現象は、私にとってのものであり、ある意味ではその主観的性格を否定できない。しかし、現象学における経験の探究は、経験が何らかの対象にかかわることに眼を向けるのであり、そのかぎりで対象との出会いの場面を明らかにしている。そのような出会いの場面において対象の現れ方を解明することは、対象がどのようなものであるのかを明らかにすることにもなる。

現象学は、対象の経験される仕方の解明を通じて、対象の存在を明らかにする。

物が経験されることは、物が存在する仕方の一部でもある。[10] 物が何であるかを明ら

[8]　ここでの看護師は、患者を対象として知覚するわけではなく、いつもの馴れ親しんだ状況への微妙な違和感（目立たなさの喪失）が生じ、何らかの対応を促されているかもしれない。看護と現象学との関係については、【コラム　現象学とケア】を参照。

[9]　フッサール『危機』（前掲書）第三四節

[10]　「現象学は、人間の経験についての探究であり、そのような経験を通じて、そのような経験のなかに物がわれわれにみずからを示す様式を探究する」(R. Sokolowski, *Introduction to Phenomenology*, Cambridge University Press, 2000, p. 2.)。ここでの「人間」は、生物種としてのヒトを意味しているわけではなく、不完全な経験の主体を意味している。本書では、人間という言葉を避けることにする。

かにするためにも、それがどのように経験されるかに眼が向けられなければならない。したがって、物の知覚の現象学は、物についての経験だけではなく、客観性をもっている物を現象性の水準において明らかにする。

さらに現象学的探究においては、さまざまな対象を経験する私たちも際立った意味において理解される。経験と対象との相関関係に着目することで、経験する私たちは、世界のさまざまな対象の理解が生じる場所と見なされるのだ。現象学的探究においては、私たちの経験が、世界の**現実**にアクセスする通路、**真理**を確かめる場面という意味を担うことになる。[11] このとき、私たちの経験することがはたして世界の現実に対応しているのか、つまり経験が世界についての真理を手にしているのかという、経験の探究にとって大きな問題（真理の問題）が生じることになる。[12] さらに、世界には究極のところ何がどのように存在するのかという問題（形而上学の問題）もここにかかわっている。[13] 世界の究極の現実性をめぐるこの問題は、現象学にとっていっそう困難な問いとして立ちはだかるだろう。しかし、ここでも現象学は、あくまでも経験を起点としながらこれらの問いを引き受けるだろう。どのようにして真理にかかわる経験が成立するのか、世界が現実にはどうなっているのかが、経験の探究を通じて明らかになるだろう。

[11] フッサール『ブリタニカ草稿』（前掲書）第七節、『デカルト的省察』（前掲書）第四〇節。

[12] 【4―1 思考と真理】を参照。この点については、以下も参照。門脇俊介『フッサール――心は世界にどうつながっているのか』NHK出版、二〇〇四年。

[13] 経験が及ばないように思われる「存在」についても、経験からアプローチすることができる。【5―1 実在論と観念論】を参照。

1―3

動物実験と現象学の意義

現象学が経験の探究であることがひとまず明らかになった[1]。では、こうした経験の探究には、どのような意義があるのだろうか。現象学がわざわざ経験に立ち返り、経験から出発するのはどうしてだろうか。ここでは、**動物実験**というトピックを手がかりに、経験の探究としての現象学が科学や哲学にとってもつ意義を示唆してみたい。

[1] 現象学とは何かをより深く理解するためには、後述の章における具体的な取り組みを参考にしていただきたい。哲学のさまざまな問題に対して、現象学の手法からのアプローチが示されるであろう。

1 マウスの強制水泳試験

動物を使ったモニタリングや薬効評価は薬理学にとって不可欠であり、私たちの用いる医薬品の開発に動物実験は欠かすことができない。うつ病の治療薬の開発のためにも、モデルマウスを用いた実験がなされている[2]。とりわけよく知られているのが、抗うつ剤の開発のための「強制水泳試験（Forced Swimming Test = FST）」である。出口のない水槽にマウスを入れて泳がせると、やがてマウスは泳ぐのを止めて無動状態（immobility）を示す。この無動状態の時間の測定によって、抗うつ剤などの効果が評価される。抗うつ剤を投与することで無動状態の時間が短縮されるのであれ

[2] 蔵屋鉄平・澤幸祐「強制水泳試験によるうつ病モデルマウスの現状と課題」、『専修人間科学論集　心理学篇』三（一）号、二〇一三年、三三―四〇頁。

ば、薬効が認められることになる。この実験は、一九七七年にフランスの薬理学者R・D・ポーソルトによって開発され、うつ病の動物モデルの研究として広まっている。[3]

ここでまず確認すべきは、FSTには薬効評価の試験として有効性が認められる点である。実際に、薬効を示すものとそうではないものとがこの試験を通じて区別される。たとえば、イミプラミン（抗うつ剤）の投与によって無動状態の時間が減少することが確認されたり、ジアゼパム（抗不安剤）の投与ではそうした減少が認められなかったりしている。こうした結果は、FSTが何らかの薬効を示す指標でありうることを示している。重要なのは、マウスの無動状態が、出口のない水槽から逃避することを学習を通じて諦める「学習性の無力感（learned helplessness）」と見なされ、その症状がうつ病における症状と関連づけられることである。[4] ここでは以下のことが前提されている。

理論的前提：マウスの無動状態はうつ病の症状を示している。

道徳的前提：うつ病の症状を示すマウスのFSTは道徳的に許される。

これらの前提は、うつ病の治療薬の開発を進めるうえで不可避のものである。無動状態がうつ病の症状と関連をもたないとするならば、FSTがうつ病の治療薬に関す

［3］ さらには、強制水泳とよく似ている方法として、尾懸垂試験（Tail Suspension Test）がある。マウスの尾を試験装置内に設置した棒に固定し逆さの状態でつるすと、懸垂下で逃れようと動き回った後に無動状態が認められる。

［4］ もともとは、イヌに対して避けることのできない電撃の実験がおこなわれていた。M・E・P・セリグマン『うつ病の行動学――学習性絶望感とは何か』平井久・木村駿監訳、誠信書房、一九八五年、第三章。

［5］ 無動状態のマウスは頭部をだして水面に浮かぶので、溺れ死ぬわけではない。

［6］ 1．マウスの無動状態を学習性無力感と見なす、2．学習性無力感をうつ病と見なすという二

る試験ということにはならないだろう。また、FSTが道徳的に許されないのであれば、現在の薬理学の研究状況が大きな変革を求められるだろう[5]。しかし、この二つの前提が両立するかどうかは慎重に判断しなければならない。というのも、もしもマウスが人間と同じ意味でのうつ病であるならば、そのマウスはうつ病患者として扱わねばならず、強制水泳をさせることは許されないだろうからである。実際に、ここで前提にされていることはそれほど自明ではなく、とりわけマウスの無動状態がうつ病の症状を示しているかについて、はっきりと確定できてはいない（研究者のあいだでも意見が分かれている[6]）。こうした想定にそのまま満足せずにその意味を掘り下げることは、新薬の開発のために必要ではないにしても、事柄の意味を理解しようとする哲学的探究の課題となるだろう。哲学はそうした前提の意味を究明しないではいられないのであり、うつ病患者であるとはどのようなことなのか、マウスであるとはどのようなことなのか、マウスはどのような意味でうつ病でありうるのか、さらには、FSTは許されるのかなどの問いを検討することになる。しかも、こうした問いは、場合によっては、うつ病の治療にも大きな進展をもたらすかもしれない（異なるタイプの治療方法や治療薬の開発の手がかりになるかもしれない）。

2　デカルトと心の哲学

一般的に、FSTを含めた動物実験には、動物の心をめぐるR・デカルトの哲学と

つのステップの検討が必要である。とりわけ、後者においては、『DSM（精神疾患の診断・統計マニュアル）』（最新版は『DSM－5』）における人間のうつ病を診断するための9つの症状（このうち5項目の該当によりうつ病と診断）を基準にして、マウスを診断することをめぐる問題が生じる。C・ピーターソン、S・F・マイヤー、M・E・P・セリグマンらは『学習性無力感――パーソナル・コントロールの時代をひらく理論』（津田彰監訳、二瓶社、二〇〇〇年、第六章）において、人間と同じ基準でマウスをうつ病と診断できると考えている。しかし、動物では評価できないとされる「抑うつ気分」「無価値感」「自殺観念」をあらかじめ除いた『DSM』6項目を基準にしてマウスを診断する是非をめぐって、さらには人間とマウスに共通するとされた「思考力の減退」などの項目の解釈をめぐって、引き続き議論が必要である。

深いつながりを見いだすことができる。『方法序説』（一六三七年）においてデカルトは、動物の心をめぐる興味深い**思考実験**をおこなっている。[7]

> 猿またはどれかほかの、理性をもたぬ動物と、まったく同じ器官をもちまったく同じ形をしているような機械があるとすると、その機械がそれら動物とどこかでちがっているということを認める手段をわれわれはもたないであろう。[8]

動物そっくりのふるまいをする機械があると思考実験において想定しても、それを動物から認識のうえで区別できないかもしれない。ここから、動物と機械とが存在のうえでも同じものとする**動物機械論**が展開される。たしかに動物と機械とを同じものと考えるという発想は、生物と無生物を区別する常識からすれば受け入れ難いように思われる。しかし、以下の二つの点は、現代の科学や哲学にも影響力を与えている。

第一に、動物機械論によれば、動物は人間のような心をもっておらず、そのため痛みや苦しみを感じることがない。したがって、動物を実験に利用することに、科学者はためらいを感じる必要がなくなる。こうしたことから、動物機械論は、動物実験を推進するための理論的基盤を提供してきた。[9] もちろん、そうした発想への批判もあり、**功利主義**の祖J・ベンサムは、『道徳および立法の諸原理序説』（一七八九年）において、動物が苦痛を感じることを根拠にして、**道徳的配慮**の必要性を主張してい

[7] 思考実験とは、極端な架空の状況を想定することを通じて、概念の意味や立場の正当性などを吟味するための手法である。

[8] デカルト「方法序説」第五部、『方法序説ほか』野田又夫訳、中公クラシックス、二〇〇一年、六八頁。

[9] 金森修『動物に魂はあるのか——生命を見つめる哲学』中公新書、二〇一二年、第二章。

[10] 「動物実験に関する日本薬理学会指針」(http://plaza.umin.ac.jp/JPS1927/PDF/animal.pdf) では、「動物福祉の観点からも適正な動物実験の実施」が考慮されている。功利主義の動物倫理については、【6−2 道徳】第2節を参照。

[11] ただし、デカルトにおける

る。その影響もあって、現代の動物実験は、動物の苦しみに対する道徳的配慮とのせめぎ合いのなかで実施されている。[10]

第二に、心をもった生物と同じ働きをする機械を思考のうえで想定して、心をもつかもしれない者の特徴を明らかにする手法は、現代の**心の哲学**でも用いられている。しかもそれは、動物の心のみならず人間の心をも**人工知能**とのアナロジーによって解明するにまで至っている。[11] 現代の心の哲学では広い意味での物理主義が優勢となっており、しばしば心と機械とを同一する思考実験の手法が用いられている。

3　機能主義

ここでは、多くの物理主義者が支持している**機能主義**という有力な立場を取り上げて、その考察方法を確認しておこう。機能主義によれば、心はインプット（原因としての感覚）とアウトプット（結果としての行為）からなる因果的機能として思考される。[12] たとえば、痛みという心の状態は、足をぶつけるという原因によって生じ、顔を引きつらせたり、叫んだりするという結果を引き起こす機能を担っている。雨が降っているという**信念**は、雨音が聞こえることを原因として、傘をもって外出する行為を結果として生じさせる機能を担っている。[13] このような機能的役割は、さまざまなかたちで物理的に実現される可能性（**多重実現可能性**）をもっており、人間の身体における脳の状態として実現されることもあれば、アンドロイドにおける人工知能として実

心は機械とのアナロジーが成り立たないものである。ここに心身二元論が成立している。

[12]　機能主義については、金杉武司『心の哲学入門』（勁草書房、二〇〇七年、五一―五五頁）を参照。現象学に関連する章を含む現代哲学の入門書でも機能主義に言及されている（門脇俊介『現代哲学』産業図書、一九九六年、一五二―一五六頁。S・プリースト『心と身体の哲学』河野哲也ほか訳、勁草書房、一九九九年、二〇九―二三七頁）。本書【2―1　経験の現象学的分類とは何か】第2節、【8―1　他人の心】第4節も参照。

[13]　信念は、日本語のニュアンスにある「強い思い」ではなく、「SはPである」などの命題にかかわる心的状態（「考える」「信じる」など）のことであり、広義には「願う」「評価する」などを含んでいる。これらは「命題的態度」と呼ばれることがある。

現されることもある。

こうした機能主義は、手を挙げようと意欲して手を挙げる場合のような、心と身体の因果関係をそれなりにうまく説明できる。しかし、こうした説明は、私たちが心の経験において見いだすことを、どこまで十分に捉えているだろうか。たとえば、私たちの経験において、知覚という心の状態が生じるときには、「**クオリア**」と呼ばれる感覚性質（この赤さやこの痛みなどのありありとした感じ）がともに経験される。機能主義は、このクオリアの理解においてつまずくことがしばしば指摘されている[14]。コウモリによる知覚は、超音波を発してその反響を受け止める「反響定位」という機能によって説明される。しかし、私たち人間がそうした説明を理解しても、コウモリの知覚を経験として理解してはいない。「コウモリであるとはどのようなことか（what it is like to be a bat）[15]」は、機能の説明によっては明らかにされえない。コウモリであること、マウスであること、人間であることは、それぞれの経験に迫るような探究から明らかにされなければならない。

しかも、このような経験を経験たらしめている特徴（経験の内在的特徴）は、クオリアに限られるわけではない。私たちの経験としての知覚や道具使用の分析が示すように、経験においては統一性をもった対象が現れていたり、意義の連なりが見いだされたりする。経験としての心の具体的な姿は、対象や意義（価値）などの契機を欠かすことができない。さらには、身体、時間、他者、社会などの契機もそこに含まれて

[14]「逆転クオリア」の議論によれば、2人の人物の心的状態が信号を見て止まるという機能において同一でありながらも、1人の人物の赤と青の感覚が逆転しているゆえに、クオリアにおいて異なるかもしれない（D・J・チャーマーズ『意識する心――脳と精神の根本理論を求めて』林一訳、白揚社、二〇〇一年、第七章）。

[15] T・ネーゲル『コウモリであるとはどのようなことか』永井均訳、勁草書房、一九八九年、第一二章。人間が動物の経験にアクセスすることの困難をめぐって、ハイデガーは、世界を形成する人間から世界が貧しい動物へと自己を「移し置く」という手法について語っている（『形而上学の根本諸概念』ハイデッガー全集第二九－三〇巻、川原栄峰ほか訳、創文社、一九九八年、第四八－五〇節）。

いる。心をインプットとアウトプットから成る機能として思考しても、経験としての心のもつ具体性を解明したことにはならないのであり、機能の説明と心の経験の全体の理解との**ギャップ**に対応することが、機能主義にとっての大きな課題になっている。

しかも、心における機能と見なされる契機についても、機能主義の説明には問題があるように思われる。たとえば、機能主義は、**無意識**のうちに機能する信念の分析として有効である。雨の知覚が原因となって、傘をもって外出する行為が結果として生じるときには、知覚と行為との因果関係が成立しているだけではなく、「雨に濡れると体調を崩す」、「傘は雨を防ぐのに有効な手段である」、「傘をもって外出すべきである」などの内容をもつ信念の**ネットワーク**が絡み合っている[16]。このような信念のネットワークは、はっきりと意識には現れないにしても、無意識のうちにおいて、傘をもって外出する行為を結論とする推論として機能している。しかしながら、そのような無意識の信念も、実際の心（たとえばこの私の心）においては、雨が降るのを見るような経験とともに機能しているのであり、そうした経験との関係のなかで傘をもって外出する行為を生じさせている。さらには、無意識のうちにある「雨に濡れると体調を崩す」という信念は、もともとは何らかの経験（雨に濡れた後に風邪をひいたことなど）から生じたものである。さまざまな信念がもともとの経験とつながっているからこそ、それらのネットワークが心のなかで無意識に機能していると言うことができ

[16] これらは非主題的な経験と特徴づけられる（【3−1 経験の基本的特徴を問うとはどういうことか】）。信念のネットワークについての現象学的分析は、【4−1 思考と真理】を参照。さらに、門脇俊介は『理由の空間の現象学――表象的志向性批判』（創文社、二〇〇二年）において、この論点を知識や行為の哲学の場面において展開している。

る。信念のネットワークが機能している人工知能について思考することと、私たちの心で起こっていることを理解することとは、明らかに異なっている。経験との結びつきがなければ、心について何かを解明したことにはならないだろう。

4　現象学のアプローチ

現象学は、私たちの経験としての心がどのようなものであるかを明らかにする。心と身体をめぐる問題を考えるときにも、まずは経験のなかで心と身体とがどのように関係するのかを考察するだろう。[17] そのときに探究の出発点となるのは、私たちの経験である。FSTの前提をめぐる問題に戻るならば、まずは「私たち人間にとってうつ病であるとはどのような経験なのか」という問いが生じる。最初は、当事者の経験としての「うつ病であること」の記述が求められる。さらには、インタビューや手記などの報告を手がかりに、うつ病患者の経験が明らかにされることもあるだろう。[18] 私たち人間の経験は、時間性、身体性、価値、社会性などの契機と結びついている。そのかぎりで、うつ病の経験における無力感は単なる行動の欠如を示すのみならず、将来という時間性にかかわる意識、生きがいのような価値の意識、気怠さのような身体性の感覚、他者との関係などの社会性などと関係づけられて理解されうるのであり、うつ病患者の経験の全体を描きだすことは、ひとまずそれだけで現象学の課題となるだろう。[19]

[17]　【5―2　心身問題】を参照。

[18]　ここでは、現象学の研究者とうつ病の患者とのさまざまな関係が想定される。両者が同一の場合には、当事者研究となるし、患者自身が純粋な研究対象となることもある。両者の共同体を研究の主体と見なす考え方もある（石原孝二「精神病理学から当事者研究へ――現象学的実践としての当事者研究と〈現象学的共同体〉」、石原孝二・稲原美苗編『共生のための障害の哲学――身体・語り・共同性をめぐって』UTCP-Uehiro Booklet 二号、一五一―一三七頁、二〇一三年）。インタヴューを用いた現象学の方法については、以下も参照。村上靖彦『仙人と妄想デートする――看護の現象学と自由の哲学』人文書院、二〇一六年、第九章。

[19]　T・フックス「現象学と精神病理学」田中彰吾訳、石原孝二ほか編『精神医学の哲学 1――精神医学の科学と哲学』東京大学

そのうえでさらに、私たち人間のうつ病の経験を起点として、マウスという動物の心をめぐる問題が生じることになる（マウスであるとはどのような経験なのか）。動物の心は、他者の心をめぐる問題の一つとして検討される。[20] 動物は人間と同じような意味において心をもっているのか。動物も生きる意味の喪失に由来する無力感をもつのだろうか。未来の時間性はどのような意味をもっているのか。こうしたことは、認知科学や行動科学の成果を**解釈**するかたちでおこなわれるだろう。[21] さらには、動物の心をめぐる問いを経たうえで、動物への道徳的配慮をめぐる問題も生じることになる。しかもその考察は、うつ病の経験との関連をふまえたものになるだろう。人間と同じ意味においてうつ病を経験しうる者（＝患者）を強制水泳させることは、道徳的に許されないだろう。むしろマウスが人間とまったく同じ意味ではうつ病ではないからこそ、動物実験が許されているのではないだろうか。とはいえ、マウスが最低限の痛覚をもつことが確認できるのであれば、苦しみを軽減するための配慮が必要になるかもしれない。マウスにとって水槽で泳ぐことは、いかなる苦痛をともなうのだろうか。その苦痛は、マウスの強制水泳実験を回避するための十分な理由となるのだろうか。そうした考察を手がかりに、「マウスへの道徳的配慮の必要性はどのように経験されるか」が、**道徳の現象学**の課題となるだろう。[22]

重要なのは、現象学が私たちの現在の経験を起点として、そこから経験の範囲を広げながら、探究の対象を拡張することである。人間の心から動物の心へ、現在の経験

出版会、二〇一六年。以下の試みは、時間性（時間意識）という観点から、うつ病患者の経験を解明している。L・ビンスワンガー『うつ病と躁病――現象学的試論』山本巌夫訳、みすず書房、一九七二年。

[20] 他人の心については【8−1 他人の心】を参照。動物の心をめぐる問題は、ブレンターノにおいてすでに人間を起点にして立てられている（「動物の心的特徴を人間のそれと比較研究することは、心理学者にとってきわめて大きな価値がある」（F. Brentano, *Psychologie vom empirischen Standpunkt*. Meiner, 1924, p. 57））。フッサールもたびたび正常な経験のバリエーションの問題として取りあげている（『デカルト的省察』（前掲書）第五六節、第六一節、『危機』（前掲書）第五五節、『間主観性の現象学Ⅱ その展開』浜渦辰二・山口一郎監訳、ちくま書房、二〇一三年、四七五−五三四頁）。

から過去の経験へ、顕在的なものから潜在的なものへと、経験の探究は進められる。したがって、「無意識」と呼ばれる心の働きなどの「直接的には経験されない（間接的には経験されうる）もの」にかかわる場合にも、それを思考のうえで想定するだけではなく、実際の心の経験を出発点として、それと関連づけることになる。[23] このようにして現象学は、私たちの経験を起点として、世界についての理解を一歩一歩深めていくだろう。

〔21〕 シェーラーやメルロ＝ポンティは、当時の生物学や認知科学を取り入れて、動物や人間の経験を解明している（シェーラー『宇宙における人間の地位』、シェーラー著作集13、新装版、亀井裕・山本達訳、白水社、二〇〇二年、九一一一〇頁、メルロ＝ポンティ『行動の構造』滝浦静雄・木田元訳、みすず書房、一九六四年）。

〔22〕 【6－2 道徳】を参照。

〔23〕 現象学の「**限界問題**」とも呼ばれるこうしたテーマは、本書では十分に扱われていない。これに関連する資料（E. Husserl, *Grenzprobleme der Phänomenologie*, Hua XLII, Springer, 2014）は今後の研究課題となる。限界問題への取り組みにおいては、本書で示唆された「想定」（【5－1 実在論と観念論】第5節）や「要請」（【9－2 哲学者の生】第4節）が大きな役割を果たすだろう。

1-4 現代現象学のもくろみ

FSTの前提を考察することで、私たちは「心とは何か」「他者の心はいかにして知りうるか」「動物実験は許されるか」などの問いに足を踏み入れる。これらは、心、他者、道徳をめぐる哲学の問いである。そこではそれらにかかわる経験の解明が必要とされており、そのために現象学の手法が求められている。

1 現象学と哲学

ここで現象学と哲学の関係について確認しておきたい。哲学の伝統においては、「知識」とは何か、「真理」とは何か、世界において究極に「存在」するものは何か、「心」とは何か、心は「身体」とどのように関係するのか、「他者」の心をいかにして知りうるか、「社会」とは何か、「価値」は事実とどのように関係するのか、「芸術」とは何か、「道徳」とは何か、いかなる「人生」が善いのかなどの問題が扱われてきている。しかも哲学は、あくまでも議論を積み重ねて、なるべく精緻な仕方で論証することを目ざしている。古代ギリシアにおいてソクラテスからプラトンへと継承された哲学の**対話**とはまさにそのようなものであった。アリストテレスも、先行する学説を検討したうえで自説を展開するという議論のスタイルを重視している[1]。歴史上の多くの哲学者たちは、何よりもみずからの論証が成功することを目ざしたし、優れた論証はいつでも尊重され、後世からも顧みられることになる。哲学の文献研究も哲学者の書いたテキストから議論を読み取っている。

ブレンターノやフッサールなどの古典的な現象学も、哲学の問いにコミットしており、当初から現象学は、経験を記述することだけを目的とするわけではなかった。しかし現象学にかかわる研究のなかには、「事象そのものへ」というモットーのもとで、経験の記述を重視するあまり、伝統的な哲学の問いを避けようとする傾向もある[2]。哲学の議論から距離をおくことに現象学の特有性を見いだす理解が広まることで、現象学はまともな哲学と見なされなくなってもいる[3]。

本書は、現象学とは何かを明らかにすると同時に、現象学を通じて、哲学一般の門をくぐることを目指している。本書で展開される現象学、つまり現代現象学は、私たちの経験の探究という方法に依拠しながら、哲学の問いに取り組み、哲学の議論に参加することになる[4]。実際に、本書の各章において、経験の現象学的探究はそれ自体が目的であるわけではなく、哲学の問いを考察するための方法という位置づけをもっている[5]。とはいえ、その方法は単なる手段にすぎず、いつでも他の方法にとって代わられるというわけではない。経験の探究は、私たちが哲学の問いを考察するための不可

[1] アリストテレスにとっては「難問（アポリア）」を解決することが真理の発見を意味した。「難問を解消することは、発見につながる」（『ニコマコス倫理学』、新版アリストテレス全集第一五巻、神崎繁訳、岩波書店、二〇一四年、二七一頁）。

[2] フッサールの「現象学的還元」（『イデーンI－1』（前掲書）第五六－六〇節）やハイデガーの「解体」（『現象学の根本諸問題』ハイデッガー全集第二四巻、溝口兢一ほか訳、創文社、二〇〇一年、三〇－三一頁）などの発想が、この傾向を正当化してきたように思われる。つまり、現象学は伝統的な哲学の問題を遮断したり、解体したりすることで、そうした問いに正面からは取り組まないと解釈された。

[3] 一部の論者からは、現象学は「破産状態」にあるという評価もなされている。S・ギャラガー＆D・ザハヴィ『現象学的な心――心の哲学と認知科学入門』石

避の出発点であり、ここから、いくつかの考察がこれまで以上に進展したり、見落とされてきた側面に光が当たったりするだろう。現代現象学が経験という観点から哲学の議論に足を踏み入れることで、古典的な現象学の優れた洞察が現代の議論のなかで蘇ることになるかもしれない。

2　経験という用語について

最後に、本書における「経験」という用語について注意を促しておきたい（この語法が気にならない読者は無視していただいてかまわない）。「経験」が用いられる際には、次の点に注意を払わねばならない。（1）日常の言語使用や哲学の概念の用法において、経験はしばしば理論との対比において用いられる。しかし、ここにはそのようなニュアンスはなく、理論や理論にかかわるものも経験される。（2）経験は、**論理実証主義**を典型とするような**経験主義**におけるように、感覚経験（見る、聞く、触る等）に限定されるわけではない。現象学による経験の探究は、感覚経験の対象にならないものを排除したり、それを感覚経験へと還元したりするわけではない。[6]（3）日常の言語使用においては、この語は「経験豊かな人」のような時間的蓄積という意味を含むこともあるが、本書においてはこの語だけでそのようなことを表現することはない。

「経験」は対象へかかわる私たちの営みの全般を形式的に表している。その対象が

原孝二ほか訳、勁草書房、二〇一一年、三頁。

[4]「現代現象学（contemporary phenomenology）」という言葉は、古典的な現象学（classical phenomenology）との対比において、ザハヴィらによっても用いられている。D. Zahavi (ed.), *The Oxford Handbook of Contemporary Phenomenology*, Oxford University Press, 2013.

[5] 真理、意味、存在、心、身体、価値、道徳、芸術、社会、人生などの問題（本書で扱う問題）は、いずれも古代からの哲学一般の問題である。

[6] フッサールは、経験という語が感性的経験を意味するかぎり、その対象が空間時間的存在者に限定されることを危惧している（『イデーンI―1』（前掲書）、第二〇節）。

どのようなものであるかという内実についてはまったく問題になっていない。従来の現象学は、このことを「**志向性**」「**志向的体験**」「**作用**」「**意識**」などと表現している。[7] それらと比較して、「経験」には次のようなメリットがある。（1）「意識」は、外界から切り離された内面というニュアンスが強すぎる。とりわけ現象学を「意識の探究」や「意識に根ざす哲学」と言い表したときに、意識だけが存在すると主張する観念論の色彩をおびるおそれがある。[8]（2）「経験」には対象への関係性が含まれているが、「体験」では、対象との関係というニュアンスが薄れてしまうため、その一語だけで対象への方向性をうまく伝えることができない。「体験」を用いる場合には、「志向的」「対象にかかわる」などと形容しなければならないが、「経験」はそれだけで対象への関係性を含意している。（3）「経験」は、「身体の経験」のような名詞としても、「身体を経験する」のような動詞としても使うことができる。こうしたことから、ほかの表現よりも論述を進めやすい。（4）現代の哲学においても、本書と同じ意味において「経験」を用いる論者がいて、一定の影響力をもっている。[9] そのため、この語法について読者の理解を得やすいし、本書の問題意識をそうした文脈に結びつけることができる。（5）そして何よりも「経験」は、ブレンターノとフッサールから始まる現象学の哲学的立場を言い表すのに適した言葉である。現象学を「経験の探究」「経験に根ざす哲学」として特徴づけることで、本書が現象学のそうした伝統を継承することを示している。

[7] 本書では、志向的体験のことを「作用」と言いかえることもある。経験の特徴としての志向性については、【3−2 経験の志向性】を、対象への関係という観点からの経験の志向性の分析については、【4−1 思考と真理】を参照。

[8] 現象学は観念論にコミットする必要はない。現象学における実在論の可能性については、【5−1 実在論と観念論】を参照。

[9]「私が「経験」という語を用いるときには、哲学者たちが意識や意識経験について語るときにいつも念頭においているすべてのことを含意するようにしたい。そうした受け取り方によれば、「意識の流れ」は同じ意味において「経験の流れ」と言われうるのであり、さらには「意識経験」という表現は、厳密に言えば冗語なのである。あらゆる経験が、私の用語によれば、意識経験ということになる」(G. Strowson, *Mental Reality*, MIT Press, 1994, p. 3.)。

第2章　経験の分類

学問的な考察は配列と秩序を必要とする。配列と秩序は恣意的に選択されたものであってはならず、可能なかぎり自然でなければならない。そして、それらが自然であるのは、配列され秩序づけられる対象の自然な分類にかなっているときである。

（F. Brentano, *Von der Klassifikation der psychischen Phänomene*, p. 3）

体験のうちで正常な人が見て取るものはあまりに少なく、彼がたんに気づくものでさえもあまりに少ない。喜びと苦痛、愛と憎しみ、憧れ、郷愁、等々が彼に現れるだろう。しかし、これらは結局のところ、無限のニュアンスに富んだ領域から大雑把につかみとられた断片にすぎない。最も貧しい意識の生でさえ、その担い手が完全に把握することは到底できないほどに豊かである。ここでも私たちは見ることを学ばなければならない。

（A. Reinach, "Über Phänomenologie," *Sämliche Werke*, p. 532）

2−1

経験の現象学的な分類とは何か

1　経験の地図

現象学は経験に根ざす哲学である。こう述べたとき、当然ながら「経験」の意味が問題になる。この語は多義的だが、さしあたり二つの意味を区別できる。第一に、世界とかかわる私たちの生の営み全体を指して「経験」と呼ぶことがある。第二に、そうした全体に含まれる区別可能な要素の一つひとつが「経験」と呼ばれる。後者の意味では、木を見ること、コーヒーを飲むこと、人と会うことなどがそれぞれ別々の経験だということになる。

以下では、区別する必要がある場合には、第一の意味での経験を「経験の全体」と呼び、第二の意味での経験を「個別の経験」と呼ぶ。本章では個別の経験に目を向け、そこにどんな種類が区別できるかを考える。

まず、以下のような日常の一場面を想像してみてほしい。

冬の朝。目が覚めて、枕元に置かれたスマートフォンに手を伸ばし、引き寄せ、時刻を見る。家を出るまでの時間を計算し、もう少し眠りたいと思いつつも、ベッドから出ようと決心する。体を起こし、スリッパを履き、立ち上がる。まず台所に行って電気ケトルのスイッチを押し、それから廊下をのそのそと歩いて洗面所に向かい、顔を洗う。水の冷たさに身が引き締まる。

こうしたなんでもない朝の日常が、すでに多くの種類の経験を含んでいる。スマートフォンの画面を見るという**知覚**の経験。いま起きないとどうなるか、起きてからどう行動するかを思い描く**想像**の経験。「八時半に家を出るためにはもう起きなければならない」と推論する**思考**の経験。洗面所に行く途中で台所に立ち寄ってお湯を沸かそうという計画を立て、それにしたがって行動する**意志**的な経験。水の冷たさに驚きつつ気持ちのよい覚醒を味わうのは**感情**的な経験である。ここまでは個人のなかで完結した経験だとひとまず言えるが、そもそもなぜ起きて家を出なければならないのかと言えば、職をもっていて、勤務時間が決められているからだ。つまり、私は**他人**との**契約**にしたがって行動しているのであって、**社会**的な経験をしていると言える。

朝起きてから夜眠るまで（もしかすると眠っている間も）、私たちはたえずさまざまな経験をしている。[1] 生活はばらばらな経験の寄せ集めではなく、一つひとつの経験が有機的に結びつき、互いに影響を与え、先立つ経験が別の新しい経験を生み出すという仕方でかたちづくられている。[2] そこから一つひとつの経験を切り出してみると、

［1］ 私たちがする経験には、**主題的**なものと**非主題的**なものがある。**【3－1 経験の基本的特徴を問うとはどういうことか】**第1節を参照。

［2］ 経験同士の組織的な結びつきは、第4章で再び主題となる。

それぞれが、私たちを取り巻く何らかのものごとにかかわっている。スマートフォン、現在の時刻、近い未来の自分の行動、電気ケトル、勤務先と自分の職務、蛇口と水、等々である。これらのものごともやはり互いに関係しあって、私がそのなかで生きる世界をかたちづくっている。複雑な全体としての経験と複雑な世界が、複雑な糸でつながっている。現象学を始めようとするとき、私たちの目の前に広がる風景はそのようなものである。

現象学の仕事の一つは、この入り組んだ網の目を解きほぐし、経験の全体の地図を描くことである。だが、地図は何らかの目的のために役立つものでなければならない。現象学にとっての目的とは、**世界**がどのようにあるのか、そこで生きている私とは何者で、どのように生きるべきなのか、といった哲学の問いに答えることである。世界と**自己**を説明するという、より大きな仕事のための手段として、現象学は経験を分析する。

2　二つの観点

分析とはある全体の中に区別をもうけることである。どんな仕方であれとにかく分ければいい、というものではない。陸地に適当に線を引いただけでは地図にならない。国と国を分けたり、県と県を分けたり、あるいは等高線を引いたりといったように、意義のある仕方で線を引かなければ、地図にはならない。意義のある区別だけが分析という名に値する。

現象学は経験の全体にどんな線を引くのだろうか、あるいは引くべきだろうか。さきほど私は、冬の朝の日常を描写し、いくつかの種類の経験を区別した。そこでは、知覚、想像、思考、意志的経験、感情的経験、社会的経験といった種類が登場していた。なぜこのように分類するのか、他の仕方で分類してはいけないのか、またこの分類は網羅的なのかといった点については、いままでのところ何も述べていない。当然ながら、経験を分類するときの可能なやり方は一つだけではない。どのような観点をとるかによって、区別の仕方は変わってくる。

大きく分けて二つの観点がありうる。一つは関係的な観点である。経験の総体はたえず変化するシステムのようなものである。ある個別の経験は別の経験を生み出したり、すでにある別の経験に影響を及ぼして変化させたりする。そうしたシステムの中で一つひとつの経験が他の経験に対してもつ関係や、そこで果たしている役割に注目して、経験を分類することができる。たとえば、今日の夕日を見る経験は、明日になって今日の夕日を思い出すことを可能にするという役割をもっている。これを一般化すると、「知覚は同じ対象についての未来の（正当な）**想起**を可能にする」ということになる。これは知覚の関係的な特徴の一つである。ある種類の経験がもつ関係的特徴を挙げていけば、それを他の種類の経験から区別することができる。関係的な観点からの経験の分類とはこのようなものである。

もう一つは内在的な観点である。それぞれの経験は、他の経験とのかかわりにおいてだけでなく、それ自体としてどのようなものであるかという観点から見ても、さまざまな特徴をもっている。そうした特徴に注目して、ある経験を他の経験から区別するのが、内在的な分類である。たとえば、物の知覚は、同時に一つの側面しか見ることができないという特徴をもっている。リンゴを見るときには、必ずある特定の角度から見ることになる。横から見るのと同時に上から見るといったことはできない。これはフッサールが「**射映**（Abschattung）」[3]と呼んだ構造で、知覚が知覚であるかぎり失うことのない内在的特徴である。これに対して、一個のリンゴを欲するときに、一つの側面に拘束されることはない。このことは、物にかかわるすべての経験が知覚のような射映構造をもっているわけではないことを意味している。このように、射映という内在的な特徴に注目して、知覚を他の種類の経験から区別することができる。これは内在的な分類手法の一例である。

ところで、AとBが種類として異なると言えるためには、AとBそれぞれがどのような特徴をもっているのかがわかっていなければならない。また逆に、それぞれを十分な仕方で特徴づけるためには、もう一方との違いがわかっていなければならない。分類することは同時に、区別されるそれぞれの種類を適切に特徴づけることでもある。経験の分類における二つの観点の違いは、ある一群の経験を別の群から分ける際にどのようなたぐいの特徴に注目するかという点にある。一方は他の経験に対する関

［3］「同一の形態は、〈同一のものとして、生身のありありとしたありさまで与えられ〉連続的に繰り返し「別種の仕方で」、常に別様の形態射映において、現出するのである。これは、一つの必然的な事情であって、また明らかに、もっと普遍的に妥当する性質をもったことがらなのである」（『イデーンI－1』、渡辺二郎訳、みすず書房、一九七九年、一七八頁）。およそ「事物知覚が問題になる場合には、その事物知覚の本質には、射映する知覚であるということが属する」（前掲書、一八七頁）。それゆえ、神であれば射映なしに物のすべての側面を一度に知覚できるなどと考えるのは、物の知覚という経験の意味に反しており、意味をなさないとフッサールは言う。

係に注目し、他方は当の経験のそれ自体としてのあり方に注目するのである。

ちなみに、ここで挙げた二つの観点は、現象学だけのものというわけではない。現象学の伝統に属さない哲学者たちも、心の状態を分類するときにこれら二つの観点のいずれかもしくは両方に立っている。[4]

哲学を離れた日常生活の中でも、私たちは暗黙のうちに経験を分類しているが、そこでもこれら二つの観点が働いている。「ある物を思い出すためにはそれを見た経験が必要だ」というのは誰でも当たり前に認めることだが、これは想起と知覚の関係的特徴を私たちが暗黙的にであれ捉えていることを意味する。知覚、想起、予期、想像などがそれ自体としてそれぞれどのような経験であるかも、明確に述べることができるかどうかは別として、私たちはなんとなくわかっているはずである。だからこそ、私たちは異なる種類の経験を取り違えることがほとんどない。哲学的な分類は、日常生活の中にすでに埋め込まれている経験についての先行理解を、いわば掘り起こして整理する営みである。暗黙的な先行理解は、そのままでは曖昧で、もしかしたら誤りを含んでいるかもしれない。だから明示化しなければならないし、場合によっては修正を加えてより精緻なものにしなければならない。だが、分類の観点に関しては、まったく新しいものを採用する必要はなく、日常的な理解のうちにすでに働いているものを使うことができるのである。

とはいえ、現象学的な経験の分類にはそれなりの特徴がある。とりわけ、現象学の

[4] 現代のスタンダードな心の哲学では機能主義が優勢だが、反機能主義をとり、心的状態は内在的特徴によって（も）特定されると考える人々もいる。機能主義については、【1-3 動物実験と現象学の意義】第3節を参照。

とる分類の観点が、いわゆるスタンダードな（二十世紀の英語圏の哲学に由来する）心の哲学とどう違うのかは、明らかにしておいてもよいだろう。

まず、ここでいう関係的特徴は、ある経験が別の経験を引き起こすといった**因果**的役割だけにはかぎられない。前章でも触れたように、もっぱら因果的役割を特定することによって心的状態を説明する**機能主義**は、現象学が経験を扱うときのアプローチとは異なるものである。ここでいう経験の関係的特徴とは、経験のネットワークの中で個々の経験が他の経験に対して果たす役割全般を指す。また、そうした経験同士の関係は、それ自体が経験されうるものである。Aという経験が成立するためにBという経験が必要不可欠であることや、Cという経験がDという経験の**動機**になっていることなどを、それらの経験の主体が自ら経験することができる。それらの関係は、実験と観察によって外から調べなければわからないようなものではない。

このような経験同士の経験可能な関係には、さまざまな種類のものがある。たとえば、「いまは午前八時だ」という思考は、「家を出る支度をしなければならない」という思考の理由になる。前者の思考は、スマートフォンの画面の知覚によって根拠づけられている。このように、経験と経験のあいだには、一方が他方の理由ないし根拠になるという**正当化**の関係が成立しうる。[5] また、水の冷たさに驚いたり、心地よさを感じたりするためには、水の冷たさを（触覚をつうじて）知覚しなければならない。このように、経験と経験のあいだには、一方がなければ他方が存在しえないという関係

［5］経験同士の正当化関係は、経験と世界のつながりを説明する上でも重要な役割を果たす。【4−1　思考と真理】を見よ。

もしばしば成り立っている。これは存在論的な依存関係であり、フッサールが「**基づけ**（Fundierung）」と呼んだものである。[6] これらの関係は、理論的に想定されたり、外から観察されたりするものではなく、私たちが自ら経験するものである。現象学的分析は、経験同士のこうした経験可能な関係を明らかにすることを通じて、経験を分類していく。

もう一方の内在的観点についても、誤解を取り除いておく必要があるだろう。関係的特徴を機能主義のいう意味で理解してはならないように、内在的特徴も**クオリア**のようなものを意味するわけではない。ここでいう内在的特徴とは、ある経験がそれ自体としてもつ特徴のことだった。ある経験を、他の経験との関係を度外視して見ると、言い表しがたい質的な「感じ」しか残らない、などということはない。一つの経験はさまざまな要素から成り立っており、それ自体として構造化されている。たとえば、物を見る経験は、ある角度からの物の現れを要素として含んでいる。あることがらについて判断する経験は、「SはPである」とか「もしPならばQである」といった文のかたちで表現可能な内容をもっている。こうした特定の種類の経験に特有の内的な構造が、ここでいう内在的特徴に含まれる。

経験を分類するときに、いま導入した二つの観点が具体的にどのように働くのかは、実際に分類をおこなってみることでより明らかになるだろう。というわけで次項**【2−2】**では、現象学的な経験の分類のデモンストレーションをおこなう。

［6］基づけの定義は『論理学研究3』、新装版、立松弘孝・松井良和訳、みすず書房、二〇一五年、第三研究、第一四節にある。経験における基づけるものと基づけられるものの関係については同書第五研究、第一五節aおよび第一八節を参照。また、フッサールの基づけ理論が現代形而上学に及ぼしている影響については、鈴木生郎ほか『ワードマップ 現代形而上学』、新曜社、二〇一四年所収のコラム「フッサールと存在依存」二〇七頁を参照。

だが、その前に注意しておきたいことがある。以下で試みるのはあくまでデモンストレーションであって、完全な分類を与えることは意図していない。そこで取り上げられない経験の種類はいくつもあるだろうし、取り上げられるものについても、より分析を進めていけば、そこでおこなったような仕方では分類できないことが判明するかもしれない。要するに、以下で与える経験の分類は、網羅的であったり排他的であったりするものとして提示するわけではない。

3　知覚とはどのような経験か

経験にかぎらず、何かの分類を始めるときには、出発点を定める必要がある。身近で単純なものから始めるやり方と、（もしあれば）既存の分類を手がかりにするやり方が一般的だろう。ここでは、より前提を必要としない前者を取ることにする。[7] 多くの人にとって最も身近な経験は、物を見る経験ではないかと思われる。全盲でないかぎり、目覚めているあいだ、私たちはいつも何かを見ている。[8] 以下では、事物知覚を分類の出発点として、それがどのような関係的および内在的な特徴をもっており、他の経験とどのように区別されるのかを考えてみよう。

まず、物を見る経験は、内在的にはどのような特徴をもっているだろうか。すでに述べたように、目の前の物体はつねにある一側面だけを私に見せている。これはフッサールが「射映」と名づけた構造である。

[7]　現象学の先駆者であり、独自の経験の分類をおこなったブレンターノは、既存の分類を批判することを通じて自らの分類を提示している。F. Brentano, *Von der Klassifikation der psychischen Phänomene*, Meiner, 1925.

[8]　ここではあくまで範例として物を見る経験を出発点にとるにすぎず、視覚障害者を排除する意図はない。触る経験や聴く経験を出発点にとったとしても、おおまかには同じような（そして興味深い）分類を進めることができるだろう。

また、私に見えている風景は、私が作り出したものでも、私がスクリーンに投影したものでもなく、いわば向こうから私に現れてきているものである。知覚は、主体が現れを受け取るという意味で受容的な経験である。知覚が受容的であることは、自分の意志で始めたり止めたりできないことを含んでいる。もちろん、見ることに限れば、人間は瞼を閉じたり開けたりすることで、見るのを止めたりまた始めたりすることができる。だが、瞼を閉じている間も光を感じるし、聴覚や触覚による知覚は続いている。意のままになるのは知覚経験そのものというよりも、**身体**の一部の動きである。

とはいえ、知覚にも能動的な側面はある。見えている範囲の中でどこに**注意**を向けるかはある程度私の自由になる。この注意の自由な変更可能性は、知覚の内在的特徴の一つと考えられる。

また、私たちは自分の意志で身体を動かして、物の見方を変えることができる。それだけでなく、自分の意志によらない身体の動きも、知覚に変化をもたらす。他人に押されて身体の向きが変われば、それまでとは別の風景が見える。こうした身体運動に連動した変化は、知覚の関係的特徴の一つである。というのも、身体を動かしたり動かされたりする経験は、物を見る経験と密接に関係してはいるが、ひとまずは別の経験と考えることができるからである。[9]

時間を追って変化することは、知覚の重要な特徴の一つである。私が見ているもの

[9]　知覚に関するエナクティヴ・アプローチをとる論者は、知覚を本質的に**行為**的なものとみなし、見ることと身体を動かすことは分離できないと主張する。たとえばノエは「知覚とは一種の熟達した身体活動である」と言う（A・ノエ『知覚のなかの行為』、門脇俊介・石原孝二監訳、春秋社、二〇一〇年、三頁）。彼によれば、たんなる感覚刺激ではなく内容のある知覚経験をもつためには、**感覚**と身体運動の連動に親しみ、それを使いこなす技能を習得していなければならない。この考えは数多くの経験科学的な証拠によって支持されている。

私たちもこの考えを受け入れることができるが、そうしたからといって、「身体を動かす経験と知覚経験は別種の経験である」という主張を捨てなければならないとは思えない。というのも、経験の分類においては、ある経験が別の経験なしには存在しえないという基づけ関係が重要な役割を果たすからである。知覚経験が身体的行為とそれについての技能知をもつ

も、私自身も、しばしば動く。動きがあれば見え方も変わる。こうした知覚の変化は、私が予想していなかったものである場合がある。つまり、知覚は**先取り**を含んでおり、しばしばその先取りは後で生じる知覚によって裏切られる[10]。この現象をフッサールは「**幻滅**（Enttäuschung）」と呼んだが、幻滅が可能であることは、知覚にとって本質的な特徴だと言えよう[11]。

知覚における幻滅の可能性は、もう一つの重要な特徴と結びついている。それは、知覚が正しかったり間違っていたりするような経験だということである。見ている物が実際にそこにあるなら、見る経験は真正の知覚である。そうでない場合には、見間違いか**錯覚**か**幻覚**だったということになる。知覚においては、対象が現実に存在するかどうかが問題になる。この意味で、フッサールは知覚を「**定立的**」な**作用**、つまり対象を真に存在するものとみなす志向的体験に数え入れ、想像を「**非定立的**」作用に数え入れた[12]。定立的であることは知覚がそれ自体としてもっている特徴だと言えるが、幻滅可能性という関係的な特徴と密接に関連していることは明らかだろう。

これまでに挙げたいくつかの特徴を整理しておこう。側面性（射映構造）、受容性、注意を自由に向け変えることができること、そして定立性は、知覚の内在的な特徴である。身体運動に連動して変化すること、以前の知覚に含まれていた先取りを満たしたり幻滅させたりすることは、知覚の関係的な特徴である。

知覚の特徴は他にもあるかもしれないが、さしあたり以上の特徴をすべて備えてい

ことに依存していたとしても、知覚と身体的行為を異なる種類の経験として区別することが誤りだということにはならない。この論点には【2－2　知覚からはじめる経験の分類】第7節で立ち戻る。なお、知覚経験の身体性は【3－3　経験の一人称性】第5節および【5－2　心身問題】でも取り上げる。

[10] 知覚経験の先取り構造は、他人の心を知る経験について考えるときにも重要な役割を演じる。【8－1　他人の心】第2節を見よ。

[11] 幻滅については第4章で詳しく論じる。なお、ここでいう「幻滅」は現象学のテクニカル・タームであり、「がっかりする」といった評価的な意味合いはないことに注意されたい。

[12] 『論理学研究3』（前掲書）第五研究、第三九節および第四〇節参照。定立的な作用と非定立的な作用の区別については【4－1

ない経験は、知覚とは異なる経験だと考えられる。では、知覚と近いが異なる経験には、どのようなものがあるだろうか。次項【2－2】では、想像、想起、像意識、他者認知、思考、感情、意志および行為を、知覚と対比しながら、独特な種類の経験として区別することで、経験の地図を描くデモンストレーションをおこなう。

思考と真理】第1節を参照。また、この区別は【5－1　実在論と観念論】でも重要な役割を演じる。

2―2

知覚からはじめる経験の分類

1　知覚と想像

まず、物を思い浮かべる**想像**の経験は、いくつかの点で**知覚**とは異なるように思われる。

私は目の前にケンタウロスやピンクの象がいるのを想像することができるが、これらの物は向こうから現れてくるものではなく、私が想像力によって生み出したものである。また、このような想像を、私は好きなときに始めたり止めたりすることができる。つまり、知覚が備えている受容性という内在的特徴が想像には欠けている。

また、想像においては、経験の進行の中で**幻滅**が生じることがない。「かくかくの物が思い浮かべられるはずだったのに、実際に思い浮かべたのはそれとは異なるしかじかのものだった」などということは、物を想像するときには起こりえない。つまり、幻滅可能性という関係的特徴を想像は欠いている。

さらに、想像は**非定立的**な経験である。つまり、想像においては思い浮かべている物が現実に存在するかどうかは問題にならない。目を閉じて思い浮かべたコーヒーカップが目を開いたらそこになかったとしても、想像が「間違っていた」などとは言わないだろう。逆に、たまたまそのとおりのコーヒーカップがあったとしても、想像が「正しかった」と言うのは奇妙である。想像は正しさが問題になるような種類の経験ではない。

いま述べた三点のうち、最初の二点の違いについては、次のような異論が投げかけられるかもしれない。**夢**においては、受容性と幻滅可能性が成り立っているように思われる。夢に現れる物は、正常な知覚において見られる物と同じく、向こうから現れてくる。自分の意志で夢を見始めたり、見るのを止めたりすることもふつうはできない。また、夢の中では先取りが裏切られることもごく普通に起こる。それゆえ、夢が想像の一種だとすれば、受容性と幻滅可能性の有無によって想像と知覚を分けることはできない、と[1]。

しかし、「夢は想像の一種である」という前提は疑わしい。夢は何かを思い浮かべる経験というよりも、実際にはそこにないものを見てしまう経験、つまり**幻覚**により近いように思われる。そして、幻覚は知覚経験が誤っているケースの一種だと考えるのが自然である。というのも、内在的にも関係的にも、真の幻覚は知覚と変わりがないからである。あるいはこう言った方がいいかもしれない。受容性や幻滅可能性を含め、知覚が備えている特徴をすべて備えているが、現実に存在しないものが見えているような経験こそが本当の幻覚なのだ、と。幻覚が実際にこのようなものだとすれ

［1］サルトルは夢を想像の一種だと考える。夢についての彼の独特の議論は興味深いが、ここで詳しく論じることはできない。『想像力の問題』（改訂再版、平井啓之訳、人文書院、一九七五年）を見よ。

ば、夢も幻覚の一種、あるいは少なくとも、想像よりは幻覚に近い何かだと考えるべきだろう。起きているときに生じるか、眠っているときに生じるかという違いはもちろんあるが、その他の点では夢と幻覚に違いはないように思われる[2]。

もっとも、さきほどの異論を退けるために、夢が幻覚と同じ種類に属する経験だと主張する必要はない。夢が想像の一種ではないということさえ言えればいいのだから、夢と幻覚が異なる種類の経験であっても問題ない。C・マッギンは夢と幻覚のいくつかの違いをあげているが[3]、それらが実際に両者の経験の種類としての違いを示唆するものだったとしても、私たちにとって影響はない。したがって、結局のところ、受容性と幻滅可能性に関する違いは、知覚と想像を異なる種類の経験とするのに十分な根拠になる。

2　知覚と想起

物を思い浮かべる経験が想像だとすれば、過去に見た物を思い出す経験は**想起**と呼ばれる別の経験である。事物の想起は想像と多くの点で似ている。想起も私たちが能動的におこなう経験だという意味で、受容性を欠いているように思われる。また、思い出そうとした物とは異なる物を思い出してしまうという幻滅の可能性もないと考えられる。現実の身体運動と連動しないという点も、想起と想像に共通している。

もちろん、想起と想像のあいだには違いもある。過去に見た物の細部を思い出そう

[2]　夢と幻覚の関係について、詳しくは以下を参照。J. M. Windt, "Dreams and Dreaming," in E. N. Zalta (ed.), *The Stanford Encyclopedia of Philosophy*.

[3]　『マインド、サイト―イメージ・夢・妄想』五十嵐靖博・荒川直哉訳、青土社、二〇〇六年、第六章を参照。

としても思い出せなかったり、想起した物の色や形が写真や動画で確かめてみたら実際とは違っていたり、といったことがしばしば起こる。このようなことは、想像の場合には起こらない。

こうした違いは、想起が想像とは異なる仕方で知覚と結びついているために生じる違いである。言い換えれば、想起は想像にはない特有のリンクを、知覚との間にもっている。私たちは見たことのある物しか思い出すことができない。過去に存在した物であっても、見たことのない物を思い浮かべるのは、想起ではなく想像である。たとえば、私たちは安土城の天守閣を想起することはできず、想像することしかできない。想起の可能性は過去の知覚によって枠づけられている。さらに、過去に見たことのある物であっても、私たちはつねに正しく思い出せるわけではない。想起の正しさは、過去の知覚を参照することによって確かめられる。たしかに、写真や動画を見ることは、そこに映っている物を現在知覚することではないし、過去の知覚をそのまま再生することでもない[4]。だが、過去に見た物の写真をいま見ることによって、私たちは「ああ、たしかにこうだった」と思う。これによって、いわば現在の想起が過去の知覚に適切な仕方で紐づけられ、想起が訂正されるのである。このように、想起の可能性と正当性は、過去の知覚に依存している。こうした関係は想像と知覚の間には成り立っていない（すでに述べたとおり、想像にはそもそも正当性が問えないと考えられる）。

[4] それらはフッサールが「**像意識**」と呼ぶ別種の経験である。これと知覚との違いについては後述。

このように、異なる種類の経験のあいだには、可能性や正当性に関する依存関係が成り立っている場合がある。この種の関係に注目することも、経験の分類にとって重要である。たとえば想起は、先ほどの表現を使えば、「過去の知覚によって可能性を枠づけられる」とか「過去の知覚との紐づけによって訂正されたり確証されたりする」という特徴をもっている。逆に、知覚は「想起の可能性を枠づける」とか「将来の想起を訂正したり確証したりするのに役立つ」と表現できるような特徴をもっている。これらは他の経験との関連における役割なので、関係的特徴に数え入れられる。

3　知覚と像意識

写真や映像を見る経験は、現実の物を見る経験であるという点では知覚でもあるのだが、明らかにそれ以上のものを含んでいる。写真もテレビもパソコンのモニターも、たしかに目の前にある物である。しかし、そこに映っている物はいま目の前に存在してはいない。写真に映っている人物や風景を、私たちは「写真の中に見る」という言い方をするが、この経験は知覚とは区別すべきだろう。こうした経験を、フッサールをはじめとする現象学者たちは「**像意識**」と呼んでいる。像意識はどのような点で知覚と異なるのだろうか。像意識はヴァラエティに富んだ経験であり、写真を見る場合、動画を見る場合、３Ｄの静止画を見る場合、３Ｄの動画を見る場合、鏡に映った像を見る場合など、それぞれ微妙に異なる特徴をもっている。ここでは話をわかりやすくするため、写真を見る経験に限定する。[5]

知らない人物が映っている写真が目の前にあるとしよう。この写真は、目の前にあって手で触ったりライターの火で燃やしたりすることのできる現実の物である。しかし、そこに映っている人物は現実に目の前にいるわけではない。物としての写真は薄っぺらいが立体であり、ひっくり返して裏面を見ることができるが、そこに映っている人物を背後から見ることはできない。物を見る経験がもっている側面性を、(写真の場合の)像意識は欠いている。

ただし、写真に映っている人物は紙のような薄っぺらい物として見えるわけではなく、ある意味で立体的な物として見えている。だからこそ、私たちはこの像を人物の像として見るのである。知覚と像意識の違いは、各瞬間において対象が立体的に見えるか平面的に見えるかという点にはない。むしろ、それぞれの経験がどのように進行するか、また他の経験をどのように動機づけるかという点にある。現実に目の前にいる人を見ている場合と違って、写真の中の人は、見る角度を変えても別の側面をあらわすことはない。写真を見る角度を変えると、物としての写真の見え方は変わる。つまり、正面から見れば長方形に見える写真が、斜めから見ると台形に見え、真横から見ると線に近いかたちに見える。しかし、写真に映っている人物の別の横顔が見えたり、背中が見えたりすることはない。このように、像意識が知覚と同じようには展開しないことを私たちは知っているので、写真に映っている人物の横顔や背中を見るた

[5] フッサールによる像意識の分析を二次元画像の知覚に焦点を絞ってより深めた成果として、以下を参照。伊集院令子『像と平面構成〈1〉』、晃洋書房、二〇〇一年。田口茂「受動的経験としての像経験」小熊正久・清塚邦彦編著『画像と知覚の哲学』、東信堂、二〇一五年。

めに別の角度から見たりはしない。また、当然ながら、その人物に話しかけたり、触れようとしたり、握手を求めたりもしない。これが、知覚と像意識のあいだの、進行可能性と**動機づけ**に関する違いである。

この違いは、見ているのが現実に目の前にある物なのか像なのかを私たちが考える以前に、経験の中でつねにすでに働いている違いである。知覚にしても像意識にしても、何かが**感覚**的に現れる経験は、**思考**によって抗うことのできない力をもっている。写真を見ているとき、そこに映っている人物が現実に目の前に存在すると信じることは、どんなに思い込もうとしてもできない。逆に、目の前にいる人物が単なる像だと思い込むこともできない。このことは、二つの種類の経験のあいだの、進行可能性と動機づけに関する違いが、私たちの能動的な働きかけによって経験のうちに生じるものではなく、経験のシステムにあらかじめ埋め込まれていて勝手に発現する違いだということを意味している[6]。

写真を見る経験は、単一の種類の経験であるというよりも、事物知覚と像意識が組み合わさった複合的な経験だと言える。この複合的な全体の中で、知覚は像意識の土台として働いている。というのも、物としての印画紙やキャンヴァスを見ることなしに、像意識だけが働くことは考えられないが、物の知覚がつねに像意識をともなって生じるわけではないからである。この意味で、知覚と像意識という二つの種類の経験は、前者が後者を一方的に**基づける**、つまり前者が後者の条件をなすような関係にあ

[6] 後者の次元をフッサールは「受動性」とか「受動的綜合」と呼んでいる。『受動的綜合の分析』、山口一郎・田村京子訳、国文社、一九九七年や『間主観性の現象学 I–III』、浜渦辰二・山口一郎監訳、筑摩書房、二〇一二–一五年を見よ。像経験の受動性については、田口前掲論文でも論じられている。

るということがわかる。こうした関係が明らかになると、私たちの経験の地図はより豊かになるし、そこから得られる哲学的な示唆も多くなる。このように、ただ経験の種類を区別するだけでなく、それぞれの種類の経験のあいだの依存関係を明らかにすることも、現象学的な分析の仕事である。

4 知覚と他者認知

知覚と絡み合っているが知覚を超えた何かであるような経験は、他にもある。それは、単なる物ではなく生きている物、つまり他の人間や動物を見る経験である。ここでは**他人**を他人として見る経験に話題を限定し、それを**他者認知**と呼ぶことにしよう。

他者認知には像意識と似たところがある。まず、物体である**身体**を見ることなしに、他人を見ることはできない。他人の心だけが見えるなどということはない。仮に幽霊が存在し、それが見えるとしても、見えるからには何らかの（透きとおっていたり、触ろうとするとすり抜けたりするような）物として見えるはずである。他者認知は、像意識と同じく、事物知覚に基づけられている。また、他者認知は見えている物を能動的に他人として見る経験ではなく、はじめから他人に見えてしまうような経験である。すでに目の前に見えている他人を、単なる物として見ることはできない。つまり、他者認知もまた受動性のレベルで事物知覚とは異なる働きをする経験である。

もちろん、他者認知は像意識の一種ではない。目の前の他人は写真の中の他人とは違って、握手をしたり殴り合ったり会話したりできる相手である。こうしたインタラクションを動機づけるのは他者認知だけである。単なる事物も、写真の中の人物も、インタラクションの相手にはならない。他の経験を動機づける役割の点で、他者認知は事物知覚とも像意識とも異なる独特の経験だと言える。[7]

もう一つの重要な点は、他者認知において現れる対象が、単なる対象ではなく、経験の**主体**でもあるという点である。他人は私とは異なる経験の主体である。私が他人を見るだけでなく、他人も私を見る。この相互性は、当然ながら事物知覚にも像意識にもない特徴である。[8] 他者認知は、他の経験の主体を私に出会わせる経験である。

このことは、経験と**世界**とのかかわりを考えるうえで、非常に大きな意味をもっている。

他者認知という種類の経験が存在する場合とそうでない場合とでは、私が生きる世界はまったく異なるものになる。この違いは、他人と呼ばれる存在者がいるかどうかという点につきるものではない。他人がいる場合には、私を取り巻くすべての事物が、単に私にとってそこにあるのではなく、他人にとってもそこにあるものになる。

この事実は、私たちが物を見る経験のあり方をも決定づけている。私たちはすでに他人のいる世界に生きているため、目の前の物を単に**主観的**なもの、つまり自分にとってだけ存在するものとして見ることはできず、誰にとっても存在するものとして見

[7] 他者を「顔」をもった相手として経験することについて、【6−2 道徳】第6節を参照。

[8] サルトルは他者の問題を論じるとき、私が他人から見られているという関係を本質的に重要なものとみなし、その意義を考察している。『存在と無 Ⅱ』(松浪信三郎訳、筑摩書房、二〇〇七年、第三部第一章Ⅳ)参照。【8−1 他人の心】では、フッサールに依拠しながら他人の心を知る経験について論じるが、フッサール的な他者経験のモデルに対する一つのオルタナティヴとしてサルトルの議論を念頭に置いておくことは有益だろう。

ざるをえないのである。このように、他者認知は事物知覚に基づけられた経験でありながら、独特の仕方で事物知覚にフィードバックするのである。

最後に付け加えると、他者認知、つまり他人を他人として見る経験は、他人にかかわる経験の一部でしかない。他人の発話を聞いたり、他人の書いたものを読んだり、あるいは他人についての情報を別のところから得たりといったさまざまな仕方で、私たちは間接的に他人を理解することができる。[9] また、他人と**契約**を結んだり、一緒に仕事をしたりするのも、他人にかかわる経験である。こうした広い意味での他者経験のヴァリエーションについては、第8章で詳しく見ることになる。

5　知覚と思考

私たちは、物を見るのでもなく、思い浮かべるのでもなく、物について考えることができる。たとえば、居間にいながら、冷蔵庫の中にあるケーキについて考えることができる。ケーキのことを考えるために、ケーキを思い浮かべる必要はない。当然、ケーキの写真や絵を見る必要もない。「ケーキについて考えるだけの経験」が、側面性や受容性といった知覚の内在的特徴を共有していないことは明らかである。また、ケーキについての思考の内容は、身体運動に連動して変化することもない。[10]

物についての思考は、想起でもない。見たことのない物についても考えることはできるからである。「冷蔵庫の中にケーキがある」と他人から言われて、あるいは紙に

[9] 【7−1　音楽作品の存在論】では、音楽を中心に、**芸術作品**の鑑賞行為について述べるが、この種の経験も他人についての間接的な経験の一例として見ることができよう。

[10] この点については、【3−3　経験の一人称性】第5節を参照。

そう書いてあるのを見て、その言葉を理解すれば、そのケーキを一度も見ていなくても、すでにケーキについての思考を抱いたことになる。さらに言えば、見たことのある物についての思考も、その物についての想起であるとはかぎらない。「昨日買ってきたケーキがまだ冷蔵庫の中にあるはずだ」と考えているとき、私は過去のケーキを思い出しているわけではなく、現在のケーキのことを考えているのである。

物についての思考は、知覚との関係において、興味深い関係的特徴をもっている。「冷蔵庫の中にケーキがある」という思考は、正しいか間違っているかのどちらかである。それが正しいかどうかは、冷蔵庫を開けて中を見ることによって確かめられる。つまり、物についての思考は知覚によって確証されたり否定されたりするものであるという関係的特徴をもっている。想起が知覚によって**正当化**されうることはすでに述べたが、現在の物についての思考は、想起よりも直接的な仕方で知覚によって正当化されうる。過去の物を見ることはできないが、現在の物は見ることができるからである。

思考と知覚の間の正当化関係は、思考の関係的特徴を示すものであると同時に、知覚の関係的特徴を示すものでもある。つまり、知覚は現在の物についての思考を確証したり否定したりすることのできる経験である。知覚が何かについての経験であるということ、つまり**志向性**をもつということの意味を考えるうえで、この関係的特徴は本質的な重要性をもっている。この点は第４章のテーマとなる。

6　知覚と感情

物を見ることによって心を動かされることがある。ミラノのガレリアを抜けて広場に出ると、大聖堂の威容が現れ、圧倒されるとともに感動が湧き起こる。歩道を歩いていてふと足元に目をやると、猫の死骸が目に入り、ぎょっとした後に憐れみを抱く。こうした**感情**の経験は、知覚の一要素ではなく、場合によってはそれと結びついて生起する別種の経験だと考えられる。知覚がいつでも感情をともなうわけではないし、感情がいつでも知覚と一緒に生じるわけでもない。ただ、いま例に挙げたようなケースでは、物の知覚が感情の土台をなしている。

感情は想像や想起を土台として起こる場合もある。巨大なゴキブリを想像すれば嫌悪感を抱くし、愛する人が死ぬところを想像すれば悲しくなる。過去に見た美しい物や過去に受けた侮辱を思い出すことも、感情の引き金になる。単なる思考も感情の土台として機能しうるかもしれない。「職を失う可能性を考えただけでゾッとする」といったことを人はしばしば言う。もっとも、そうした場合に恐怖の引き金として働いているのは、失職の可能性についての思考ではなく、職を失った自分や家族の姿についての想像かもしれないが。ともかく、感情はそれ単独で生じるのではなく、生じるために何らか別の経験を必要とするような経験だということが言えそうである。何が感情の土台の候補に含まれるのかはただちに明らかではないが、感情は感情以外の何らかの経験に基づけられた経験である、と。少なくともこの点で、感情は知覚とは異なる関係的特徴をもつ。

他方で、感情と知覚には似ているところもある。恐れも悲しみも喜びも怒りも、私たちが抱こうとして抱くものではなく、いわば襲ってくる経験である。目の前の物がどういう大きさや色で見えるかを私たちは自在にコントロールすることはできないが、それと同じように、どのような感情をどの程度の強さで抱くかを自在にコントロールすることもできない。つまり、感情は知覚と同じく受容的な経験だと言えるのではないか。もちろん、これは二つの種類の経験の間に一定の類比が成り立つということにすぎない。感情がどのような意味で受容的と言えるのかは、よく考えてみる必要がある。

知覚と感情には、正当化における役割の点でも類比が成り立つかもしれない。知覚は物についての思考を確証したり訂正したりする。感情もこれに似た役割を果たす場合がある。たとえば、ミラノ大聖堂の荘厳さについて人から聞いたことはあるが、実際にそれを経験したことはない人がいたとする。この人は、ミラノ大聖堂の**価値**についての思考（**価値判断**と呼ぶことにしよう）をもっている。彼女が実際にミラノのドゥオーモ広場に行って大聖堂を見上げる機会を得たなら、感動するかがっかりするかのどちらかだろう。感動すれば、以前の価値判断が確証されたということになり、がっかりすれば訂正されることになる。このように、感情をともなわない単なる思考としての価値判断に対して、感情は正当化の基盤として働くように思われる。この点は、価値と呼ばれるものがどのようにして私たちが生きている世界の要素をなしているのかという問題にもかかわる。[11]

7 知覚と意志／行為

最後に、物を見ることと、物にかかわる**意志**との違いに目を向けてみたい。物にかかわる意志というのは、たとえば目の前のリンゴを食べようと思うことや、石を拾い上げようとすることなどである。これらの意志は、私たちが自発的に抱いたり放棄したりすることのできる経験である。したがって、意志は知覚と違って受容的な経験ではないと言えそうである。このことだけで、知覚と意志を別種の経験とみなすのには十分だろう。また、実際にリンゴを食べたり、石をもち上げたりする**行為**は、たいていはあらかじめもっていた意志の実行として生じる。[12] 行為もまた自発的な経験であり、その点で知覚とは異なる種類の経験である。[13]

他方で、私たちの日常的な経験の全体の中では、知覚と意志および行為が絡み合っている。物を見る経験には、場合によっては、もっとよく見ようという意志や、そのためにもっと近づこう、あるいは回り込んで別の角度から見てみようといった意志がともなっている。これらの意志は、特に支障がなければ実行に移され、対象に歩み寄る、回り込む、もち上げる等々の行為になる。このような意志と身体的行為を知覚から切り離し、別種の経験とみなすのは、不自然であるだけでなく誤っていると考える

[11] 【6－1 価値と価値判断】を見よ。**美的判断**と**美的経験**については、【7－2 美的経験、美的判断】で主題的に論じる。

[12] フッサールは行為を、先立つ意志作用を**充実**する別の意志作用として捉える。八重樫徹「フッサールにおける意志と行為」、東京大学人文社会系研究科哲学研究室『論集』二六号、二〇〇八年および植村玄輝「行為と行為すること」、『情況』二〇一五年八月号を参照。

[13] 【6－2 道徳】では行為の**道徳的価値**が主題となる。

人々がいる。[14] 彼らによれば、知覚は本質的に行為の中で生じる経験なのである。

彼らの主張を全面的に受け入れたとしても、知覚と身体的行為が異なる種類の経験であることを否定する必要はない。私たちは種類の異なる複数の経験を同時にもつことができる。このことは、前項【2－1】のはじめに挙げた冬の朝の場面のような、日常の一コマを思い浮かべてみればすぐにわかる。私たちはいつでも、知覚しながら思考し、体を動かし、感情を抱き、他人とかかわるといったように、同時に多くの経験をこなしながら生きている。なかでも、知覚と身体的行為は、私たちが起きているあいだ、ほとんどつねに両方生じている。だがこのことは、両者が同じ一つの経験をなしていると考えるべき理由にはならない。異なる種類の経験が同時に生じていると考えても何ら不都合はない。そして、知覚が受容的であるのに対して、意志と行為が自発的な経験であるという事実を考慮するなら、実際そう考えるべきなのである。

もちろん、知覚と意志および行為が経験の全体の中でどのように関係し合っているのかを明らかにすることは、現象学の課題になりうる。フッサールもメルロ＝ポンティも、この課題に熱心に取り組んでいた。[15] また、この二人の現象学者は、この課題に取り組むことは、物が**存在**することの意味、ひいては世界が存在することの意味を明らかにするという哲学の問題にアプローチすることにほかならないと考えていた。ここでもやはり、単に経験の種類を区別することは、哲学としての現象学の入り口にすぎないのである。

[14] ノエ前掲書参照。ノエらのエナクティヴ・アプローチに主要なインスピレーションを与えているのは、メルロ＝ポンティの知覚の現象学とJ・J・ギブソンの生態学的心理学である。

[15] E. Hsserl, *Ding und Raum*, Hua XVI, Nijhoff, 1973およびM・メルロ＝ポンティ『知覚の現象学1』(竹田芳郎・小木貞孝訳、みすず書房、一九六七年、特に第一部Ⅲ）を参照。

8　経験の分類と哲学の問題

以上では、知覚を出発点として、それと隣接するさまざまな経験を区別してきた。知覚、想像、想起、像意識、思考、他者認知、感情、意志および行為と、八種類の経験が登場したが、区別可能な経験の種類は他にもあるだろうし、取り上げたそれぞれの経験の特徴が余すところなく明らかになったというわけではない。だが、現象学的な経験の分類がどのようなものなのかは、ここまでのデモンストレーションによってある程度明確になったのではないだろうか。

物を見ることと想像することは違うとか、物を見ることと物について考えることは違うといったことは、「当たり前」であって、わざわざ説明する必要はないと思われるかもしれない。しかし、それぞれの経験がそれ自体としてどのような特徴をもっているのか、また他の経験とどのような関係にあるのかを、経験に寄り添って考えてみると、当たり前の区別が「問題」へと変わる。どういうことか。

たとえば知覚と想像の違いについて言えば、「現実に存在する物を見るのが知覚で、現実に存在しない物を思い浮かべるのが想像」という単純で常識的な説明がある。だが、このような説明は、経験にとどまる現象学的分類には許されていない。というのも、この説明は、何が現実に存在し何が存在しないのかが経験から独立に決まっているのでないかぎり意味をなさない[16]。そして、もし物の現実存在がそのようなものだったとしても、それを説明項として経験の種類の違いを説明するのは、経験に根

[16]　経験から独立した実在を現象学が認めうるかどうかについては、【5−1　実在論と観念論】を参照。

ざした経験の説明とは言えない。では現象学的説明はどのようなやり方をとるのかといえば、すでに実演したように、知覚と想像がそれぞれ経験としてどのような特徴をもっているのかを考えることになる。だが、先ほどの実演が示しているように、このやり方で知覚と想像の区別を明確化するのはそれほど簡単なことではない。複数の異なる見方が可能であり、それらのうちのどれが正しいのかは、議論を尽くさなければわからない。当たり前が問題に変わるというのはこういうことである。

　現象学は問わなくてもいいことがらを問い、いたずらに問題を増やすわけではない。経験にとどまってさまざまな経験の特徴を見いだしていくことによって、私たちが日常においては考えることなく素通りしてしまっている問いがはじめて可視化され、哲学の議論の俎上に載るのである。本章で出会った、夢は想像の一種なのかどうかという問いや、知覚が志向的であるとはどういう意味なのか（あるいはそもそも知覚は志向的なのか）といった問いが、それにあたる。これらの問いを追求することも、現象学的な経験の分析の一部である。そして、くりかえしになるがこれらの問いは、現実とは何か、**真理**とは何かといった伝統的な哲学の問題と関連している。もう一つ別の例を挙げるなら、知覚と他者認知のかかわりについて現象学的に考えることは、他人の心をめぐる伝統的な哲学の問題（他我問題と呼ばれる）に新たな光を当てるかもしれない[17]。

　本章の冒頭で述べたように、現象学的な経験の分類は、異なる種類の経験を区別す

[17]　【8−1　他人の心】を見よ。

ること自体を目的としてなされるのではない。哲学する営みを前に進めるために役立つような地図を描くことを目指すのである。とはいえ、哲学においては、歩き始める前に完全な地図を描くことは不可能である。経験を現象学的に分析するという営みは、地図を描くことであると同時に、描かれる土地を実際に歩くことでもある。実地測量しながら地図を描くようなものだと言えるかもしれない。この作業の途中で、私たちは道に迷ったり、石につまずいたりすることがある。それは経験にとどまる哲学にとって避けられないことである。

第3章　経験の志向性と一人称性

心的現象はどれも、中世のスコラ哲学者が「対象の志向的内在」と（おそらく、「心的内在」とも）呼んだものによって特徴づけられる。そして、すこし曖昧な表現によってではあるのだが、心的現象はどれも、「内容への関係」、「対象への方向」（対象ということで、実在だという理解をしてはならない）、あるいは、「内在的対象性」と呼ばれるものによって特徴づけられる。心的現象はどれも何かを対象としてそれ自身に含むのである。ただし、どれもが等しい仕方でそうしているわけではない。表象においては何かが表象され、判断においては何かが承認ないし否認され、愛においては愛され、憎しみにおいては憎まれ、気に入ることにおいては気に入られ、等々。

（F. Brentano, *Psychologie vom empirischen Standpunkt*, pp. 124–125）

意識の作用はどれも、自我によって遂行され、いわゆる「一人称」の形式を持つという構造を持つ。私は「考える」、私は「知覚する」、私は「見る」、私は「愛する」ないし「憎む」――これらすべては、「私」がそれをやるという様式で遂行されるのであり、そのことは作用の形式のうちに直接刻印されている。

（R. Ingarden, *Der Streit um die Existenz der Welt II/2*, p. 295）

3-1

経験の基本的特徴を問うとはどういうことか

現象学は経験という観点から哲学の問題に取り組む。経験にはさまざまな種類があり、私たちの意識はさまざまな個別の経験が複雑に結びつくことで作り上げられる。そのため、経験の地図を描くことは現象学的な哲学にとって重要な仕事になる。以上は第1章と第2章で論じたとおりだ。現象学を概説する第一部の締めくくりとなる本章では、経験がもつ基本的特徴はあるのか、あるとすればそれは何かという問題を取り上げる。この問題にさまざまな角度から取り組むことによって、現象学が立つ「経験という観点」とはどのようなものなのか、経験の現象学的分析とは何をすることなのかを、さらに具体的に示したい。

したがって本章でとりわけ大切なのは、経験をめぐる現象学的議論がどのような手続きによって進められるのかという点である。こうしたプロセスを見せることを主眼としているため、本章では、取り上げられる問いに確定的な答えを与えようとすることよりも、そうした問いをめぐる論争を呈示することが重視される。

まず確認しておきたいのは、経験には**主題的**なものと**非主題的**なものがあるということだ。この点をはっきりさせるために、本章で扱う具体例を導入しよう。ある日の私の帰宅風景である。

駅を出たあとも締め切りが迫った原稿についてあれこれ考えながらずっと歩いてきて、自宅へと続く角を右に曲がると、猫が家のまえで雨宿りしながらくつろいでいる。馴染みのあの猫か、どうせすぐに逃げるだろう。予想どおり猫はゆっくりと路地の奥の隙間に引っ込んでいった。扉の前に立つ。予約していた洗濯機が唸りをあげて脱水をしている音が聞こえる。もう少しゆっくり買い物をしてくるべきだった。洗濯が終わるまで外をぶらつこうかとも一瞬考えたけど、雨の降るなか外にいるよりも騒音の方がまだましなので、家に入ることに決める。しかし、鞄のなかをまさぐってもそこにあるべきものがない。焦りながら手を鞄から引きぬいて上着のポケットに入れると、鍵の感触がする。右手の人差し指のやけどが少し疼く。同時に、出かけ際にポケットに鍵を放り込んだときの光景を思い出す。

この場面には、現象学的な観点から分析できるさまざまな個別の経験が含まれている。たとえば、

締め切りが迫った原稿について考えること（思考）
家の前にいる猫を見ること（視覚的な知覚）
その猫があの馴染みの猫だと特定すること（同定）

その猫の未来の挙動を予想すること（予期）
その猫が予想通りの行動に出るのを見ること（予期の充実化[1]）
洗濯機の音を聞くこと（聴覚的な知覚）
買い物をゆっくりしなかったのを悔やむこと（感情）
雨のなか外にいるよりもうるさい音を聞く方がましだとみなすこと（優先[2]）
家に入ろうと決めること（意志）
鞄のなかのものに触ること（感覚ないし知覚）
鍵を探すこと（捜索）
焦りを感じること（感情）
探していた鍵を見つけ出すこと（捜索の充実化）
右手の人差し指にやけどの痛みを感じること（感覚）
鍵を上着のポケットに入れたときの光景を思い出すこと（想起）

など、すぐ目につくものをざっと挙げただけでもこんなにある。
　しかしこのリストは完全ではない。右に挙げられた個別の経験やその対象はどれも、帰宅途中の私がそのとき注意を向けていたものばかりだ。主題的な経験とはこうした経験のことである。だが私は、自宅への道すがら、道路のアスファルトのざらついた固さを感じていたはずだ。また私は途中まで、なぜか漠然とした不安な気分でい

［1］　充実化については【4−1 思考と真理】第5節を参照。

［2］　優先（「まさるとする作用（Vorziehen）」）が独自の経験であるという主張は、ブレンターノによってなされている。ブレンターノ「道徳的認識の源泉について」水地宗明訳『世界の名著 ブレンターノ フッサール』中央公論社、一九七〇年、第三〇節、七八−七九頁。

たとしよう。こうした感覚や気分も経験であることには変わりない。たしかにこれらの経験に注意を向けていなかったが、それらはたしかに私の意識に登場していたはずである。こうした非主題的な経験は、それに大きな変化が生じたとき、多少なりとも私の意識のなかで際立つことがよくある。たとえば、家まであともう少しというところで原稿の構成について冴えたアイディアを思いつき、すっと不安が引いていったときや、雨で濡れたマンホールの上で足を滑らせとつぜん地面の感触が変わったとき、私はそれぞれ安堵と驚きの経験をもつ。こうした経験の変化は、それが生じる直前まで不安な気分や地面のざらつきの感覚をまったく意識していなかったならば起こりえない。

主題的な経験と非主題的な経験の違いをもう少しはっきりさせておこう[3]。私は雨のなかを歩いてきて、家の前に猫が座っているのを見たのだった。この猫が馴染みのあの猫だと分かるまでのわずかなあいだ、私はその猫に注意を向けていた。したがってそのときその猫は、私の経験に主題的に登場していた。しかし、そうしているあいだにも雨は降り続けていた。そのため、空から落ちてくる多くの雨粒も、私の視覚的な経験のなかに登場していたはずだ。非主題的な経験とは、このとき私がはっきりと気づかずにもっている、降りそそぐ雨粒についての経験のようなもののことだ。

また、経験が非主題的であることは、その経験の強度が高いこと（その経験が鮮烈であること）とは別である。騒音のなかで誰かと会話をするとき、私はその人の声に

[3] ここで出てくる例は、B・デイントンによる例を少し改変したものである（ただしデイントンは「非主題的」という言葉を使っているわけではない）。B. Dainton, *The Phenomenal Self*, Oxford University Press, 2008, pp. 29–30.

注意を向ける。私がこのときもつ主題的経験は、その人の声を聴くという経験である。それと同時に私は、その人の声よりもずっと大きな騒音についての聴覚的経験ももっているはずだ。だが、私は騒音には注意を払っていない。そのため、この経験は非主題的である。ところが、経験の強度に関しては、後者の非主題的経験の方が前者の主題的経験よりも高い。その人の声は周囲の騒音よりもずっと小さく、鮮烈ではないからだ（こうした現象は、心理学では「カクテルパーティ効果」と呼ばれる）。

本章でとりあげる経験の基本的特徴は、主題的なものだけでなく、非主題的なものにも当てはまるということに注意してほしい。というわけで、先ほどのリストに、

はっきりと気づかずに漠然とした不安をもつこと（非主題的な気分）
はっきりと気づかずに地面の感触を感じること（非主題的な感覚ないし知覚）

も付け加えよう。もちろん、これらによってリストが完全になるわけではない。私たちの意識に登場する個別の経験は、非主題的なものを含めると膨大な量になるからだ。[4]

しかし、私たちがどれだけ多くの経験をもっているのかということは、経験を経験にする特徴は何かを問う本章にとって重要ではない。私たちの経験がどれほど多種多様であっても、そのどれもが経験であることには変わりがない。すると、あらゆる経

[4] 経験の非主題的な側面がもつある種の「豊かさ」について、現象学的な観点からさまざまに論じたものとして、次の著作が挙げられる。田口茂『現象学という思考――〈自明なもの〉の知へ』筑摩書房、二〇一四年。

験に共通し、経験だけがもつような一般的な特徴があって、経験であることはその特徴をもつことと同じなのではないだろうか、と想定できる。「経験を経験にする特徴」とはこうした特徴のことだ。少し専門的な用語で言い換えれば、経験を経験にする特徴とは、それをもつことが何かが経験であることの必要十分条件となるような特徴である。[5] ここで問題になるのは、そうした特徴は具体的にはどのようなものなのかということである。

経験を経験にする特徴があるという想定は、もちろん確実にできるものではない。あらゆる経験は互いに似通っているが、それらに共通する特徴などないかもしれない。[6] だが、経験を経験にする一つの特徴などないという主張を説得的にするためにも、そうした特徴の有力候補を取り上げ、そのどれもが実際にはすべての経験に共通するわけではないと論じなければならない。本章では経験を経験にする特徴があると想定して話を進めるが、この想定に疑問を覚える読者は、二つの有力候補に関する以下の議論を、批判的な態度で読み進めてほしい。

[5] 必要条件と十分条件について簡単に確認しておこう。Xが成り立つときにいつでも満たしていなければならない条件を、Xの必要条件という。たとえば、自然数であることは、ある数が素数であることの必要条件である。これに対して、それが満たされているときにはいつでもXが成り立つような条件を、Xの十分条件という。たとえば、素数であることは、ある数が自然数であることの十分条件である。以上をふまえれば、Xの必要十分条件とは、Xの必要条件でも十分条件でもあるようなことがらであることになる。たとえば、1とそれ自身以外に正の約数をもたないことは、ある数が素数であることの必要十分条件である。

[6] L・ウィトゲンシュタインはこうした類似を「家族的類似」と呼んだ。ウィトゲンシュタイン『哲学探究』『ウィトゲンシュタイン全集8』藤本隆志訳、大修館書店、第六七節。

3−2 経験の志向性

1 すべての経験は志向性をもつか

経験を経験にする特徴は何かという問題への答えとして有望な候補の一つは、経験が何かについてのものであるという特徴である。さきほどのリストを見てみよう。締め切りが迫った原稿について考えるという経験は、まさしく、締め切りが迫った原稿についての経験であり、この対象について何かを言わないと、この経験がどのようなものかはほとんど明らかにならない。また、家の前の猫を見るという経験や、それをあの馴染みの猫と同じ猫だと同定する経験に関しても、同様のことが言える。見られて同定された猫という対象を抜きにしては、それらの経験がどういうものであるのかを描写することはほとんどできないのである。[1] こうした特徴は「**志向性**(intentionality)」と呼ばれ、志向性をもつ経験は「**志向的**(intentional)」であると言われる。[2]

さて、先のリストにあるその他の経験も、何かについての経験であることが一見するかぎりでは明らかではないだろうか(すぐあとで論じるように、詳しく見ると話は

[1] 現代の心の哲学でも、同様の主張が、特に知覚経験に関してなされることがある。「経験の透明性(transparency of experience)」と呼ばれるこうした主張を含む論考としては、たとえば次のものがある。G・ハーマン「経験の内在的質」鈴木貴之訳、信原幸弘編『シリーズ 心の哲学 翻訳編』、勁草書房、二〇〇四年。鈴木貴之『ぼくらが原子の集まりなら、なぜ痛みや悲しみを感じるのだろうか』勁草書房、二〇一五年。経験の透明性という主張に対する現象学的な立場からの反論としては、次のものがある。D. Zahavi, *Self & Other. Exploring Subjectivity, Empathy, and Shame*, Oxford University Press, 2014, chap. 3.

[2] 志向性については、【4−1 思考と真理】で詳しく論じられる。

[3] この立場は、現象学の伝統ではブレンターノによって支持された。現代の志向説論者としては、クレインをあげることができ

それほど単純ではなくなるのだが）。すると、志向性は多くの経験に共有されているのだから、すべての経験に共通する特徴であると考えることには一定の理由がある。こうして、経験を経験にする特徴は志向性であると主張する立場に可能性が与えられる。この立場を「志向説」と呼ぼう[3]。

経験の志向性は、経験を単なる感覚のあらわれ以上のものにする。角を曲がった後に私が視覚的に経験したのは、グレーの背景の上に茶と黒と白がまだらになって配置された色ではなく、コンクリートのたたきの上に座る猫である。そうでなければ、私を取り巻く世界についての情報をこの視覚的経験が直接与えてくれたということが、理解できなくなってしまうだろう。また、原稿について考えることや家に入ろうと決めることは、そもそも感覚的な志向的経験ではないように見える。これらの経験がそれぞれ原稿やなんらかの行為についての経験であるということを説明するために感覚をもち出しても、ほとんど何の役にも立たないからだ。志向的な経験は、その経験を超え出た何らかの対象に私たちの意識を向けさせるのである。

2　第一の反論：志向的ではない経験もある

さて、志向説に対しては、二つのパターンの反論がありうる。一つは、「志向的ではない経験もある」という反論、もう一つは、「志向的だが経験ではないものもある」という反論だ。

る。T・クレイン『心の哲学——心を形づくるもの』植原亮訳、勁草書房、二〇一〇年。知覚の哲学における志向説については以下も参照。W・フィッシュ『知覚の哲学入門』山田圭一監訳、勁草書房、二〇一四年、第五章。

第一の反論から見てみよう。この反論は、志向的ではない経験の例を示すことで、志向性をもつことは何かが経験であることの必要条件ではないと主張する。こうした反論で志向的ではないものとしてもち出される経験は、実は先のリストのなかにもある。それは、右手の人差し指に痛みを感じるという経験と、漠然とした不安という経験だ。

一つ目の例から見てみよう。「この経験は痛みについての経験だから志向的だ」という主張は通用しない。痛みは感覚にすぎないからだ。[4] さきほど説明したように、感覚が私の意識に生じるだけでは、志向的な経験をもつことにはならないのである。したがって、痛みの感覚は志向的ではないのではないだろうか。

二つ目の例、漠然とした不安という経験について考えてみよう。「**気分**（mood）」と呼ばれるこうした経験は、何についての経験でもなく、したがって志向的ではないのではないだろうか。家の前に座る猫を見るという経験や、鍵を探すという経験は、その猫やその鍵という特定の対象についての経験である。これらの経験がどのようなものかを描写するためには、経験の対象の描写が欠かせない。それに対して、私の漠然とした不安が何についての不安かをはっきりさせようとしても、特定の対象を見つけ出すことはできないはずだ。漠然とした不安が漠然としたものであることは、それがまさにどんな特定の対象についての経験でもないということ、つまり、それが志向的ではないことを示しているのではないだろうか。同じことは、なんとなく幸せであ

［4］この点については、以下も参照。J・R・サール『ディスカバー・マインド！——哲学の挑戦』宮原勇訳、筑摩書房、二〇〇八年、一三九頁。クレイン前掲書、一一六—一一八頁。

ることのような、その他の気分にも当てはまるだろう。

3　志向的ではない経験の有無をめぐる論争

以上の反論は決定的ではなく、ここには論争の余地がある。そうした論争がどのようなものになるのかを簡単に見ておきたい。志向説の立場からは、いま取り上げた反論にどうやって再反論できるだろうか。

まず、痛みの経験という例について考えてみよう。[5] この経験は志向的ではないという考えに対して、志向説の側から次のように異議をとなえることができる。「痛みは身体のどこかに位置づけられたものとして経験される。いまの例で言えば、私は痛みを右手の人差し指に感じているのであって、左手の親指や背中の真ん中に感じているわけではない。したがって痛みの経験は、単に感覚をもつことにとどまらず、（やけどによって傷がついた）私の右手の人差し指についての経験である。つまり、痛みの経験は志向性をもつ。」

志向説に反対する人は、こうした異議を受け入れずに、以下のようにさらに応答するかもしれない。「痛みをもつときにそれが私の右手の指に位置づけられることは、痛みの感覚をもつという非志向的な経験と同時に、私の指にやけどがあるという信念が意識に生じていることによって説明すべき事柄である。痛みの経験がもつように思える志向性は、実際にはこの意識的な信念の志向性だ。」

［5］　ここから三段落分の議論はクレインに多くを負う。クレイン前掲書、一一八－一二五頁。また、感覚経験が志向性をもつという立場を擁護する論考として、以下のものもある。信原幸弘『意識の哲学――クオリア序説』岩波書店、二〇〇二年、第五章。感覚の志向性を主張する立場の批判的な検討としては、以下のものがある。小草泰「痛みの経験は志向的か」小熊正久・清塚邦彦編『画像と知覚の哲学――現象学と分析哲学からの接近』東信堂、二〇一五年、第一二章。

この再反論に対して、志向説の支持者は、以下のように応答できる。「痛みが身体のどこかに位置づけられて経験されることを、痛みの経験と信念の二つをもち出して分析することには問題がある。痛みは、それが生じている箇所が見かけの位置にすぎないと知っている場合にも、依然としてその箇所に位置づけられる。こうした経験の具体例としては、事故などで手や足を失ってしまったのにそこに痛みを感じるという現象（これは「**幻肢**（幻影肢）」と呼ばれる）が挙げられる。[6]こうした状況での痛みの経験を感覚と信念の組み合わせで説明しようとすると、幻肢をもつ人は、自分の手や足に何らかの傷があると信じている、と主張しなければならない。しかしこの主張が正しいとすると、自分の手や足が失われているということを知っていながらも幻肢をもつ人（こうした症例は報告されている）は、その経験が生じているあいだ不合理に陥っているという結論がそこから導かれてしまう。なぜなら、自分の手や足が失われていると知っている人は、もし合理的であるならば、そうした手や足に傷があると信じることができないからだ。[7]だが、これは信じがたい結論だ。したがって痛みの経験は、信念の志向性では説明できない独自の志向性をもつものとして理解されなければならない。」

もう一つの例、漠然とした不安についてはどうだろうか。私が帰宅中にもっていた不安が漠然とした経験であるのは、まさにそれが特定の何かについてのものではないこと、つまり志向性をもたないことによって特徴づけられるのではないだろうか。こ

[6] 幻肢については、メルロ＝ポンティが『知覚の現象学1』（竹内芳郎・小木貞孝訳、みすず書房、一九六七年、第一部第一章）で詳しく論じている。この現象がもつ哲学的な意義については、【5−2 心身問題】第5節で論じる。

[7] より正確に言えば、これは、自分の手や足に傷があると合理的に信じるためには、われわれは自分に手や足があると信じていなければならないという事情による。

うした疑念に対して、志向説からは、以下のような応答ができるかもしれない。「私の漠然とした不安は原稿のアイディアを思いついたときに消えたのだから、この不安は実際には原稿がなかなか書けないことについての不安だった。しかしこの不安はずっと非主題的であったため、私にはそのことがはっきりとわからなかったのだ。」

だが、この応答には問題がある。これが正しければ、主題的かつ漠然とした不安というものはありえないことになる。しかし、私たちは自分の漠然とした不安を漠然としたままで主題的に、つまりはっきりとそれに気づきながら経験することができるのではないだろうか。漠然とした不安に気づきそれについて考えを巡らせてみるが、いったい自分が何について不安を感じているのか分からない、という経験がある人も多いのではないだろうか。

気分は志向的ではないという反論から志向説をもっと説得的に擁護するためには、私たちが気分をどう経験するかについて、より立ち入った考察をしなければならない。たとえば「多幸感に包まれる」というふうに、私たちの気分は、自分をとりまく環境のすべてが一様に特定の様子であることによって描写されることがよくある。漠然とした不安についても、たとえば、身の回りのありとあらゆるものが重苦しく見え、周囲から聞こえるありとあらゆる音が心をざわつかせる、というふうに描写することができるだろう。こうした言い回しが示唆するように、漠然とした気分に特定の対象がないのは、それが志向性をもたないからではなく、自分を取り巻く環境（あるいは世界）の全体についての志向性をもつからではないだろうか[8]。

4　第二の反論：志向的だが経験ではないものがある

志向説に対する第二の反論に移ろう。この反論は、志向的ではあるが経験ではないものの例を示すことで、志向性をもつことは何かが経験であることの十分条件ではないと主張するものだ。

　たとえば「こうちはしこくのなんぶにある」のような、紙の上に印刷された有意味な文は志向性をもつ。この文は、高知が四国の南部にあることを誰かに説明するときの私の経験と同様に、高知についてのものであるからだ[9]。しかしこの文は、紙の上のインクの模様であって、経験ではない。したがって、たとえすべての経験が志向性をもつのだとしても、何かが志向性をもつことは、それだけでその何かが経験であることを保証してくれるわけではない。

　別の例を考えよう。この本を読んでいるほとんどすべての人は、地球は丸いということを小さい頃から信じているだろう。この**信念**は地球についてのものである。しかし多くの人は、いまこの文章を読むまでの長いあいだ、地球は丸いという自分の信念をまったく意識していなかったはずだ。こうした無意識の信念は志向的であるが、まさに無意識であるため、経験ではない。また、もし無意識の欲望というものがあるのだとすれば、それを例にして同様の議論をすることができるだろう。

[8]　気分が環境の全体とかかわるという主張は、ハイデガーによっても表明されている。M・ハイデガー『存在と時間』（翻訳多数、第二九節）を参照。ただし、ハイデガーが気分に志向性を認めていたかは定かではない。また、世界が経験とのかかわりにおいてもつ特異さについては【9-2　哲学者の生】第4節も参照。

[9]　有意味な文がどれも何かについてのものであるという点については、次の論文が詳しく論じている。T・クレイン「存在と量化について考え直す」植村玄輝訳、T・タフコ編『アリストテレス的現代形而上学』（春秋社、二〇一五年、第三章）とりわけ、一一三－一二〇頁。

5　志向的だが経験ではないものの有無をめぐる論争

いま見た反論も決定的ではなく、ここにも論争の余地がある。志向説にどのような応答ができるのかを見てみたい。

紙に印刷された有意味な文という例から考えよう。これが経験でないことはたしかだ。紙とインクをどう組み合わせても経験にはならない。だが、このとき有意味でありそれゆえ志向性をもつとされるものは、本当に紙とインクを組み合わせただけの純粋に物質的なものなのだろうか。そうではないように思われる。

有意味な文は紙とインクの単なる組み合わせではないということを理解するために、仮想的な状況を考えてみよう。日本語を理解する人間が世界から一人もいなくなり、日本語という言語があるという情報さえも無くなってしまったとする。そのため、日本語を習得・復元するためのあらゆる手立て（教材や日本語のメディア）も、唯一の例外を除いて消え去っている。その例外とは、いま読んでいるこの本のこのページの、点線で囲まれた部分の切れ端一枚である。

こうちはしこくのなんぶにある。

このとき、紙の上のインクの模様は有意味な文ではなくなるのではないだろうか。有意味な文はどれも、日本語や英語といった特定の言語において有意味なものでしかない。だがいま想定している状況では、日本語という言語はもう存在しない。なぜなら、日本語を理解する人がすでに誰もいなく、またそういう人が将来に登場する可能性も失われているからだ。したがって、紙の切れ端の上のインクの模様は、ただのインクの模様でしかない。

ここからわかるのは、紙の上のインクの染み（やモニターの光の配列、口やスピーカーから発された音など）が日本語の有意味な文であるためには、誰かによってそれが日本語の文として理解される可能性がなければならないということである。そして、インクの染みを日本語の文として理解することは経験の一種であり、志向性をもつ。[10]するとここで、以下のように主張する余地が生まれる。本来的な意味で志向性をもつのは紙の上のインクの模様を有意味な文として理解するという経験であって、インクの模様そのものではない。「紙の上に有意味な文が印刷されていて、この文は志向性をもつ」という言い方は「有意味である」とか「志向性」といった言葉を本来よりも広い、派生的な意味で用いているのである。この派生的な言葉遣いができるのは、インクの模様がそれを有意味なものと理解する経験の可能性とつながっているときだけだ。その意味で、紙に印刷された有意味な文は、紙とインクの単なる組み合わせ以上の何かである。[11]

まとめよう。「紙に印刷された有意味な文は志向性をもつが経験ではない」という反論に対して、志向説の支持者は次のように応答することができる。「たしかに、紙

[10] 言葉の意味を理解するという経験については、【4-2 意味と経験】を参照

[11] こうした一連の主張は、現象学の伝統ではインガルデンによって表明されている。R・インガルデン『文学的芸術作品』新装版、瀧内槇雄・細井雄介訳、勁草書房、一九九八年、第二〇節。同様の問題に関する現代の議論については、鈴木『ぼくらが原子の集まりなら、なぜ痛みや苦しみを感じるのだろうか』（前掲書）の第五章第二節を参照。

に印刷された有意味な文は志向性をもつが経験ではない。しかし、この反論は反論になっていない。有意味な文がもつ志向性は派生的なものにすぎない。」志向説の主張は、正確には、経験を経験にする特徴は本来的な（＝非派生的な）志向性であるというものなのである。

無意識の信念という例についても、志向説の支持者は同じような応答をすることができる。「地球が丸いという無意識の信念を私がもち続けてきたのは、私がその信念をいつでも意識化し、経験としてもつことができるからではないだろうか。[12] そして本来的な志向性をもつのは、この意識的な信念という経験である。ある無意識の信念が志向性をもつという言い方ができるのは、その信念が意識的な信念という経験の可能性とつながっているときに限られる。つまり、無意識的な信念の志向性は、それと同じ内容の意識的な信念の志向性から派生したものである。したがって、無意識の信念が志向性をもっていようとも、それは、経験を経験にする特徴は本来的な志向性であるという主張を揺るがすわけではない。」

[12] こうした議論を展開したものとして、サール前掲書、第七章を参照。より最近の議論については以下が詳しい。U. Kriegel, *The Sources of Intentionality*, Oxford University Press, 2011, chap. 4.

5　経験の志向性についての展望

以上でとりあげた議論はどれも概略的なものである。志向説とそれに反対する立場のうちどちらが有望なのかという問題には、まだ決着がつけられていない。しかし、志向性がすべての経験に共通し、それをもつものだけが経験であるような、経験を経験にする特徴ではないとしても、多くの経験が志向性をもつことは明らかである。このことは、現象学的な哲学にとって議論のきっかけを数多く与えてくれる。第二部では、さまざまな哲学的問題への取り組みが、経験の志向性を手がかりにしておこなわれる。[13]

［13］　志向性にとりわけ注目した議論は、以下の箇所に登場する。第4章「志向性」、【5−1　実在論と観念論】、【6−1　価値と価値判断】、【7−1　音楽作品の存在論】、第8章「社会」。

3−3 経験の一人称性

1 経験の一人称性とは何か

経験を経験にする特徴のもう一つの候補は、経験が私にとってのもの、私のものであるという特徴、つまり一人称性（あるいは主観性）である。[1] 経験でないものから経験を区別する最大の特徴は、前者はそれに対する気づきをともなう必要がないが、後者はそれに対する気づきを必ずともなう点にあるのではないだろうか。たとえば月面に落ちている石は、それに気づく人が実際にいようがいまいが存在している。[2] それに対して、家の前の猫を見るという経験は、誰にも気づかれずに存在することがありえない。[3] その経験は、それをもつ人、つまり私の意識に登場しているからである。ここでさらに重要なのは、経験はどれも、その経験をもつ人に単に気づかれているだけでなく、独自の観点から気づかれているという点だ。この人以外の他人は、その観点からその経験に気づくことができない。経験を経験にする特徴はこうした一人称性であると主張する立場を「一人称説」と呼ぼう。

経験の一人称性とは、経験にこの独自の観点、「**一人称的な観点**（the first person

[1] 経験の一人称性についての現象学的な立場からの概説として、以下も参照のこと。S・ギャラガー＆D・ザハヴィ『現象学的な心――心の哲学と認知科学入門』石原孝二ほか訳、勁草書房、二〇一一年、第三章。（なお同書では、一人称性は「対自性（for-me-ness）」や「私有性（mineness）」と呼ばれている。）より立ち入った議論については以下を参照のこと。D. Zahavi & U. Kriegel "For-me-ness. What It Is and What It Is Not," *Philosophy of Mind and Phenomenology. Conceptual and Empirical Approaches*, D. O. Dahlstrom, A. Elpidorou & W. Hopp (eds.), Routledge, 2016, chapter 2.

[2] ただし、月面に落ちている石がそれに気づく経験の可能性と無関係かどうかは、議論の余地がある。【5−1 実在論と観念論】を参照。

point of view)」がともなうという特徴のことだ。本来は文法用語である「一人称」という言い方がされるのは、この独自の観点について、「この」のような指示語を使わずにより明確に語ろうとすると、「私の観点」のような一人称単数の代名詞を使わなければならないからである。この人だけがその独自の観点をもつということは、この人を「私」と呼べるのがこの人だけであることと、よく似ているのである（それに対して、この人を「この人」と呼ぶことは、原理的には誰にでもできる）[4]。

　では、一人称説への反論はできるのだろうか。志向説への反論の場合と同じく、この場合にも反論のパターンは論理的には二つある。つまり、一人称性が経験の必要条件であることを否定するか、十分条件であることを否定するかの二つだ。

　しかし実際には、一人称性が経験の十分条件であることを否定するのは難しい。一人称的な観点をともなうが経験ではないものの例を見つけることができないからだ。一人称的な観点とは、そこから誰かが何かに気づく観点のことだった。しかし、経験ではないことが明らかなもの、たとえば椅子や机は、そもそも何かに気づくことができるものではない。

　そのため、一人称説に反対するためには、一人称性が経験の必要条件であることを否定するしかない。つまり、経験であるが一人称的ではないものを反例として出し、すべての経験は一人称的であるという主張を否定すればいい。以下では、そうした反論を三つ取り上げ、それぞれに対する応答を示す。

［3］フッサールはある草稿で、こうした事情をふまえ、内在的なもの（つまり、本書でいう経験）に関しては「存在すること＝知覚されていること（esse=percipi）」が成り立つと述べている（E. Husserl, *Transzendentaler Idealismus*, XXXVI, Kluwer, 2003, p. 12）。

［4］一人称代名詞には「私」のような単数形のものだけでなく、「私たち」のように複数形のものもある。では、これと同様に経験の一人称性にも単数形と複数形の区別ができ、一人称複数的な観点というものもあるのだろうか。この問題は現象学の伝統で論じられ、近年ふたたび注目を浴びている。この点については【コラム　社会の現象学】を参照。

2　他人の経験は一人称性をもたないのか

一人称説への最初の反論は、経験ではあるが一人称的ではないものの例として、他人の経験をもち出すものだ。この反論は、以下のようにまとめられる。「他人は経験をもつが、この経験は私のものではなく他人のものだ。したがって、他人の経験には一人称的観点がともなわないのではないだろうか。もしすべての経験が一人称的であるならば、他人には経験がないという主張をする羽目にならないだろうか。この主張は信じがたいのだから、一人称説はまちがっている。」

しかし、この反論は経験の一人称性についての誤解にもとづく。一人称説を主張するために、私以外の他人には経験がないと主張しなければいけないわけではない。経験の一人称性を認めるために必要な最小限の主張は、どんな経験についても、その経験をもつ人はその人に独自の観点からそれに気づいている、というものだ。この主張は、私以外の他人にも経験があり、私とは別の独自の観点があるということを否定するものではない。[5] それどころか、経験が一人称的なものであることは、他人の経験が私の経験から区別され、それがまさに他人の経験として成り立つための必要条件である。もし一人称的な観点をともなわない経験があるとしたら、そうした経験はすべての人にとって平等に気づくことができるものになるはずだ。するとそこでは、私の経験と他人の経験の区別がなくなってしまう。[6]

また、一人称説を採用したからといって、他人の経験について知ることはできない

[5]　このように一人称的な観点が複数あるということそれ自体を、フッサールは現象学的に考察されるべき問題とみなしていた。この問題へのフッサールの取り組みについては以下を参照のこと。田口茂『フッサールにおける〈原自我〉の問題――自己の自明な〈近さ〉への問い』法政大学出版局、二〇一〇年。

[6]　この点は、フッサールによっても指摘されている。フッサール『デカルト的省察』浜渦辰二訳、岩波文庫、二〇〇一年、第50節。

と主張する必要もない。どんな経験にもその主体に独自の観点がともなうことは、その主体以外の誰かがその経験に別の観点から接近する可能性を排除するわけではないからだ。もちろん、そうした別の観点から私が他人の経験を経験するのはどういうことかということは自明ではなく、現象学が取り組む問題の一つである[7]。

3　乳児や動物の経験は一人称性をもたないのか

一人称説への第二の反論は、動物や乳児の経験をもち出すものだ。この反論は、以下のようにまとめられる。「一人称説によれば、どんな経験にも「私の観点」という独自の観点がともなう。だが、ある経験にともなう一人称的な観点を「私の観点」と呼ぶためには、その経験をもつ人は、たとえば、日本語の「私」という言葉を正しく使える必要がある。すると、他人の経験も一人称性をもつのだとしても、それは日本語や英語などの言語を習得し、「私」や「I」などの言葉の使い方を知っている人に限られるのではないだろうか。言語を習得する前の乳児や、そもそも言語をもたない動物の経験には、一人称的な観点がともなわないのではないだろうか。一人称説を保持するためには、乳児や動物は経験をもたないという主張をする羽目にならないだろうか。この主張は信じがたいのだから、一人称説はまちがっている。」

　第二の反論は第一の反論とよく似た構造をしている。そしてこの反論も、一人称性とは何かに関する誤解にもとづくのである。誰かがもつ経験の一人称性が成り立った

[7] 【8−1 他人の心】参照。

めに、その人が「私」のような一人称代名詞を理解して使えなければいけないわけではない[8]。私がとつぜんすべての言語能力を失ってしまったとしても、私がそのとき知覚などの経験をもち続けているかぎり、そこには私だけがもつ一人称的な観点があるだろう。また、言語を習得する前の乳児は、「私の経験」という言葉を使って自分の経験をふりかえることがまだできないが、そうした乳児の経験も、それが経験である以上、一人称的な観点をともなっている。同様に、言語をもたない動物が経験をもつのだとしても、それが経験であるならば、そこには一人称的な観点がともなっていなければならない[9]。

[8]　L・R・ベイカーは、こうした言語能力によって可能になる一人称性を経験の一人称性と区別し、それらを適切に扱うための非還元的な弱い自然主義を提唱している。L. R. Baker, *Naturalism and the First-Person Perspective*. Oxford University Press, 2013.

[9]　動物については【6－2　道徳】を参照。

4　「私のもの」ではない特別な経験はあるのか

一人称説に対する第三の反論は、経験が「私のもの」と感じられない特別な事例をもち出すものだ。そうした経験の例として、統合失調症に特有の症状である「**思考吹入**（thought insertion）」を挙げることができる。まずは具体例を見てみよう、以下の引用は、現象学的な精神病理学者であり哲学者でもあるK・ヤスパースによって記録された、ある患者の報告だ。

次の朝私はこの機械でごく妙な気分にさせられました。〔…〕私はその機械がどうできているかは何も知らないのですが、その機械の仕掛けで、私が話す言葉は皆電気で入ってくるようにされ、考えがこの妙な気分で現わされるのをどうにもできませんでした。[10]

このように、統合失調症の患者は、他人に考えや感情を「吹き入れ」られるという経験をもつことを訴えることがある。[11]この事実をふまえると、一人称説には以下のような反論ができるのではないだろうか。「思考吹入における考えや感情は私のものではなく、外から入ってくるものと感じられるのだから、それらの経験は一人称性をもたないのではないだろうか。一人称説を守るためには、統合失調症の患者は実際には思考吹入経験をもっていないと主張する羽目になる。これは、単に信じがたい主張であるばかりか、苦しむ患者に対する倫理的に許容されない行為だ。したがって、一人称説は色々な意味でまちがっている。」

こうした反論も、経験の一人称性に関する誤解にもとづく。[12]思考吹入という経験が私のものに感じられないのだとしても、その経験は思考が外から私に入ってくるという経験であり、その意味では「私のもの」でなければならない。そうでなければ、吹き入れられた思考と、単に私のものではない他人の思考との区別がつかなくなってしまう。実際、ヤスパースによって記録された患者も、自分の経験を報告した後にこう述べている。

［10］ K・ヤスパース『精神病理学原論』西丸四方訳、みすず書房、一九七一年、一〇八頁。

［11］ とはいえ、思考吹入と幻聴の区別をすることは、実際にはおそらく簡単ではないだろう。

［12］ この段落の応答は、以下に多くを負う。D. Zahavi, *Self and Other*,（前掲書）chap. 3.

こういうことを人が読んだら、とてもばかばかしいと思うでしょうから、もう何も言いませんが、皆本当に私が感じたことで、人にはよくわからないのです。[13]

思考吹入は私のものだと感じられない経験だが、そのように感じるのはやはり私なのである。[14] ここには二つの異なる意味での「私」がある。経験の一人称性が成り立つために必要な「私」は、後者のよりつつましい意味での私なのである。[15]

5　経験の一人称性と「自己」

三つの反論がどれも誤解にもとづくことを考えると、経験を経験にする特徴は一人称性であるという主張を否定するのはかなり難しい。経験の一人称性は、私以外の他人の経験にも、言語を（まだ）もたない乳児や動物の経験にも、ある意味では私のものとは感じられない経験にも認められる特徴なのである。だが、これによって経験の一人称性に関する問題がすべて解決されたわけではない。どんな経験にも備わっている一人称性とは結局のところ何なのかは、まだ明らかではないからだ。

この問題について、若干の展望を示しておこう。前節の最後で、経験の一人称性が成り立つために必要な「私」は最小限のものであるということが明らかになった。こうした成果を一人称性の説明に取り入れるもっとも明快なやり方は、「私」と呼ばれる何か（これは「**自我**（ego）」ないし「**自己**（self）」と呼ばれることもよくある）

[13] ヤスパース『精神病理学原論』（前掲書）、一〇九頁、強調引用者。

[14] 思考吹入と一人称性については、信原幸弘「思考吹入と所有者性」（石原孝二ほか編『精神医学の科学と哲学』東京大学出版会、二〇一七年）も参照のこと。本文で述べたことは、信原の主張と特に衝突しないが、信原は「主観性」という語を本章よりも狭い意味で用いていることに注意してほしい。信原は主観性を意識への現前から区別するが、本章で「一人称性」と同じ意味で用いられる「主観性」は、前者よりもむしろ後者に深く関わる。

[15] この点については、「ミニマル・セルフ」に関する近年の議論も参照のこと。手頃な解説として、以下の論文の3―2節が挙げられる。福田敦史「自我性を求めて――物語的自我、現象的自我、脳神経科学」、信原幸弘・太田紘史編『シリーズ　新・心の哲学Ⅱ　意識編』勁草書房、二〇一四年。

を、経験を作りあげるもののなかに認めてしまうことだ。この立場によれば、どんな経験にもその経験そのものとは区別される何かがあり、その経験の一人称性は、最小限の「私」であるこの何かがそこに居合わせることによって成り立つ[16]。

しかし、自己をもち出して一人称性を説明する立場には、別の問題が突きつけられる。それは、自己とは何だろうかという問題である。もしこれにうまく答えられなかったら、自己によって経験の一人称性を説明する立場は、それほど魅力的なものにはならないだろう[17]。この問題への取り組みの一例として、経験の**身体性**に着目する立場を取り上げよう。

知覚経験は、本質的に身体的な経験の典型例だ。知覚経験の一般的特徴の一つである**パースペクティヴ性**は、この種の経験の主体である自己が身体をもつことを示すのである。たとえば山頂の展望台から壮大な光景を眺めるとき、私たちははるか向こうまで広がる山の尾根や裾野を、安全のための柵やコイン式の双眼鏡の向こう側に見るという経験をもつ。経験のなかで現れる世界には、遠景と近景という区別がある。しかしこの区別は、遠景と近景をもって登場する世界のなかに基準となる原点があり、そこに経験の自己がいない限り、意味をなさない。ところで、世界の特定の位置にいることができるのは、何であれともかく空間的なものに限られる。したがって知覚経験の原点に位置する自己は、何であれともかく空間的であるという意味で、身体を備えている。

[16]　経験の一人称性を自我ないし自己によって説明する立場を明確に打ち出す現象学者として、インガルデンが挙げられる（R. Ingarden, *Der Streit um die Existenz der Welt*, II/2, Max Niemeyer, 1965, chap. XVI）。ただしインガルデンはすべての経験に一人称性を認めるわけではなく、純粋な感覚の保持という経験は主客未分であると主張する（Ingarden, *Der Streit um die Existenz der Welt*, II/1, §46）。

[17]　自己（自我）についての現象学的な議論の試みとして、田口茂『現象学という思考』（前掲書）第五章が挙げられる。

とはいえ、ここで知覚経験の主体である自己に認められたのは、内容の乏しい最小限の身体性だ。知覚経験に登場する私がこの意味で身体的であることは、私がどのような身体をもつのかについて何も教えてくれない。それどころか、最小限の身体性は、私の身体が広がりのない点であることとも両立する。[18] 知覚経験の主体としての自己が身体的であることの根拠は、いまのところ、それが空間上に位置づけられるということにしかないからだ。点も空間上に位置づけられる。

知覚経験の主体は、最小限の身体性だけでなく、もっと実質的で、いわば厚みのある身体性も備えている。このことを明らかにするために、知覚経験と私たちの行為との深い関係に着目しよう。[19] たとえば、靴をなるべく濡らさずに雨上がりの道を歩きたいとき、私たちはあちこちにできた水たまりを目で確認する。またげる大きさの水たまりはまたぎ、大きすぎるものは避け、そこまで大きくないものは、思い切って飛び越す。こうした一連の行為に際して、私たちは水たまりを、またげるもの・大きすぎるもの・そこまで大きくないものとして知覚的に経験している。これら三つの性質はどれも水たまりのもつ性質だが、同時に私の身体の形・サイズ・能力などと関連づけられている。またげる水たまりとは、特定の形とサイズをもち、特定の角度まで股を開いて歩くことができるような私にとってのまたげる水たまりなのである。それは、私よりも身体の小さい子どもや、怪我をしていて大股で歩けない大人にとっては、またげる水たまりではない。大きすぎる水たまりとそれほど大きくない水たまりについ

[18] 「現出のゼロ点(Nullpunkt)」としての身体というフッサールの考えを、このように解釈することも可能である。D. Legrand, "Phenomenological Dimensions of Bodily Self-Consciousness," in S. Gallagher (ed.), *The Oxford Handbook of the Self*. Oxford University Press, 2011, p. 217.

[19] 知覚経験と行為の関係については、【2−1 経験の現象学的な分類とは何か】の第3節を参照。

ても同様である。このように行為と関連づけられた性質が知覚経験に現れるということは、知覚経験の主体としての自己が特定の大きさと能力を備えた身体をもつということを示している。

だが、すべての経験が身体的かどうかはそれほど明らかではない。意識的な思考については、少なくともそのすべてが身体的であるとは考えにくいからだ。たとえば7+8の答えについて考えることや、すべての出来事には原因があると判断することには、知覚経験がもつようなパースペクティヴ性がないように思われる。したがって、こうした種類の意識的思考だけを問題にするかぎり、その主体である自己は最小限の意味でさえも身体的である必要がないのではないだろうか。

経験の一人称性の本性に関する問題には、ここではこれ以上立ち入らない[20]。大切なのは、経験が一人称性をもつということは否定するのが難しく、この特徴は、経験を経験にする特徴の最有力候補である点である。

6　まとめと展望：経験を現象学的に分析するとはどういうことなのか

本章では、経験がもつ基本的な特徴の候補として志向性と一人称性を取り上げ、後者が経験の一般的特徴であることが否定しがたい一方で、前者に関しては議論の余地があることを指摘した（ただし、多くの経験が志向的であることは間違いなく、これは現象学にとって大きな意味をもつ事柄である）。また、志向性と一人称性の両方が

[20]　経験の一人称性に関する説明としては、（a）本文で述べたような自己を持ち出す立場のほか、（b）それを志向性の一種とみなす立場や、（c）それ以上定義できない経験に内在的な特徴とみなす立場もある。これら二つの立場についての概説として、以下を参照。U. Kriegel, *Subjective Consciousness*, Oxford University Press, 2009, chap. 4. ただしクリーゲル自身は、（c）を批判して（b）を採用する。「自己表象説」と呼ばれるクリーゲルの立場は、内的意識に関するブレンターノの見解から大きな影響を受けている（F. Brentano, *Psychologie vom empirischen Standpunkt*, Meiner, 1924）。ブレンターノ的な立場についてまわる根深い困難については、次を参照。中畑正志「志向性と意識――ブレンターノをめぐる覚書」、『フッサール研究』第一二号、二〇一五年、一三二―一四八頁。

すべての経験に共通する特徴だとしても、それらは結局のところ何なのかという問題も、ほとんど手つかずのまま残されている。

このように、本章の議論は、経験の基本的特徴に関する現象学的な議論を概略的に紹介するものでしかない。しかし、本章を含めた第一部ですでに導入された発想や区別は、現象学的な観点から個別の哲学的問題を扱う第二部のための基礎としては十分なはずだ。

また本章での概略的な議論は、経験の現象学的分析をさらに進めるにあたって重要になる教訓も残している。それは、現象学的分析にとってさえも論証は無縁なものではないということだ。現象学は事象そのものをありのままに記述する試みであるとよく言われる。現象学的な分析の正しさの尺度になるのは事象そのものであり、それをきちんと見据えていないと、誤った現象学的分析が帰結してしまうというのだ。現象学についてのこうした考え方は間違っているわけではないが、現象学者たちが実際におこなってきたこと、おこなうべきであることについての誤解を生む恐れがある。非主題的な経験のことを考えればとりわけ明らかなように、私たちがもつ経験やそこであらわになる事象はときに捉えがたい。したがって、そうした経験や事象がどういう特徴をもつのか、さらには、そもそもそうした経験や事象は本当に存在するのかということについて、私たちの意見はいつでも一致するわけではない。こうした状況を前にして、意見の違う人同士で「お前は事象をきちんと見ていない」と言い争うことは、単なるレッテルの張り合いであり、何も生み出さない。ここで現象学者を助けてくれるのは、自分の主張を守り、相手の主張を批判する論証を提出し、それらを戦わせることでしかない。たしかに論証は、ときに論じられている事柄から私たちを遠ざけてしまうかもしれない。しかしそうはいっても、哲学者としての現象学者が捉えがたい事柄にさらに近づくための手段として、論証以外のものはないのである。[21]

[21] 古典的な現象学において経験の現象学的記述と論証の関係がどのようなものであったのかを論じたものとして、以下が挙げられる。植村玄輝「記述と論証——ブレンターノとフッサールの場合」、河本英夫・稲垣諭編『現象学のパースペクティヴ』晃洋書房、二〇一七年。

第２部　応用編

第2部では、志向性、存在、価値、芸術、社会、人生という伝統的・現代的な哲学のトピックをめぐって、現代現象学の立場から考察をしています。各章が取り組むことになる**哲学の問い**を、あらかじめ紹介しておきます。

第4章は、経験の一般的特徴としての**志向性**をめぐる問題を扱います。私たちが現実の対象について思考していると言えるのはどうしてでしょうか（【4－1　思考と真理】）。対象についての思考が何らかの意味をもつとは、どのようなことでしょうか（【4－2　意味と経験】）。

第5章は、**存在**をめぐる問題を扱います。何かが経験から独立に存在すると言うことはできるでしょうか（【5－1　実在論と観念論】）。さらには、この世界において、心と身体とはどのように存在しているのでしょうか（【5－2　心身問題】）。

第6章は、**価値**をめぐる問題を扱います。価値をめぐる判断は人それぞれであり、客観的な価値について語ることはできないのでしょうか（【6－1　価値と価値判断】）。善悪にかかわる道徳的価値は、どのような特徴をもっているのでしょうか（【6－2　道徳】）。

第7章は、**芸術**をめぐる問題を扱います。音楽作品が芸術作品として存在するというのは、どのようなことでしょうか（【7－1　音楽作品の存在論】）。私たちが美しいものに出会うとき、そうした美的経験にはどのような特徴が見いだされるのでしょうか（【7－2　美的経験、美的判断】）。

第8章は、**社会**をめぐる問題を扱います。私たちはいかにして他人の心を知りうるのでしょうか（【8－1　他人の心】）。さらには、他人とともに社会をつくるとはどのようなことを意味するのでしょうか（【8－2　約束】）。

第9章では、**人生**をめぐる問題を扱います。私たちの人生の意味はどこにあるのでしょうか（【9－1　人生の意味】）。さらには、哲学をする人生の営みは、どのような特徴をもっており、どのような意味があるのでしょうか（【9－2　哲学者の生】）。

現代現象学は、経験のうちにとどまり、哲学の議論に参加しながら、これらの問いを検討します。

第4章　志向性

私がいま ―― 認識するということについて君たちに語りながら ―― 誰かに黒板を消してくれるように頼むならば、その場合私は私の後ろの黒板について語っているのである。いま私はその黒板を見ていない。私はその黒板を知覚していない。よく言われる言い方で言えば、私はその黒板の表象しか持っていない。だがそれはどういうことなのか。たとえば何か、私はいま黒板の表象に向かっており、そしてその表象を消してもらいたいと願っている、というようなことなのだろうか。明らかにそうではない。

(M. Heidegger, *Logik*, GA21, p. 101)

意味の中で、対象への関係が構成される。それゆえ意味を伴った表現を用いることと、表現することによって対象に関係すること（対象を表象すること）とはひとつのことである。その場合、その対象が実在するかどうか、あるいはその対象がまったく不可能ではないにしても虚構的であるかどうか、といったことはまったく問題にならない。

(E. Husserl, *Logische Untersuchungen*, Hua XIX/1, p. 59)

4－1 思考と真理

1 はじめに

「経験」という語が理論や思考と対照されて用いられることがある。あれこれ考えて心配していたが経験してみたら素晴らしいものだった、彼は理論ではいろいろと詳しく知っているが実際の経験には乏しい、などといったことは日常よく語られることである。現象学は経験を分析する哲学であるが、そこで言われる「経験」や「体験」はこのような日常的な意味での「実際の経験」に限られるものではない。もちろん、こうしたものだけを狭い意味での「経験」と呼ぶ用語法が間違っているというわけではない。とはいえ、私たちが世界とかかわり他者とかかわって生きている経験の全体を視野に入れて哲学の問題を考えようとする現象学にとって、私たちが空想したりあれこれ予想したり、推論や論証を積み重ねて理論的な思考を展開していくことも広い意味では私たちの経験の一部である。世界にも他者の振る舞いや心情にも、眼の前にはっきりと現れているわけではなく、思考によって推し量るほかない多くのものがある[1]。そうであるならば思考というかかわり方もまた、私たちが世界や他者とかかわる

[1] 他者の心については【8－1 他人の心】を参照。

[2] ただし、フッサールがこうした広い意味での経験のすべてを彼の用語として「経験」と呼ぶとは限らない。ここで言う広い意味

現に生きている経験の現実の一部として適切に位置づけておかなければ、私たちの生の重要な側面を捉え逃すことになるだろう[2]。本項では、この思考という経験を取り上げ、それを「**真理**」という観点から眺めてみることにしよう。

予想や理論的推定に基づく判断など、眼の前にはっきりと確認できていないことについて、世界が実際にそうなっていると信じたり、疑ったり、否認したりといった態度決定をする経験を一般に「**思考**」と呼ぶことにしよう[3]。こうした態度決定をともなう経験のことを「**定立的**」経験と呼ぶ。たとえば、まだ登っていない山頂からの景色を素晴らしいものであろうと予想したり、まだ観測されていないある位置に未知の惑星が存在すると推定したりすることがそれにあたる。したがって、私たちの思考は眼の前の現実をそのまま反映しているようなものであるとは限らない。またもちろん、私たちは神でも魔法使いでもないから、思考によって思い描いたことがただちにそのまま現実に実現する、というわけでもない。そうだとすると、思考は世界の現実とは無関係に、心の中だけで勝手に起こっている閉じた出来事のようにも思えてこないだろうか。現象学が経験に見いだす「志向性」という構造は、こうした見方に風穴を開け、思考を世界へと開かれたものとして捉えようとする[4]。この転換の軸として機能しているのが、じつは「真理」という観点なのである。

思考は確かに、眼の前に実際に現われている事柄をそのまま忠実に反映するようなものではない。したがって確かに、思考は私たちの頭の中、心の中で、外からは知ら

での「経験」は、フッサールの用語としてはむしろ「体験」、またはそれより限定された「志向的体験」にほぼ相当すると思われる。本章でも中心的な役割を果たすこの「経験」という語の含みと広がりについては、第1章を参照。

[3] ここで述べた意味での定立的「思考」とは異なり、対象の実際の在り方について何の態度決定もせずにただあれこれと思い浮かべたり、あるいは単に意味内容を理解する、といったことも広い意味での「思考」(非定立的思考)と呼ばれうるかもしれない。こうした広い意味での「思考」については、態度決定をともなう場合の変種として派生的に説明を与えるべきであると筆者は考えている。非定立的作用の例としての「想像」については【2−2 知覚からはじめる経験の分類】の第1節を参照。

[4] 「志向性」という概念は本章の主役として以下詳細に議論されるが、第3章における議論も参照。

れることなく独立して展開している閉じた出来事のようにも見えるだろう。しかし思考は、正しかったり間違っていたりすることがある。[5] かつて考えていたことが正しかったり間違っていたりすることがのちに判明するということがないならば、相手の推測に異論を唱えたり、理論を修正したりといった私たちの実践もまたなかっただろう。そうであったならば、私たちの世界とのかかわりは、実際よりもはるかに貧しいものになっていたのではないだろうか。思考は確かに眼の前の世界の動きとはさしあたり切り離されて心の中で起こる出来事ではあるけれども、それでもやはりこの世界についてのものである。だからこそそれは、世界の在り方が新たに判明していくにつれて真と認められたり偽とみなされて訂正されたりする。だが、さしあたり心の中の閉じた出来事であるように見えるこの思考という経験は、どのようにして世界についてのものであるというかかわりを得るのだろうか。それが世界についてのものであり、世界の在り方に応じて真であったり偽であったりするという事情を、この経験の在り方そのものから明らかにするにはどのようにしたらよいだろうか。

[5] ここで「正しい」と言われるのは、単に思考の真偽にかかわるものであり、道徳的な意味での「正しさ」については【6－2 道徳】を参照。また、思考が真偽にかかわるのはまさに、思考がさきほど述べた意味で「定立的」経験だからである。

2 経験のもつ内容と志向性

十年ぶりに訪れたキャンパスの並木を歩く。鮮やかな緑、幹を覆う茶色のグラデーション、木漏れ日の煌き、石畳のタイルの配色。歩みを進めるにつれて様々な色彩が視界の中を移り変わっていく。輝く緑の美しさに眼を細め、皺の刻まれた樹皮に懐かしさを感じ、擦れ合う葉のざわめきに賑やかだった学生生活を思い出す。何気なく並木を歩む些細な経験においてさえ、幾多の色彩、音、感情、記憶、思考がそこに現れては消え、さまざまな印象が移り変わっていく。

現象学は経験を記述する。では現象学者の仕事とはこうした移り変わる感覚や感情をその現れては消えていくままに時系列的に記録していくことなのだろうか。「緑、黄緑、茶、黒、白、ざわざわ、また緑、美しい、茶、灰、懐かしい」というように。「まず緑が見えました、美しかったです。茶色の皺が見えました。懐かしいと思いました。」という記述をただ並べていくだけであるならば、現象学者はまるで夏休みの絵日記を書く小学生のようなものになるだろう。しかし、現象学者が言う経験の記述とはこのようなものではない。

現れては消える色彩や音は、単に漫然と流れていく「感覚の狂想曲」ではない。これらはただ雑然と散らばって流れていくものではなく、緑は葉の色として、茶は幹の色として、美しさは葉の緑についてのものとして、懐かしさは幹の樹皮に刻まれた皺についてのものとして、それぞれが何についての経験の中に組み込まれているかという仕方でまとまりを成し、組織化されている。もし同じタイミングで同じ感覚や感情が流れていく経験をしたとしても、樹皮の皺を懐かしいと思う経験と、同時に聴こえていた葉のざわめきを懐かしいと思う経験とでは異なる経験をしたと言うべきだろう。私たちの経験は、単にばらばらに流れていく感覚や感情の羅列ではなく、それぞれが特定の何かについてのものである。美しさの印象は何かについてそれを美しいと思う評価の中で現れ、緑の感覚は何かについてそれが緑色をしているという知覚の中で現れる。私たちの経験がもつ、それぞれが特定の何かについてのものであるというこの性格を（それぞれが何らかの仕方で何らかの対象に向かっているという意味で）「**志向性**」と呼ぶ[6]。すると、私たちの経験の内容、つまり私たちがどういうことを考え、想像し、知覚し、思い出し、望み、憎み、予想しているのかというそのつどの経験の内容がどのようなものであるのかを特定するには、その経験が何についてどのような仕方で経験する経験となっているかという、その経験の志向性の構造を分析しなければならないだろう。

　現象学の課題となる経験の記述とは、何よりもまずこの志向性の構造を明らかにすることであり、単に雑然と流れていくそのつどの個々の印象を記録していくだけの絵日記ではない。ある特定の誰かに、ある特定の時点で生じる様々な心の動きのうち、特定の何かについての特定の何らかの種類の経験として志向的な内容の観点から取り上げることのできる単位となるもの、つまり特定の何かについての知覚や想像、判断や評価や想起や予想や願望などの経験を、フッサールに倣って（心的）「**作用**」と呼ぶことにすれば、経験の記述とは何よりもまずは作用の志向性の構造の記述であると言うことができる。とりわけ思考という作用が志向性をもち、世界の中の何かについての思考でなかったならば、それは世界の在り方に応じて真であったり偽であったり

［6］中世に由来する用法に遡りつつ、この志向性という用語の現代における用法を方向づけたのはブレンターノである（F. Brentano, *Psychologie vom empirischen Standpunkt*, Meiner, 1924, pp. 124-125）。ブレンターノに言及しつつフッサールがこの用語を導入する仕方については『論理学研究3』（新装版、立花弘孝・松井良和訳、みすず書房、二〇一五年）、第五研究第二章。

はしないだろう。思考の内容を志向性の観点から記述するとは、それゆえ思考の内容を真であったり偽であったりしうるものとして記述することでもある。[7]

3　因果性と志向性

では、そもそも私たちの日々の経験を形作っている個々の作用はどのようにしてその特定の対象への志向性をもつのだろうか。素朴に考えれば、それはまずはその対象が眼の前にあって、そこからの（直接・間接の）働きかけによってだと考えたくなる。つまり、いま眼に飛び込んできたこの瑞々しい新緑の知覚がこの特定の樹の葉についての知覚であるのは、まさにいま眼の前には実際にこの特定の樹の葉があり、そこから（太陽光の反射を介した視神経への刺激とそれに続く神経系の情報伝達によって）私が何らかの働きかけによる情報を現実に受け取ることによってではないだろうか。こうした現実の働きかけによる刺激を哲学用語では「**因果的**」な働きかけ、「因果的」刺激などと言ったりする。つまりここでの仮説というのは、私たちの経験が特定の対象への志向性をもつのは、その対象からの因果的な働きかけを受けることによってなのではないか、ということになる。

その特定の対象からの現実の働きかけによって刺激されて作用がその対象への志向性を獲得するというこの発想は、知覚を典型としてその対象を実際に眼の前にしているような経験の場合には説得力のあるものである。だが、すべての経験の志向性の説

［7］ 本章でのこうした捉え方の先駆けとなっているのは、やはりJ・R・サール『志向性——心の哲学』（坂本百大監訳、誠信書房、一九九七年）であろう。また邦語文献においても貫成人『経験の構造——フッサール現象学の新しい全体像』（勁草書房、二〇〇三年）や門脇俊介『フッサール——心は世界にどうつながっているのか』（NHK出版、二〇〇四年）は同様の方向性を有している。

明にとって、果たしてこれは適切なものだろうか。

問題が生じるのは、必ずしも眼の前に実際にあるとは限らない対象についての経験、つまりいま眼の前に実際に存在している対象ではなく、単に想定されたり予期されたりしているだけの対象についての、広い意味での様々な「思考」の場合である。たとえば、自室のドアがノックされたとする。そこで私たちはたとえば母親がノックをしたのだろうといった予想の経験をもつ。確かに、ノックをしたのが実際に母親であったならば、ドア越しとはいえ母親が現実にそこにいて、ノック音という働きかけを介して私に刺激を与えることによって母親についての予想の経験を私に成立させたのだ、と思われるかもしれない。だが、この説明は適切ではないのである。

私は確かに「母親がノックをしたのだろう」と予想したのだが、じつはノックをしたのは父親だったというケースを考えてみよう。この場合、実際にそこにいてノック音という働きかけをしたのは父親である。この場合、働きかけて来たのは父親なのだから、私は気づいていなかったがじつは私の予想の対象は父親だったのだ、私の予想がそれについてのものである対象（「**志向的対象**」と呼ばれる）は母親ではなく父親だったのだ、という話になるだろうか。「ならない」と答えるべき理由がどこにあるのかを理解すること、そしてそれではどう考えるべきなのかを正しく理解すること。これが現象学の問題にする「志向性」という観点を理解する鍵である。順を追ってゆっくり考えていこう。

現象学による経験の記述は、私がどのような内容の経験をしているのかを分析しようとする。少なくともこの場合、私が「予想」と呼びうる種類の経験をしたということは言ってよいだろう。問題は、「では私はどのような予想をしたのか」ということである。実際にはノックをしたのは父親だったのだから、私の経験に何らかの仕方で父親がかかわっているのは確かである。だがそれは予想の志向的対象としてではない。なぜか。それは、私がそのときその時点でどのような予想の経験をもったか、という観点に関する限り、この予想の内容の記述として「それは父親がノックをしたのだろうという予想だった」とは言えないからである。この理由をもう少し細かく見てみよう。

4　志向性の問題と当否の区別

志向性の観点からこの予想の経験の内容を分析するとき、父親を志向的対象であると考えることができないのは、この一連の経験の繋がりの中で私の当初の予想が誤っていたことが判明するからである。一般に、予想というのは当たったり外れたりするものである。そして当然、ある予想が当たったのか外れたのかということはその予想の内容に依存する。それまで話していた相手が唐突にコインを投げて表が出たとき、いきなり「ほらみろ予想が当たったじゃないか」と言われても困るだろう。予想が当たったのか外れたのかは、表が出るという予想をしていたのかそうでないのかによって決まる。つまり、予想の内容と予想の当否というのは密接に関係していることになる。さきほどのノックの場合もその例外ではない。ということは、私の予想が当たっていたのか外れていたのかは、私が「母親がノックをしたのだろう」という予想をしたのか「父親がノックをしたのだろう」という予想をしたのかそれともまた違う予想をしていたのかといったことに当然ながら左右される。つまり、さきほどの例の場合に私の当初の予想が外れていたのは、私が当初は「母親がノックをしたのだろう」という予想をしていたからである。もし初めに「父親がノックをしたのだろう」という予想をしていたのならば、私の予想は当たりということにならなければならない。つまり、あくまでも当初の予想の内容が何であったのかを語る志向性の観点からは、当初の予想の志向的対象が父親であったとは決して言うことができないのである。そうでなければ、初めから父親についての予想という経験だけがあったことになり、この経験に母親はかかわってこないことになる。これでは、「母親についての予想が外れた」という経験を適切に捉えたことにはならないだろう。

以上の考察から得られる教訓は、予想という経験の内容を志向性の観点から分析するためには、それがどのようなときに当たったとみなされ、どのようなときに外れたとみなされるようなものであるか、ということを考慮しなければならない、ということである。

5　充実化と幻滅

「母親がノックをしたのだろう」という私の予想は、ノックをしたのが実際には誰だったかという事実によって当たったり外れたりするのだった。このことをもう少しよく考えてみよう。さきほどの例のような一連の経験の繋がりの中で、私は「予想が外れた」という経験をする。この外れの経験は、何によって生じているのだろうか。

私の予想は、「母親がノックをしたのだろう」というものだった。だから、もし父親がノックをしたのならば、この予想は外れであるということになる。この構図を素朴に考えるならば、予想の方はあくまで頭の中で考えていただけのもので、それが実際に起こった現実の出来事と一致していれば当たり、一致していなければ外れということになるだろう。つまり、経験の当否は心の中と心の外、主観的な経験と客観的な世界の事実との対応関係によって決まるというわけだ。このような考え方は一般的に「**対応説的真理観**」と呼ばれる。この考え方の大枠はごくもっともなもので、真理や正しさといったものへの私たちの理解の基本的な特徴を捉えているだろう。こうした対応説的真理観に基づいて、どのような場合に当たりでどのような場合に外れるような内容の主張か、という観点から主張の意味内容を特徴づけるという「**真理条件意味論**」の考え方も、一定の説得力をもつものとして広く支持されている。[8] 現象学においても、この発想自体は拒否されるわけではない。ただし、その「対応」の中身をより詳しく考えようとするとき、現象学的な立場からその実質を与えるためには、以下に

[8]　真理条件意味論の考え方とそれにまつわる様々な問題については、W・G・ライカン『言語哲学——入門から中級まで』（荒磯敏文ほか訳、勁草書房、二〇〇五年）や飯田隆『言語哲学大全Ⅳ』（勁草書房、二〇〇二年）を参照されたい。

考察するような補足が必要となる。

そもそも、予想の当否という区別が重要なものとして議題に上がってきたのは、予想の内容を志向性の観点から分析するためだった。「母親がノックをしたのだろう」という予想が母親についてのものであるのは、ドアを開けて父親であったときに「あれ、違った」という経験を私たちがするからである。もし、「母親がノックをしたのだろう」という予想をたとえ口に出して呟いたとしても、ドアを開けて父親が立っていたのを見ても無反応だったり、あるいは逆に母親が立っているのを見て驚いたりという振る舞い方をしているならば、それは「母親がノックをしたのだろう」という予想として私たちが理解する経験を本当にもっているのか疑われる理由となり得る。つまり、この予想が一定の内容をもつ経験として志向性の観点から特徴づけられるのは、それが当たっていたという経験や外れていたという経験とのあいだに経験同士のネットワークをもっているからである。

実際に確かめたり反証されたりする経験とは無関係に、それ自体で勝手に成り立っていたり成り立っていなかったりするものとして想定された「客観的な世界の事実」との対応を考えても、私たちの経験の内容を分析するために有益とは思えない。一般に思考を含むような広い意味での経験においては、そもそうした事実はまだ当人には確かめられていないかもしれないのだから、当たったときの反応や外れたときの反応との繋がりを考える、といういまのアイデアにこのままでは適切に接続することができない。経験の主体である本人が実際に把握できる状況に対して、その本人がどのように振る舞うのかを考えなければ、その本人がその経験の内容をどういうものとして捉えているのかはわからない。だとすれば経験内容を特徴づけるために必要な「対応」というのは、その中身を具体的に考えてみるならば、ノックの予想の場合で言えばドアを開けたりドア越しに声を聞いたりして、当たっていたのか外れていたのかを実際に証拠を集めて確かめる経験、つまり当否を検証する経験ということになるだろう。予想の経験内容とネットワークを成しているのは、実際にドアを開けて母親の顔を見て当たっていたという証拠を得る知覚の経験や、「いや、今日は母親は買い物に出ていたはずだ」という記憶やそこからの推論といったものを介した反証の経験である。これらのように、証拠によって当否を明らかにする経験のことを「明証的な経験」と呼ぶことにしよう。そして当たりを支持する証拠となるような経験が得られたとき、それを「**充実化**」と呼び、外れを支持するような経験が得られてしまうことを「**幻滅**」、充実や幻滅が起こる当初の予想のような経験を「**志向**」と呼ぶことにする。[9] すると、ここでのアイデアはつまり、どのような経験によってその充実化が起こりどのような経験によってその幻滅が起こるかという経験同士のネットワークによって志向の経験内容は決まってくる、というものである。[10]

私たちの経験の実際の進行とはさしあたり独立に世界のなかで成り立っているとみなされた客観的事実、というものとの対応関係によって真偽というものを捉えようと

[9] これらの用語法はフッサールに由来するものである。志向と充実化の関係についてのフッサール自身の論述はフッサール『論理学研究4』(新装版、立松弘孝訳、みすず書房、二〇一五年)、第六研究に見られる。

[10] こうした、ネットワークの中での役割から「意味」というものを考えようとするアプローチは、M・ダメットの使用説やR・ブランダムの推論主義ともつながるものである。ダメットについては次の注、ブランダムについてはR・ブランダム『推論主義序説』(斎藤浩文訳、春秋社、二〇一六年)を参照。

する対応説的真理観と対比して言うならば、これはいわば「**検証主義的真理観**」とでも呼ぶことができるだろう[11]。あるいは、「事実との対応」というまだ不明瞭な概念を、「明証的な経験との対応」というより具体的な経験に即した仕方で補完的に説明したものが「検証主義的真理観」であると言ってもよいかもしれない。そして、こうした検証主義的真理観に基づいて、どのような場合に私たちがある経験を当たりの経験とみなし、どのような場合に外れの経験とみなすかという当否の「経験」の観点から主張の内容を特徴づけようとするならば、これは真理条件意味論に対する対案、あるいはその「真理」の内実をより具体化した補完的説明としての「**検証主義的意味論**」ということになる[12]。

この考え方のメリットを少し丁寧に確認してみよう。まず、因果的な働きかけによって志向的対象を特定することはできなかった。それは、ノックをしたのが父親だったとしても当初の予想の内容自体はあくまで母親についてのものだった、ということは可能であり、しかもそれが母親についてのものであると考えなければ、そもそも予想が外れるという経験が理解不可能なものになるからである。なぜ理解不可能なものになるかといえば、じつは父親が予想の対象だった、ということになれば、父親で正解なのだからこの予想はちっとも外れていないことになるからだ。また、「母親がノックをしたんだろう」と口に出したり頭の中で呟いたり、といった言語表現の使用も、母親を対象とする母親についての経験が確かに成立しているということの決定打

[11] 検証によって予想や判断などが正当であることが確かめられる、ということを「正当化」と呼ぶならば、「検証主義的真理観」は「正当化主義的真理観」とも呼ばれうる。「検証主義」という呼称は歴史的背景からここで述べた以上に限定された立場を指すことがあるため、そうした含意を避ける意味では「正当化主義」の方が適切かもしれない。正当化主義的意味論の考え方とそれにまつわる諸問題については、M・ダメット「直観主義論理の哲学的基底」『真理という謎』（藤田晋吾訳、勁草書房、一九八六年）のほか、同書所収のダメットの諸論文を参照。

[12] とはいえ、私たちの検証から独立したものとしての「実在」という考え方に汲むべきところがないのかどうかはそれほど明らかにではない。この点については【5―1 実在論と観念論】の実在論についての議論を参照。また、検証主義を採るにしても、その「検証」ということで具体的にどのようなことを考えるのかによ

にはならない。先ほど例に挙げたように、そうした言葉を発していたとしてもまともにその予想をしていたとは思えないケースは十分考えられるからである。また、予想の際に思い浮かべていた頭の中のイメージとの類似によって父親よりも母親に向かう志向性を説明することもできないだろう。たとえばぼーっと想像していた顔立ちが純粋に映像的には母親よりも母親の姉に似ていたとしても、そのことによって「私は母親の姉がノックをしたのだろうと予想していたはずだ」とはふつうは言えないからである。因果や類似によるこうした説明ではなく、母親がノックしたことを裏づけるような充実化の経験が為されたときにそれを適切に当たりの方を支持する明証的経験として扱い、父親がノックしたことを裏づけるような経験が為されればそれを当初の予想への幻滅の経験として扱うように振る舞うという経験同士のネットワークによって経験の内容が特徴づけられていると考えるならば、当初の経験の内容を母親についてのものとして適切に捉えられなくなるというこうした困難はさしあたり回避することができる。そもそもこのようなことが起こるのは、同じ対象についての経験であってもその対象の与えられ方の直接性に度合いがあるからである。次にこのことを説明しておきたい。

単純化のために、「『ワードマップ　現代現象学』の表紙は赤い」という判断を例にしよう。この判断は、当然ながら本書『ワードマップ　現代現象学』についてのものである。しかしながら、いまこの本文を読んでいる読者のあなたの眼には表紙は直接

 っては、果たして本当に経験に即した説明となっているかは議論の余地がある。この点についても【5－1】の観念論についての議論が参考になる。

見えてはいないため、あなたはまず『ワードマップ　現代現象学』というのはいま手にもっているこの本のことだ、ということを理解し、そしてその表紙の話なのだから……と考えながらこのページを閉じることによって「ああ、この表紙か」というのを眼の当たりにしなければならない。このように、問題となっている当の対象であるこの表紙について、それがつまりどれのことか、ということを確かめようとするプロセスの中で、経験の中での与えられ方を少しずつステップを踏んでより直接的なものにしていき、直接に現物の表紙が眼の前に与えられた段階で、この判断の真偽が確認されるわけである。

このように、予想や判断の場合に当否が他の様々な経験によって充実化されたり幻滅させられたりするのは、その対象となっているものが必ずしも直接に眼の前には与えられていないからだ。だからより直接的な経験へと検証の試みを移行させていくことによって、充実化や幻滅が起こる。このとき、充実化や幻滅の役割を果たすより直接的な与えられ方のことをフッサールに倣って「**直観**」と呼ぶならば、経験は様々な直観との振る舞いのネットワーク[13]を形成することで、特定の対象についての特定の種類のかかわり方、というその経験特有の内容を獲得するのだとここでの考察をまとめることができるだろう。[14]つまり、「母親がノックをしたのだろう」という予想は、ドアを開けて母親の姿を実際に確認するという直観によって充実され、開けて見たら父親だったという直観、あるいは買い物からいま帰ってきた母親の姿を窓越しに確認す

[13]　真理の概念を軸として、充実化と幻滅によるネットワークにおける相対的位置価によって志向的内容を特徴づけるこうした観方はフッサールの『論理学研究』に萌芽的に含まれていたものではあるが、十分に明示的に展開されていたとは言い難い。この点で、ネットワーク全体における位置によって意味を特徴づける方法の自覚的な試みとして、ハイデガーの道具分析を挙げることができるだろう。ハイデガー『存在と時間』（翻訳多数）、第一七・一八節を参照。

[14]　ただし、知覚のような直観は単に一方的に充実化や幻滅を与える側としてのみ機能し、その時点で真偽が最終的に確定する、というわけでは必ずしもない。知覚にはそれ自体にさらなる知覚を先取りする志向性の働きが含まれており、この志向性がさらに充実化したり幻滅したりするこの点については【2－1　経験の現象学的な分類とは何か】第3節や【8－1　他人の心】第3節を参照。

ればば、また別の直観によって充実され、あるいは幻滅される。このように、それぞれの思考はそれがどの直観によって充実され幻滅されるのかという点でさまざまな直観と結びつきをもっており、こうした思考と直観のネットワークの中で他の思考と異なる特定の位置をもつことによって、その思考に固有の**志向的内容**をもつのである。

6 まとめ

本項のはじめに、一見すると心の中で起こる閉じた出来事であるように見える私たちの思考が世界の在り方によって真であったり偽であったりするのはどのようにしてなのか、という問いを立てた。この問いにはいまや次のように答えることができる。

思考が真であったり偽であったりできるのは、それがそもそも世界の中の何らかの対象についてのものだからである。このことを思考の「志向性」と呼んだ。ではそもそも志向性はどのようにして成立し、思考は世界についての志向的内容を獲得できるのか。それは、思考がどのような場合に充実化され、どのような場合に幻滅させられるのかが一定の仕方で決まっているという意味で、思考がさまざまな明証的な経験とネットワークを成しているからである。これを、思考と直観とが真偽という観点から意味的な結びつきをもっているからと言い換えてもよいだろう。この説明は、真理を志向性に基づいて説明し、志向性を真理に基づいて説明するという循環になっているような印象を与える。だが、ここでは思考が世界について真であったり偽であったりするということを天下りに前提しているわけではない。思考は直観による明証的な経験とのあいだに様々な結びつきをもち、ネットワークを成している。このことは、どの経験が私たちにとって充実化として機能し、どの経験が幻滅として機能するかという私たちの経験の中での具体的な振る舞いによって成立している。このネットワークにおける位置によって、思考はそれぞれ異なる志向的内容をもち、実際の経験の進行がどのような直観を与えるかによって真であったり偽であったりする。つまり志向性の成立と真理の成立とは、互いにネットワークを成す私たちの具体的経験の進行によって同時に成立してくるような、表裏一体のものなのである。

4-2 意味と経験

1 はじめに

【4-1 思考と真理】での考察によって、**思考**が眼の前の世界の在り方からさしあたり独立した心の中の出来事でありながら、**志向性**という仕方で世界とのかかわりをもち、世界の在り方によって真であったり偽であったりするということがいかにして成立するのかを明らかにした。本項では逆に、【4-1】での考察を踏まえたうえで、思考がそれぞれの心の中の出来事でもあるという事実にもう一度光を当ててみたい[1]。思考が多くの場合、世界の中に実在する様々な対象についてのものであるとしても、同時にまずは心の中で何らかの内容を理解し、それとして完結した出来事であるようにも私たちの思考は経験されているのではないだろうか。

【4-1】での考察によれば、思考が志向性をもち、世界の中の特定の対象にかかわる**志向的内容**をもつことができるのは、それが他の様々な経験とのネットワークを成しているからであった。しかし、思考がこのネットワークの中で結びつきをもっている**充実化**や**幻滅**の経験は、私たちが思考を展開しているその時点ではまだ明証的に

[1]「心の中」という言い回しを現象学の考察において不用意に使うことには異論があるかもしれない。確かにフッサールは、心をある種の閉じたカプセルのようにみなし、外の世界と切り離されたものと捉えるような内/外という描像に反対する。とはいえ、思考の働きがその時点である種の完結した把握を主体に要求するように思われるという点は、それでもなお考察に値する。

は経験されていないものである。思考は、いまだ明証的には経験されていない世界の在り方について新しいことが明らかになる可能なさまざまな経験との結びつきによって、その志向的内容を得る。だとすれば、思考の志向的内容は、思考を展開しているその時点では思考する主体の心の中にはいまだ明らかにはなっていないような、未知の内容を無数に含んでいるのではないだろうか。だが、私たちが自分の思考について、それがどのような内容をもった思考なのか、その意味を把握できていることは明らかなように思われる。自分が何を考えているのか、その意味が把握できていないような主体を、私たちはまともな思考主体とはみなさないだろう。自分の思考していることについての意味の把握は、思考する主体の心の中で完結している出来事のように思われるのである。

本項では、この意味の把握という出来事がどのように成立しているのかを、現象学の立場から、すなわち私たちの具体的経験に即して明らかにすることを試みる。意味の把握がそのつど心の中で完結した出来事であるというこの発想は、**意味の内在主義**と呼ばれる。したがって本項の主題は、意味の内在主義がどのような仕方で、またどの程度まで維持可能な考え方であるのかを明らかにすることである。ここでの「**意味**」とは、思考がどのような内容をもち、したがってどのような対象にかかわるものであるのかを定めるようなものであるから、これは【4－1】で思考の「志向的内容」と呼ばれていたものにほぼ重なっている。[2] それゆえ、本項の主題は志向的内容の

［2］フッサールの用語としての「志向的内容」は多義的であり、「**志向的対象**」を含みうるものとして考えられている。ここでの「意味」は対象とは区別されるものであるから、フッサールの用語としての「志向的内容」と完全に重なるというわけではない。フッサール『論理学研究3』（前掲書）、第五研究を参照。

内在主義的な捉え方を検討することを通じて、志向性の本性をより詳細に明らかにすることであるとも言うことができるだろう。

2 志向性と対象

【4―1】では、対象の直接的な与えられ方としての「**直観**」というアイデアを用いて、思考が志向性をもつことがどのようにして可能になるのかを説明した。「直観」という考え方の導入は、しかし以下のような疑いを生じさせるかもしれない。つまり、私たちの経験はすべてが対象と関係しているのではなく、対象との関係が実際に与えられているのは直観の場合だけであり、直観以外の場合には私たちはまだ対象とは関係していないのではないか、と。こうした疑いに正しく答えることは、「志向性」という考え方の理解にとって重要である。直観以前の思考は、どのようにして志向性をもち、その意味を把握していると言えるのだろうか。

たとえばあなたが真夏のビーチでスイカ割りをしているとしよう。あなたはスイカをスッパリと一刀両断にしてやろうと思い、大きく振りかぶって勢いよく棒を振り下ろす。このときあなたが考えていることは、「スイカを一刀両断にする」ことである。だが、棒を振りかざし振り下ろしている真っ最中のあなたは、それをまだ達成してもいなければスイカを目視すらしていない。だから、たとえあなたの友人がイタズラをしてとっくにスイカを運び去ってしまっていたとしても（あるいはそもそもスイカを用意すらしていなかったとしても)、あなたはまったくそれに気づくことなく「スイカを一刀両断にするぞ」と考え、棒を振り下ろすまでの一連の動作をスイカが無事そこにある場合とまったく同様の身体動作で実行することができる。このように、身体動作としての棒を振り下ろすことのなかには対象であるスイカとの本質的な関係は何もない。つまり、それはその先に無事スイカがあろうとなかろうとまったく同じ身体動作であることができる。そして同様に、「スイカを一刀両断にするぞ」というあなたの考えている内容もまた無事スイカがそこにあろうとなかろうと抱くことができるのだから、思考の意味内容にとっても対象は本質的ではないのだ、と思われるかもしれない。だが、思考と身体動作とのあいだには重要な差があるのだ。

たしかに、あなたがスイカを割ることに成功しようと失敗しようと、またそもそもスイカがそこにあろうとなかろうと、そうした結果とは関係なく、またそうした結果はいまだ知ることなく、あなたは「スイカを一刀両断にするぞ」と考えながら棒を振り下ろすことができる。この意味においては、スイカの有無や行動の成否は思考の成立には関係がない。だが、こうした結果はいずれにせよ「スイカを一刀両断にする」ということに関しての成否でなければならない。たとえあなたの大振りが空を切って砂に突き刺さったとしても、そのことによってあなたが「砂に勢いよく棒を打ちつけるぞ」とか「張り切って素振りをするぞ」と考えていたことにはならない。外れたからといってあなたが「素振りのつもりだったんだ」などと主張すれば、友人は「いやいや完全に割るつもりだっただろ」と笑うだろう。つまり、結果的に空を切ったとしても、あなたの思考内容はそれによって「素振りをするぞ」だったことになどなりはしないのである。たとえそもそもスイカがそのビーチに最初から用意されていなかった場合でさえ、あなたの考えていたのは「スイカを一刀両断にする」ことでなければならない。現実におけるスイカの有無やスイカの直観の有無にかかわらず、あなたの思考は紛れもなくスイカについてのものなのだ。スイカがあってもなくても、身体動作はまったく同じであり得る。しかし、「スイカを一刀両断にする」という思考にとっては、スイカという志向的対象は不可欠である。これがスイカについての思考でないならば、それは「砂を一刀両断にする」や「虚空を一刀両断にする」という別の思考でしかない。それゆえ、この思考がスイカについてのものであるということ、スイカという志向的対象なしには、この思考は同じ思考ではあり得ないのである。こうした意味で、私たちの経験の内容がどのようなものであるのかを考察するうえで、その経験の志向的対象というのは本質的な要素となる。その対象を実際には眼の前にしていない予期や願望、理論的な推論に基づく推定といったものを含む広い意味での「思考」においても、それが何についてのものであるのか、その志向的対象は何であるのかということは、当否や成否がどのような規準で振り分けられるのか、という仕方で、その経験の内容の中心的な要素なのである。

3 手続きとしての意味

では、そもそも現実の対象の有無や対象の直観の有無にかかわらず、私たちの経験や思考の内容が既に対象にかかわっているというこの志向性の成立は、どのようにして可能なのだろうか。対象が直観に与えられる以前に、志向性を成立させるような意味の把握という出来事はどのように起こっているのだろうか。

たとえばあなたがニュースで「これまでに発見された中で最大の双子素数が昨日見つかりました」という話を聞いたとしよう。もしあなたが双子素数とはその差が2であるようなふたつの素数（たとえば11と13のような）のことだ、という知識をもっているならば、そして素数というのがどのような数のことなのかを覚えているならば、このニュースが何を言っているのかは即座に理解できるだろう。そしてこのニュースを特に疑うことなく信じたならば、あなたは「これまでに発見された中で最大の双子素数」という対象について[3]、「これまでに発見された中で最大の双子素数が昨日見つかった」という信念をもつことができる[4]。だがもちろん、その最大の双子素数がいくつなのかはあなたは知らないだろう。つまりこの場合にも、あなたは直観に与えられていない対象についての思考をもつことができる。これはいったいなぜ、どのように可能になっているのだろうか。

たしかにあなたは、発見されたという最大の双子素数がいくつなのかは知らないだろう。だが、素数というものがどういう数なのか、ある数のペアが双子素数であると

[3] 数というのは視たり触れたりできるような「物」ではないが、それについて様々な思考、経験をもつことができるという意味ではやはり対象として考えることができる。経験の対象が「物」に限らないことについては、【1−1 現象学の特徴】、またとりわけ「数」という対象の特徴については【8−1 他人の心】第2節を参照。

[4] 「信念」という言い方は大袈裟に聞こえるかもしれないが、哲学用語では正しいと信じていることを一般に「信念」と呼ぶ。こうした意味での「信念」が経験の中で果たす役割については【1−3 動物実験と現象学の意義】第3節も参照。

はどのようなことなのかは理解しているのだから、1から順に数を数えていって素数かどうかを判定しながら素数をリストアップしていくことができるし、そのなかから双子素数になっているペアを選んで列挙することもできるだろう。したがって少なくともあなたは、これがその最大の双子素数だ、と提示されたとき原理的には（手計算では手間がかかり過ぎて絶対にやりたくないとしても）それが双子素数であるかどうかをチェックすることができるやり方を知っているということになる。また、それがこれまで発見されていたほかの双子素数より大きいかどうかということも、それが何をどのように調べれば決着のつく問題なのかということを理解しているだろう。つまりあなたは、「これまでに発見された中で最大の双子素数が昨日見つかった」という主張がどういうときに当たりとみなされどういうときに外れとみなされるのかということを理解している。この場合のように、まずどの対象について調べればよいのかを原理的には突き止める仕方を知っていて、その対象について何がどうなれば当たりないし外れとみなされるのかを理解しているならば、最終的にどれがその対象であり結局のところ当否がどうなるのかを知らないとしても、私たちはある意味内容をもつ信念や推測などを抱くことができるということになる。[5]

こうして、いまだ対象の直観を実際にはもっていないとしても対象の調べ方の**手続き**は把握しているという仕方で、現実の対象の有無や対象の直観の有無とは別に、対象とかかわるための意味の理解というものを特徴づけることができる。このとき、た

[5] ダメットは、ほぼ同様の考察に基づいてG・フレーゲの「意味（Bedeutung）」と「意義（Sinn）」の概念をここで言う「意味」と「対象」に当たるものとして解釈している。ダメットのフレーゲ解釈を単一のテクストからまとまった形で取り出すことは容易ではないが、初期の萌芽的な議論としてM. Dummett, "Frege's Distinction between Sense and Reference," in *Truth and Other Enigmas*, Harvard University Press, 1978を参照。

とえば「97は奇数である」と「二桁の最大の素数は奇数である」のように、それを調べるためにすべきことの理解としては異なる手続を要求する、という点では異なる意味の主張でありながら、実際に調べてみると同じ対象についての主張であることがわかる、という場合もある。つまり、後者の場合には二桁の整数を大きい方から順に素数であるかどうか調べていき最大の素数をサーチする、という手続きの理解が本質的な要素になっているが、前者の理解にはこうした手続きは含まれていないだろう。前者の主張であれば、たとえば素数の概念を知らない人でも理解することができる。この理由によっても、意味と対象とは区別すべき要素だということがわかる。意味の理解は確かにその思考の内容が何についてのものであるか、その志向的対象は何であるかという事柄を成立させる、という点でまさに志向性の本質的な要素なのだが、対象そのものとは明確に区別されるべき志向性の要素なのである。

4　内在主義と外在主義

これまで、思考における意味の把握と、それによって指定されている手続きを実際に試してみた結果としての対象の直観とを区別して議論してきた。それによって、思考における意味の把握という出来事が、世界の側の様々な未知の事柄を直観によって確かめる以前に心の中で完結しているものとして理解できることを、手続きの把握という仕方で明らかにすることができた。しかし、私たちの思考のなかには、思考そのものが直観に支えられてさらに別の直観への道筋を指定する意味の把握が生じる、というケースがある。たとえば、眼の前の景色を眺めながら、「このビルの裏側に公園があったよな」といった想起体験（に基づく予想や主張）をもつ場合である。まず眼の前にビルが見えていて、この知覚体験に基づいてはじめて「この」ビルというのがどのビルのことなのかが決まる。その理解を基礎として、そのうえでさらにそのビルの「裏側に公園がある」という主張が成立するのである。ここで、この主張内容の当否の経験をどのように特徴づけたらよいだろうか。この主張の志向的内容の特徴づけにどのようなポイントが含まれているのだろうか。こうした思考における意味の把握には、内在主義的な考え方ではうまく説明ができないのではないかと思わせるある困難な点がある。このことを考えることによって、心の哲学ないし言語哲学におけるある重要な論点に関して現象学的な志向性理論がどういった光を投げかけるか、ということを示唆したい。

はじめに、いったん「このビル」の例から離れて、直観に基づかずに意味の定まる主張について考えておこう。ここで問題にしたいのは、意味の把握に基づいて対象が決まる、というときのその決まり方と世界のあいだの関係である。たとえば、「最も大きな哺乳類はシロナガスクジラである」という主張を考えよう。この主張の意味の把握は、動物の大きさを比べるとはどのようなやり方で何をすれば決まるか、それに基づいて、あるグループで「最も大きい」ものを調べるとはどのようなことか、哺乳類であるかないかというのはどのような規準で決まるか、そしてある生物がシロナガスクジラかどうかが原理的には識別できるだけの最低限の規準さえあるならば、「最も大きな哺乳類はシロナガスクジラである」という主張の検証手続きは把握できているると言って構わないだろう。もちろんこのために、この主張が現実のこの世界で真なのかどうかを知っている必要は必ずしもない。もちろん私たちは神ではないから、この現実世界で客観的事実として成り立っている事実をすべて把握しているわけではない。だから、この表現の意味を把握しただけでは実際にどの生物がそれなのかまではわからない。この世界での生物界の成り立ちが変わってくるならば、シロナガスクジラよりも巨大な哺乳類が存在する世界だったりそうでなかったりすることは可能だろう。それでも、それを確かめるということがどのようなことであるかさえ知っていて、もし実際に確かめた場合に正しく当否を振り分けることができる用意があるのならば、この主張が何を言っているのか、その意味内容の理解には十分である。最終的にどれに決まるのであれ、私たちは世界の事情を調べる以前に、いわば自分の頭の中（あるいは心の中）で把握すべき意味を把握できている。では、意味、あるいは経験の志向的内容というものは、それを把握したり経験したりする主体の頭の中（あるいは心の中）にその時点で生じている、実際に思い浮かんだり感じられたりしている事柄のみで完全に決まっている、と言うべきであろうか。それとも、経験の内容や意味と呼ばれている要素の中には、その時点での主体の頭の中（あるいは心の中）には含まれないような外在的なもの、たとえば、その主体以外の専門家や事情通の頭の中にある知識や、経験主体がそのとき客観的にみて世界の中のどの時空的な位置にいてその経験をしているのかといった要素を考慮しなければ特定できないようなものも含まれているのだろうか。前者は「**内在主義**」、後者は「**外在主義**」と呼ばれ、心の哲学や言語の哲学において多くの論争が為されて来た。「最大の哺乳類」の例で考えるならば、意味内容の把握としては内在主義の主張する範囲で尽きており、あとは世界の事情に委ねることによって実際の対象が何であるのかが決まる、と考えるのが正当に思えてくる。

だが、「このビルの裏側には公園があるはずだ」という主張の場合にも同じように内在主義が説得的だろうか。確かに、「このビルの裏側には公園があるはずだ」という主張の意味は、裏側に回ってそれを確かめてみたりする以前に主体の心の中であらかじめ理解されているはずである。だが、この「意味」は果たしてその志向的対象についての**充実化条件**を定めるのに十分なものだろうか。

この地球とまったく同じ環境をもち、まったく同じ人類の歴史がほぼ完全に並行的に発展して来た惑星があるとしよう。この星に、物心ついたときからずっと私とまったく同じ景色を見、まったく同じ姿の家族や友人たちとまったく同じ会話をし、まったく同じことをまったく同じ順序で考え、感じてきた人物がいるとする。この人物と私は、ある日同時にそれぞれの星において対応する同じ姿のビルの前で「このビルの裏側には公園があるはずだ」という発言をする。だが、地球上ではたしかに私の見上げているこのビルの裏側に公園があるのだが、この惑星においてはその公園は先月取り壊されてしまっていたとする。このとき、ビルの裏側に回った私たちは生まれて初めて互いと異なる経験をする。だが、「このビルの裏側には公園があるはずだ」という主張をした時点では、私たちの眼前にはまったく同じ光景が広がっており、私たちの頭の中にはまったく同じ記憶と思考が展開されていたのではなかっただろうか。そうであるならば、私たちの経験の「内在主義的」な内容はまったく同じであったはずである。意味が内在主義者の主張するようなものであり、意味が経験の志向的対象と充実化条件を定めるものであるならば、まったく同じ内在主義的な内容に基づいて異なる対象に関する異なる充実化が起こるというのはおかしなことではないだろうか。こうした場合には、むしろ主体の発話をした客観的な時間的空間的位置であるとか、因果的な影響関係のような、主体の頭の中を離れた外側の世界の客観的要因を経験の志向的内容のうちに含めなくてはならないのではないだろうか。外在主義者は内在主義者にそのように問いかける[6]。それぞれの主体が経験している「内在的」な内容には違いはなく、それぞれの主体自身が把握している内容を超えて、どちらの主体がどちらの惑星にいるのかを俯瞰的に眺めることができるような「外在的」な視点からしか、この両者の志向的内容の違いは語れないのではないだろうかと。しかし、こうした外在的な視点の導入は、経験に基づくという現象学の持ち味とは相性が悪いように

［6］　現代哲学における「外在主義」という用語は多義的であるが、本章で扱っているような意味論的外在主義についてはH・パトナム『理性・真理・歴史――内在的実在論の展開』（野本和幸ほか訳、法政大学出版局、二〇一二年）のとりわけはじめの二章を、認識論的外在主義については戸田山和久『知識の哲学』（産業図書、二〇〇二年）のとりわけ第三章と第四章を、知覚の哲学におけるある種の外在主義である選言説についてはW・フィッシュ『知覚の哲学入門』（山田圭一監訳、勁草書房、二〇一四年）の第六章を参照。

思われる。

ここで、「このビルの裏側には公園があるはずだ」という思考が直観に基づいて意味を獲得するものであったことを思い出そう。「このビル」というのがどのビルなのかは、この主張の字面上の意味だけからは決まらない。とはいえ、この場合には直観の内容、つまりビルの知覚の主体からそれとして識別できるような感覚的内容だけに拠ってもその意味を定めることはできない。というのも、この場合にはそうした心の中に現れている要素についてはまったく同じだと仮定されていたからだ。「このビル」の志向的対象が地球上の私の目の前のビルなのか、それともあの惑星の彼の目の前のビルなのかを決めるために必要な要素は、内在主義的に考えている限り、直観をもち出しても見つけることはできないのである。

では、内在主義には欠陥があるので諦め、外在主義を採るべきだということになるのだろうか。「内在主義」というものを、その経験のその時点での主体からそれとして識別できるような種類の要素、つまり頭の中ないし心の中にそれとして現れているような要素だけによって経験の内容が十全に定まるという立場として考えるならば、この問いにはある意味で「そうだ」と答えることになるだろう。地球上のあるビルの裏側を確かめる経験は、まったく同じ内在主義的な内容をもっていたはずの一方の主張の内容は充実化し、もう一方の主張内容の充実化には関与しない。どのような経験がそれと充実化の関係に立つのかという充実化条件をベースに経験の志向的内容、意味内容を考えようとする立場を貫く限り、この差を説明できない内在主義的内容のみで経験の志向的内容が尽くされると考えることはできない。

だが、主体が意識できる把握可能な体験の外部にあらかじめ成立している世界の側の客観的諸要因のようなものを考え、それを経験の志向的内容の中に繰り込んで考えるような外在主義的な理論は、あくまでも経験に基づいて世界の在り方をそこから考えていこうとする現象学的な態度に馴染まない部分があるように思われる。経験の志向的内容のうちにじつは主体の知らぬ間に主体の客観的な時空位置が書き込まれているので、それに基づいて適合する対象を世界の中からサーチすることにより、片方の経験は地球上のあるビルを対象とし、他方の経験は別の惑星上のあるビルを対象とするということがわかる、というような考え方は、現象学の目指す経験の説明にとっては不満足なものに留まるだろう。これは、単に「現象学」という特定の立場を採らなければよい、という問題ではない。そもそも、自分の把握できない要素に基づいて経験の連関を分節化していくような意味の理解を、私たちはいったいどうやって学ぶことができるというのだろう。経験主体である私たちがそれをどのように学び、そのつどどのように把握して思考を為しているのかが説明できないような「意味」の概念は、私たちが実際におこなっている経験の説明には役立たないようにおもわれるので［7］ある。

こうして内在主義と外在主義がともに困難を抱えるように見えてしまうのは、ある

［7］とはいえ、私たちが経験の中で把握しているこうした「意味」が、それを介して私たちの検証からは独立していると考えられた「実在」に関わるのではないか、という点には議論の余地がある。【5－1　実在論と観念論の実在論についての議論を参照。

一定の条件に最も適合する世界の中の対象が何であるのかを、特定の主体の視点に立たない俯瞰的な視点から世界をサーチして選び出す、という考え方に囚われてしまうからである。充実化の手続きを具体的に遂行する経験から考える道筋を徹底してみよう。私は、「このビルの裏側には公園があるはずだ」と主張するとき、その主張の正当化手続きを把握している。その手続きは、私のこの特定の視点からのビルの知覚に支えられて、そのビルを目視しながら身体を動かして一歩ずつその裏側へと回り込む、という連続的な時間的経過をもった一連の経験プロセスである。この手続きは、決して私をあの別の惑星のビルへと突然到達させることはない。経験は、必ずこうした具体的な視点からの時間的に連続性をもったプロセスのうちで組織化される。このプロセスのうちで何を充実化とみなし、何をみなすべきでないかということを把握していることこそ、当初の経験において主体がもつべき意味の把握である。こうした具体的な私の意味の把握の視点から、あの惑星にいた彼の経験との違いを語ることに何も困難はない。私は私の視点から、「私の言う「このビル」はその星のそのビルではない」と適切に述べることができるからである。彼もまた私との違いを、彼自身の経験の視点から同様に語ることができる。この説明に、経験から切り離された非現象学的な理論的仮構物は何も必要とされていない。現象学は、それぞれ特定の視点からそれぞれの具体的な経験を意味的に連関させて連続的に組織化させていく、という私たちの経験の把握の内部から、「外在主義的」な文脈依存性の要素を適切に取り込むことができるのだ。したがって現象学は、単に心のうちに現にいま広がっている感覚や感情のあれこれを内省的に拾い上げて記述する、というようなものではない。それは、幅のある時間的経過の中で私たちが経験を組織化していく意味的な諸連関の中で、経験の意味内容や対象というものを分析していく手法なのである。このことによって現象学的な意味の理論は、私たち主体に把握可能な意味の説明を具体的経験に根差した仕方で成し遂げるという内在主義の動機を守りつつ、外在主義の指摘した**意味の文脈性**という現象を適切に説明してみせることに成功したのである。

コラム　フッサールのノエマ概念

私たちの経験の志向性は、その経験の当否を真理という観点から問いうることと表裏一体の関係にある——これこそが、フッサールの初期志向性理論がもつ最大の洞察だった（【4-1　思考と真理】）。本コラムでは、こうした洞察にもとづいて、フッサールの中期志向性理論の解釈問題を概観する。

フッサールは中期の著作『イデーンI』（一九一三年）において、意識の志向性が持つ構造を、「ノエシス（Noesis）」と「ノエマ（Noema）」という二側面から論じる。「ノエシス」は〈思考すること〉を意味するギリシャ語に由来する用語であり、フッサールはこれを、思考することだけなく、知覚することや意志することなど、さまざまなタイプの志向的な経験を一般的に指す言葉として用いた。ここには解釈上の深刻な対立はない。それに対して、ノエマとは何かという点については、これまでに異なる解釈が提出され、大きな論争を巻き起こした。フッサール自身がノエマにさまざまな説明を与えており、そのどれを優先するかによって、異なる解釈が成り立つのである。

「ノエマ」は、「ノエシス」と同じくギリシャ語に由来し、もともとは〈思考されたもの〉を意味する。すると、右で確認した「ノエシス」の用法をふまえるならば、フッサールは「ノエマ」を〈志向的な経験において経験されたもの〉、つまり経験の対象を一般的に指すものとして用いていたと理解できるように思えるかもしれない。その場合、たとえば目の前にある一本のケヤキを見るという経験の構造には、その知覚経験（ノエシス）そのものだけでなく、経験の対象であるそのケヤキも、ノエマとして備わっていることになる。

このような解釈は、志向的な経験を描写するためにはその対象に言及することが欠かせないという点を、たしかにうまくすくい取っている。だが、この素朴な解釈は、フッサール解釈として無理がある。『イデーンI』での主張によれば、樹木は燃えうるが、樹木のノエマは燃えることがありえないのである（第八九節）。ノエマは志向的な経験の対象と単純に同一視できない。

ノエマは経験の対象とは異なるというフッサールの見解には、もうひとつの根拠がある。それは、ノエマ（あるいは少なくとも、ノエマの構成要素）は「意味」であるというものだ（『イデーンI』、第九〇節）。ケヤキを見るという志向的な経験は、まさにその木をケヤキとして経験するため、ケヤキという意味をともなうというのである。フッサールは『論理学研究』の第一研究で表現の意味と対象を区別したのだから、ここでも経験の意味、つまりノエマは経験の対象とは異なると考えることができる。このようにノエマを経験の意味とみなして経験の対象から区別する解釈は、D・フェレスダールによって一九六〇年代の終わりに提出され、しばしばノエマの「フレーゲ的（Fregean）」ないし「西海岸（West-Coast）」解釈と呼ばれる。フェレスダールによればノエマはフレーゲの「意義（Sinn）」と類比的なものであり、この解釈はアメリカ西海岸に拠点をおく研究者（H・ドレイファス、D・W・スミス、R・マッキンタイア）のあいだで広く支持されたからだ。

フレーゲ的なノエマ解釈には不明瞭な点が残っている。フレーゲにおける意義は、あくまでも有意味な語や文がもつものである。それに対して、ここで問題になっているのは、たとえばケヤキを見るという経験に含まれる意味である。だが、言語の意味を超えて意味概念を一般化することが、なぜ許されるのだろうか。

真理という観点から志向性を捉える発想は、ここで役に立つ。この観点から志向的な経験の当否を問いうることは、その経験が志向的内容をもつことと同じであり、この志向的内容は「意味」と呼ぶこともできるのだった（第四章を参照）。したがって、経験の意味としてのノエマは、その経験が持つ志向的内容として理解できるのである。

以上のような解釈は、志向的な経験に備わる〈方向性〉とは何かという問題へのひとつの回答にもなっている。志向的な経験はどれも何かについての経験であり、その何かに対する方向性を持つ。だが、志向的な経験が向かう何かはいつでも存在するわけではない。ケヤキを見るという経験は、実際にはそれがまったくの幻覚だったとしても、ケヤキについての経験であるように思われる。だが、経験が存在しないものについての方向性をもつとは、いったいどういうことなのか。ノエマを対象とは区別される志向的内容と考えるならば、この問題にうまい答えを与えることができる。つまり、ケヤキを見るという経験がケヤキへの方向性をもつことは、それが〈ケヤキ〉という意味を含む志向的内容（＝ノエマ）をもつことによって説明できるのである。

しかし、フレーゲ的解釈には少なくとも二つの大きな問題がある。第一に、この解釈は、フッサールが知覚経験のノエマを「知覚されたかぎりでの知覚されたもの」と繰り返し呼んでいるという事実と齟齬をきたす。

第二に、この解釈を右のように知覚経験に適用すると、ケヤキを見るという経験がケヤキについてのものであることは、幻覚と真正の知覚のどちらの場合でも、その経験がもつノエマ（≠対象）によって説明される。真正の知覚経験が志向的であることとは、その経験が世界内に現実に存在する対象に関係することとは、別の事柄とされるのである。志向性についてのこうした考え方では、真正の知覚経験の中で私たちが世界内の対象と出会っているという、フッサールが再三強調した事柄をうまく説明できないのではないだろうか。

もちろん、フレーゲ的解釈は、これらの問題を切り抜けることができるかもしれない。しかしここではそうした細かい問題に立ち入る代わりに、フレーゲ的解釈が直面する問題がそもそも生じないまた別のノエマ解釈があるということを指摘したい。

すぐあとで論じるように、この解釈は少なくとも二つのタイプに分けられるが、両者はともに、ノエマを志向的な経験の対象として解釈する点では共通している。したがって、この解釈をまとめて「対象的解釈」と呼ぼう。

しかし、対象的解釈は、ノエマを志向的な経験の対象と単純に同一視するわけではない。そうした素朴な解釈がフッサール解釈としては通用しないことは先に述べた通りである。対象的解釈は、フッサールがノエマを経験の「意味」と呼んだという事実を、フレーゲ的解釈を拒否しながら説明しなければならない。ここでは、意味としてのノエマを対象から完全に区別せずに確保することが求められているのである。そのため対象的解釈は、ノエマをその経験の中で〈経験されたかぎりでの対象〉とみなす。たとえばケヤキを見るという経験の場合、そこで〈経験されたかぎりでの対象〉としてのケヤキは、ケヤキであるという特徴（や、そのとき見られている色や形などのその他の特徴）を備えているが、燃えうるという特徴はもっていない（物の可燃性は、そもそも私たちが視覚的に知覚できる特徴ではない）。このように解釈されたノエマは、ある経験が真理の観点から正しい経験であるために、その経験の対象がもっていなければならない特徴だけを備えており、それゆえ志向的内容（つまり意味）としての役割を果たすのである。したがって対象的なノエマ解釈も、本コラムの冒頭で触れた初期フッサールの洞察を汲むものである。そしてこの解釈に従えば、ノエマは、それをもつ経験の対象そのものとは違い、ごく限られた特徴しかもたない（いま見た例でいえば、ケヤキを見るという経験のノエマは、可燃性やその他の多くの特徴をもたない）。そのため対象的解釈は、ノエマは対象から区別されるというフッサールの主張とも整合する。

しかし、対象的なノエマ解釈は、フレーゲ的解釈とは異なり、ノエマと対象をまったく別のものとはみなさない。ある経験において〈経験されたかぎりでの対象〉とその〈経験の対象そのもの〉という区別は、同じひとつの対象のなかで成り立つとされるのである。これを説明する方法は少なくとも二つあり、そのどちらを採用するかによって、対象的ノエマ解釈は対立する二つのタイプに分けられる。

第一の説明によれば、〈経験されたかぎりでの対象〉は〈経験の対象そのもの〉の部分である。つまり、ケヤキを見るという経験のノエマは、ケヤキそのものの一部だというのである。こうした解釈は、A・グールヴィッチによって提唱された。

第二の説明によれば、〈経験されたかぎりでの対象〉は、特定のアスペクトのもとで捉えられた〈経験の対象そのもの〉である。その場合、ケヤキを見るという経験のノエマは、まさにその経験において経験されたというアスペクトのもとで捉えられた、世界内のケヤキであることになる。ノエマは、ある全体に属する部分ではなく、同一の対象がもつ多様な相貌のひとつだというのである。この解釈は、R・ソコロウスキやJ・ドラモンドによるものであり、彼らが拠点を置くアメリカ東海岸にちなんで「東海岸（East-Coast）」解釈と呼ばれることもある。

これらの対象的ノエマ解釈にしたがえば、真正の知覚経験のなかで私たちが世界内の対象と出会っていることは、明快に説明できる。真正の知覚経験は、そのノエマが世界に存在する対象の部分ないしアスペクトであるために、その対象に関係しているのである。

だが、対象的解釈にも難点がある。それは、志向的な経験の対象が存在しないケースをどのように扱うのかという問題だ。幻覚はその定義からして存在しないものについての経験であり、思考にいたっては、永久機関や丸い四角のように、存在することができないものについての経験でもありうる。これらの経験も、志向的であることには変わりがない。したがって、対象的解釈によれば、そこで〈経験されたかぎりでの対象〉が、対象そのものの部分ないしアスペクトとして存在しているはずである。だが、今のケースでは経験の対象そのものが存在しないのだから、そのようなものを認めるわけにはいかないのではないだろうか。対象的解釈は、この問題に答えなければならない。

ノエマをめぐるフレーゲ的解釈と（二つの）対象的解釈の対立は、現在ではそこまで盛んに論じられるトピックではなくなった。しかしだからといって、ノエマについての決定的な解釈が与えられたわけではなく、かつての論争の火はまだくすぶりつづけている。そして、以上の概略からもうかがえるように、ノエマをめぐる論争は、フッサール解釈だけでなく、志向的な経験とは何かというより一般的な問題に通じている。たとえば、フレーゲ的なノエマ解釈によれば、経験の志向性について現象学的な観点から考えることは、【4－2意味と経験】の第4節でも取り上げられたような内在主義的な発想に通じている。フレーゲ的に解釈されたノエマは、経験の対象から区別された意味であり、経験はどれもそうしたノエマをもつことによって何かについての経験になる。経験の志向性は、主体の「頭の中」にあるものだけによって説明されるのである。もちろんフレーゲ的解釈の擁護者たちも、経験が志向性によって世界に関わることは認めるだろう。しかし、この解釈が「志向的な経験について考えることは世界について考えることでもある」という現象学の基本的発想をどれほど実現しているのかについては、議論の余地がある。フレーゲ的解釈にとって、経験の対象や、それが位置づけられる世界は、あくまでもノエマ（≠経験の対象）によって説明できるものであり、対象や世界そのものについての考察は現象学には含まれていないように見えるからだ。

本コラムではこうした問題をこれ以上論じることはできない。右で述べたことが、中期フッサールの解釈や志向的な経験の本性という問題に取り組む読者の助けとなれば幸いである。

第5章　存在

経験それ自身は、存在それ自身への通路である。

（E. Husserl, *Die Lebenswelt*, Hua XXXIX, p. 207）

人間の有限性という特徴は、形而上学の基礎づけが入り込んでその内部を動き回る次元にとって本質的な事柄を示す。

（M. Heidegger, *Kant und das Problem der Metaphysik*, GA3, p. 35）

私たちが動かすのは自分の客観的な身体では決してなく、自分の現象的な身体である。そしてこのことに神秘的なところはない。なぜなら、把握されるべき対象の方へと立ち上がり、それらを知覚するのは、すでに、世界のしかじかの領域に関わる能力としての私たちの身体だからである。

（M. Merleau-Ponty, *Phénoménologie de la perception*, p. 123）

5−1
実在論と観念論

現象学は私たちの意識的な経験のあり方を分析する。だが、そのとき経験は閉じたカプセルの中で生じる出来事であるかのように扱われるわけではない。ある経験について現象学的に考えることは、すべてではないにしても多くの場合に、その経験がそれ自身を超え出て志向的に関係するものについて考えることを含む。これが現象学的な哲学の最も重要な特徴のひとつであることは、すでに本書のさまざまな箇所で強調されてきた。（「心身問題」の項も含めた）本章の目的は、現象学的アプローチが**形而上学**に対してどのような帰結をもたらすかを示すことにある。

1　形而上学とは何か

まずは、「形而上学（的）」という言葉の意味をはっきりさせておこう。この言葉は現象学の伝統の内外でさまざまな仕方で用いられてきたが、本章ではそれをかなり限定された意味で使うことに注意してほしい。ここでの形而上学とは、存在するものについての最も一般的な探究のことである。[1] この意味での形而上学は、存在するものを

［1］形而上学のこうした特徴づけのルーツは、「存在としての存在についての一般的な探究としての第一哲学（＝形而上学）」というアリストテレスの見解だ（『形而上学』Γ巻第1章、1003a20–26）。また、現代における形而上学も、同じように特徴づけられることがある。たとえば以下を参照のこと。E・コニー＆T・サイダー『形而上学レッスン——存在・時間・自由をめぐる哲学ガイド』小山虎訳、春秋社、二〇〇九年、第一〇章。鈴木生郎ほか『ワードマップ 現代形而上学——分析哲学が問う、人・因果・存在の謎』新曜社、二〇一四年、序章。

扱うという点では、天文学や生物学のような個別科学とたしかに同じである。だが、形而上学はその一般性によって個別科学から区別される。形而上学は、個別科学のように存在するものの一部に限定した探究をおこなうのではなく、ありとあらゆる存在するものを、それが存在するものであるかぎりで扱うのだ。こうした探究がより具体的にはどのようなかたちをとるのかは、本章の全体を通じて示されることになる。ともあれ、以上の話をふまえれば以下で取り上げる問いをはっきりさせることができる。問題になるのは、世界には何がどのように存在するのかということだ。

ここに出てくる「**世界**」と「どのように」にも説明が必要だろう。形而上学は存在するものについての一般的な探究なのだから、それにとって興味深いのは、たとえば自分の眼の前にあるこの白い机とあの白い椅子が存在するかというような問題ではなく、机や椅子といった「**個物**」（あるいは個物は個物でも、木や岩といった自然のものとは異なる「**人工物**」）は存在するのか、この机とこの椅子が共有する同じ一つの〈白さ〉のような「普遍的性質」（「**普遍者**」）は存在するのかといった、一般性の高い問題である。[2] 何が存在するのかに関するこうした一般的な問題に満足のいく仕方で答えるためには、個物や普遍的性質といった「**カテゴリー**」によって存在するものの全体（つまり、**世界**）がどうやって区分されるのか、そうして区分けされた存在するもの同士はどのように関係するのかといった問題に同時に答える必要が出てくる。[3] 具体的にいえば、「個物と普遍的性質によって存在するもののすべてが区分できるのか」、

［2］ 個物については、鈴木ほか前掲書、第六章を参照。普遍者については、同書の第五章とコニー&サイダー前掲書、第八章を参照のこと。普遍的性質の問題に関するより本格的な入門書としては、次が挙げられる。D・M・アームストロング『現代普遍論争入門』秋葉剛史訳、春秋社、二〇一三年。

［3］ こうした個別のカテゴリーに関する現象学的な観点からの個別的な取り組みとして、**【6−1 価値と価値判断】**での価値に関する議論、**【7−1 音楽作品の存在論】**での音楽作品に関する議論、**【8−2 約束】**での契約に関する議論を参照のこと。なお、音楽作品と契約は、「社会的対象」ないし「制度的対象」という同じひとつのカテゴリーに属するものとして理解することもできるだろう。

「個物と普遍的性質による区分が正しいとするならば、あの椅子という個物が白さという普遍的性質をもつというのはどのようなことなのか」といった問題である。こうして、存在するものについての最も一般的な探究としての形而上学は、何が存在するかという問題だけでなく、存在するものの全体としての世界がどのような区分と相互関連をもって存在するのかという問題へと至ることになる。[4] これを圧縮した結果が、「世界には何がどのように存在するのか」という問いだ。

2　現象学の非形而上学性？

さて、世界には何がどのように存在するのかという問いに対して、現象学の立場からはさまざまな応答ができるし、現になされてきた。あらかじめ述べておけば、それらの応答は対立しあっている。このことは、哲学への現象学的アプローチのなかでも、形而上学に関わる部分がとりわけ未確定だということを示している。形而上学は、少し悲観的な言い方をすれば、現象学的アプローチが確固たる仕方では成り立たない分野であり、より楽観的な言い方をすれば、このアプローチの可能性が多様な仕方で残されている未開拓の分野なのである。

具体的に見ていこう。右の問いに対する応答として最初に取り上げたいのは、「現象学はそれに対するいかなる答えも持ち合わせていない」というものだ。この応答にしたがえば、世界に何がどのように存在するのかという問いは、そもそも現象学

[4] 現象学と形而上学の関係を問うにあたって世界全体が問題になるという論点を本章とは異なる角度から論じた著作として、次のものがある。武内大『現象学と形而上学――フッサール・フィンク・ハイデガー』知泉書館、二〇一〇年。

[5] こうした非形而上学的な立場は、(A)現象学を反形而上学的な営みとみなすものと、(B)形而上学的に中立的な営みとみなすものにさらに分けられる。(A)によれば、世界を全体として捉えることは現象学にとって不可能であるばかりか、そもそも一般的に不可能であり、形而上学の問いはまったく意味のない問いである。それに対して(B)は、世界を全体として捉えることは原理的には可能である（したがって、形而上学も可能であ

（者）に答えを求めるのがお門違いな問いだということになる。形而上学の問いにどのような答えが与えられるのだとしても、あるいは、そもそもそれにいかなる答えも与えられないのだとしても、経験の現象学的分析は何の影響も受けないというのだ。すると、たとえばこの白い机とあの白い椅子を同じ色のものとして見るという経験の現象学的分析は、白さという普遍的性質が存在するとか、そうではなく個別の白いものだけが存在するとかいった主張とは、何の関係もないことになる[5]。

現象学は非形而上学的な営みであると主張するこの応答が根拠とするのは、現象学は世界を経験と不可分な仕方で扱うという事情だ。現象学者にとっての世界とは、経験によって私たちに開かれるものでしかない。したがって、経験とは独立的にそれ自体であるがままの世界に何がどう存在するかという形而上学の問題は、現象学にとって無縁だというのである。

注目すべきは、ここでは形而上学の問いが経験から独立した世界にかかわるものとして理解されているという点である。世界に何がどう存在するかは、私たちが経験を通じて世界をどう捉えているのかとは無関係に答えられるべき問いであり、それゆえ、世界が経験によって私たちに開かれるあり方を分析する現象学には無縁な問いだというのである。

ここで次のような反論をすることができるだろう。たしかに、経験とは独立的にそれ自体であるがままの世界について、現象学は何も述べることができない。だが、世

る）とみなしたうえで、現象学はそれとは無関係であるという結論である。現象学の伝統の中で(B)に近い立場を取っていたのは、初期のフッサールである（D・ザハヴィ『フッサールの現象学』新装版、工藤和男・中村拓也訳、晃洋書房、二〇一七年、五八―六〇頁を参照）。しかしフッサールは中期以降、観念論的な立場に転じている。ただしフッサールの観念論（あるいは超越論的観念論）は、ここでいう(A)の立場の一種として解釈することもできる。こうした解釈を明確に打ち出したものとして、以下を参照のこと。貫成人『経験の構造――フッサール現象学の新しい全体像』勁草書房、二〇〇三年、第二章。また、フッサールの超越論的観念論とH・パトナムの内在的実在論の類似性を主張するザハヴィの解釈も、(A)に近いものと考えることができる（ザハヴィ前掲書、一〇三―一〇九頁を参照）。同様の解釈は八重樫徹『フッサールにおける価値と実践――善さはいかにして構成されるのか』（水声社、二〇一七年）の

界には経験と不可分の仕方で存在するものもあるのではないか。また、全体としての世界そのものが、実は隅から隅まで経験と不可分だという可能性もまだ排除されたわけではない。すると、経験と不可分なものとして世界のあり方を探究する現象学は、世界に何がどう存在するのかという問いに対して、少なくとも部分的に、ひょっとすると全面的に答えることができるのではないか。これらの点を考慮せずに、現象学は非形而上学的であると述べて形而上学の問いを丸ごと拒絶するのは性急ではないか。

　これに対して、現象学の非形而上学性を支持する立場からは次のような再反論が可能だろう。現象学は、世界を全体として捉えることができるという主張を問題視する。そうであるからこそ、この立場は、形而上学の問いを経験から独立した世界についての問いと理解し、問いそのものを拒絶するのだ。私たちが世界に接近し、そこに何がどう存在するのかを知るためには、経験という経路に頼るしかない。しかし経験はどれも観点に相対的であり、それが世界について教えてくれることはつねに部分的なものにとどまる。知覚経験に即して確認しよう[6]。知覚は世界についての知識をもたらす経験の代表だ。たとえば眼の前の机と椅子を見ることは、いついかなる場合でも、それらの椅子と机を特定の観点から見ることである。経験とそこで開かれる世界の分析にあくまでもとどまる現象学にとって、いかなる観点も超越して世界を全体として捉えることは原理的に許されない。たしかに現象学も、経験を通じて特定の観点から捉えられた世界に何がどう存在するかについて論じることができる。しかし、特

第二章でも提案されている。これに対して、フッサールの超越論的観念論は本項で問題になっているような形而上学の問題に答えようとするものとして解釈すべきであるという提案を、フッサールがこの立場に立つ以前の著作である『論理学研究』の読解を通じて擁護したものとして、以下の著作がある。植村玄輝『真理・存在・意識――フッサール『論理学研究』を読む』知泉書館、二〇一七年。

[6]　より詳しくは、【3―3　経験の一人称性】の第5節を参照。

[7]　こうした立場は、ミュンヘン・ゲッチンゲン学派の現象学者たちによって支持されている。こ

定の観点を離れて世界を全体として見渡すことができない以上、そうした議論の成果が全体としての世界の一部に関するものなのか、その全部を尽くしているかということは、現象学には確認できない。このように、全体としての世界に何がどう存在するのかという問いには答えられないのだから、現象学はこの問いを掲げる形而上学とは無縁である。

3　現象学の形而上学的含意——二つの可能性

現象学は非形而上学的だと主張することは、実際には、現象学的アプローチにとっての唯一の選択肢ではない。経験とそこで開かれる特定の観点から世界について考えるという現象学の基本方針を保持しつつも、全体としての世界に何がどう存在するかについての帰結をそうした分析から引き出すこともできる。以下では、形而上学の問いへの現象学的回答として、二つの異なるものを見る。それらの回答の一方は、経験と世界の一致という実在論的な考えを基礎にするため、「現象学的な**実在論**」として特徴づけることができる[7]。もう一方はこの実在論的な考えを基礎的とみなさないため、「現象学的な**観念論**」と呼ぶことができる[8]。

現象学的な実在論と観念論が共有する見解を確認することから始めよう。それは、経験が存在することは否定しがたいという見解である。あなたはいま、眼の前にある本を読むという経験をしているはずだ。この経験はさまざまな構成要素が織り合わさ

の点について以下を参照。植村玄輝「ライナッハと実在論的現象学の起源——包括的研究への序章」、『現象学年報』第二七号、二〇一一年、六三—七一頁。ミュンヘン・ゲッチンゲン学派の概略的な紹介としては、次のものがある。H・スピーゲルバーグ『現象学運動』上巻、立松弘孝監訳、世界書院、二〇〇〇年。

[8]　ここでの「観念論」とは、世界を経験になんらかの意味で依存したものとみなし、経験（あるいは可能な経験）にまったく言及せずに世界の存在について語ることを拒否する立場の名称である。観念論的な立場をとった現象学者としては、中期以降のフッサールがあげられる。ただし、フッサールの観念論が正確にはどのような立場であるのかということは、いまだ論争中の未解決問題だ。先の注[5]でもふれたように、フッサールの観念論を形而上学の問いに答えようとする立場とみなさずに、非形而上学的に解釈することも可能なのである。

ることで成り立っている。典型的には、紙の感触を手に感じること、白い紙の上に印刷された日本語の文字を見ること、その文字の意味をはっきりと理解すること、理解した内容が本当に正しいのかあれこれ考えてみることといった経験が構成要素として挙げられるだろう。こうした経験の全体が現にいま存在するということは、それ以上確実なものがないくらい確実なのではないだろうか。そして、デカルトのように徹底的な懐疑をおこなうのでもないかぎり、過去になされた経験も含め、およそ一般に経験というものが存在するということも、現象学的な観点からも十分に主張できるだろう。[9]

さて、本章の冒頭でも確認したように、現象学的な哲学の最大の特徴のひとつは、（すべてではないにしても、多くの）経験を志向的なもの、つまり何かについての経験として捉える点にあるのだった。すると、もしおよそ一般に経験というものが存在するのだとしたら、経験がそれについてのものである何か、つまり経験の志向的対象も存在するということになるのだろうか。だが、話はあきらかにそれほど単純ではない。これを確認するためには、私たちが幻覚や誤った判断といった経験をもちうるということを思い出すだけで十分だろう。私たちの経験が何かについての経験であることは、その何かが存在することをそれだけでは保証しない。

問題は、ある経験の志向的対象が存在する場合と存在しない場合は何によって分けられるのかということである。この問題は、「志向的対象を存在するものとみなす定

[9] デカルトによる懐疑の試みについては、『省察』（山田弘明訳、ちくま学芸文庫、二〇〇六年）の省察一から省察二の冒頭を参照。

[10] ここでは、経験の正しさと経験の明証性を区別して議論をすすめる。前者が経験そのものがもつ特徴であるのに対して、後者は経験と世界が一致していることによって成り立つため、経験そのものの特徴ではない。

[11] 【2-2 知覚からはじめる経験の分類】の第1節を参照。

[12] したがって、【4-1 思考と真理】の第5節での議論を踏まえるならば、現象学的な実在論は、対応説的な真理観を背景とし、真理条件的意味論に通じる立場であると述べることもできるだろう。実在論と対応説的な真理観の関係については、秋葉剛史『真理から存在へ――〈真にするも

立的な経験の正しさはどのようにして定められるのか」というふうに言い換えることができる[10]。単なる想像のように定立的ではない経験は、その志向的対象が存在するかどうかをそもそも正当な仕方で問うことができない[11]。それに対して、定立的な経験の志向的対象が存在することは、まさにその経験が正しいことに等しい。現象学的な実在論と観念論の分かれ目は、この問題にどのように答えるかという点にある。

4　現象学的な実在論

実在論によれば、定立的な経験の正しさは、その経験が全体としての世界と一致しているかどうかによって説明される[12]。この説明にしたがえば、たとえば、隣の部屋には椅子が三脚あると判断することが正しいのは、隣の部屋に椅子が三脚あるという状況が世界の一部として成り立っているからだということになる。つまりこの場合、世界に何がどう存在するのかという問題は、「世界の中にあって、経験を正しいものにするのは何か」を明らかにすることによって答えられることになる。たとえば、普遍的な性質（普遍者）が存在するかどうかは、「この白い机とあの白い椅子は同じ一つの〈白さ〉を共有する」のような判断をするという経験を正しい経験にするものは何かという問いとして探究される。

このアプローチが完全には現象学的だと言いがたいことは明らかだろう[13]。全体としての世界にある状況が成り立っているかどうかは、経験が経験である以上離れられな

の〉の形而上学』（春秋社、二〇一四年）の第一章も参照のこと。なお、古典的現象学における実在論的な立場も、対応説的な真理観によって特徴づけることができる。この点については、植村玄輝「ライナッハと実在論的現象学の起源――包括的研究への序説」（『現象学年報』第二七号、二〇一一年）を参照。

[13]　実在論的なアプローチは、真である命題を〈真にするもの（truthmakers）〉を突き止めることによって形而上学の問いに答えようとする試みとの親和性が高いが、こうした試みのなかで経験に関する現象学的な考察が必ずしも重要視されるわけではない。その例として、述定的な真理を〈真にするもの〉に関する秋葉の議論（前掲書）を参照のこと。本文の続く箇所でも論じられるように、現象学的な実在論が現象学的であるのは、非現象学的な側面をもつ実在論的な想定をすることそれ自体について、経験の観点から議論を与えようとするためである。

い観点を飛び越えないかぎり決定できないからだ。ここで提出される実在論的な回答は、現象学的な観点からは、まだ単なる想定に過ぎないのではないだろうか。

定立的な経験の正しさに関する実在論的説明と、それに基づいた形而上学へのアプローチを単なる想定以上のものにするためには、この想定に対して現象学的な後ろ盾を与えてやらなければならない。それによって初めて、現象学が観点から独立した全体としての世界について語ることの可能性と必要性が保証されることになる。要するに、現象学的な実在論がここで直面している課題とは、観点を超越した全体としての世界を示す経験を、いかにして現象学的に分析するのかというものだ[14]。

具体的な議論を見ていこう[15]。現象学的な実在論は、世界についての最も基本的な経験としての知覚経験に、実在論的な想定の根拠を見いだす。知覚経験は、何かを想像する経験と同じく直観的だが、私たちの自由が大幅に制限された経験である。例外的な事例を除くならば、私たちには、原理的にはいつどこでも好きなように想像経験をもつことができる[16]。それに対して知覚経験は、想像経験のようにそれを自由に始めることができないし、また自由に変化させたりやめたりすることもできない。知覚経験をもつとき、私たちは経験の対象に対して無力なのである。この無力さの根拠は、知覚経験を想像経験から区別する感覚の特徴に求められる。感覚は、私たちにとって異質であり、私たちの経験から独立して存在する世界に由来するというのだ。このような世界は私たちの観点を超越している。つまり、知覚経験の根底にある感覚とは、観

[14]　全体としての世界に関する別の現象学的分析として、ハイデガーの議論を挙げることができる。この議論については、以下の文献の第一章が詳しい。池田喬『ハイデガー　存在と行為』創文社、二〇一一年。ただし、ハイデガーは判断と世界の一致としての真理という考えをせいぜい派生的なものとしかみなさない（『存在と時間』（翻訳多数）、第四四節を参照）。したがってハイデガーは、少なくとも本章で特徴づけられているようなタイプの実在論者ではない。

[15]　この節の残りの箇所での議論は、以下の論文での議論をいくらか簡略化したものである。植村玄輝「現象学的実在論と感覚の関係説」、『現象学年報』第三一号。また、次の著作の第七―八章でも、メルロ＝ポンティとS・トーデスにヒントを得た、実在論の現象学的な擁護が試みられている。H・ドレイファス&C・テイラー『実在論を立て直す』村田純一監訳、法政大学出版局、二〇一六年。

点を超越した全体としての世界についての非志向的な経験なのである。こうして、実在論的な想定には現象学的な後ろ盾が与えられる。

ここで次のような反論があるかもしれない。感覚の異質さは、それが私たちにとっての経験から独立して存在する世界に由来することを必ずしも保証しない。感覚の異質さは、私たちの経験の外部の何かではなく、私たちの経験の中に、私たちとはどこか異質な何かがあるということを示唆しているのではないだろうか[17]。

この反論に対して、実在論からは次のような再反論が可能である。感覚が観点を超越した独立的な世界に由来することに納得するためには、知覚経験における不自由さや無力さを私たちがどのように克服しているかを考えてみればいい。私たちが知覚経験において不自由で無力であることは、そこで一切の自由や力が奪われているということを意味するわけではない。私たちは、眼の前の光景を見たくなければ見ないことも（少なくとも原理的には）できる。部屋が汚いのを見たくないならば、私たちは自分の目を閉じるなり部屋を出て行くなりすればいい。それによって、やめたいと思っている知覚経験を成り立たせる感覚が遮られるだろう。つまり、想像の場合とは異なり、私たちがある知覚経験をやめる（または新たに始める）ためには、自分たちの身体を動かし、身体と部屋をその一部とする世界の因果的な状況を変化させなければならないのだ。したがって、その知覚経験を成り立たせている感覚は、私たちの経験から独立して存在する世界の因果的な状況に由来する。

[16] 詳しくは【2−1 経験の現象学的な分類とは何か】における想像の議論を参照。

[17] こうした見解に似た発想は、戦後のフランスにおける「顕現しないものの現象学」のなかにみることができるかもしれない。感覚（「原印象」・「ヒュレー」）に関するフッサールの現象学的分析から出発して、M・アンリ、J・デリダ、J-L・マリオンらの思想を整理したものとして、永井晋『現象学の転回――「顕現しないもの」に向けて』（知泉書館、二〇〇七年）第I部がある。

5　現象学的な観念論

観念論に話を移そう。現象学的な観念論は、定立的な経験の正しさを全体としての世界という観点を超越したものとの一致に求める実在論の発想をいったん受け入れたうえで、この一致をさらに経験そのもののあり方から解明するという戦略をとる。[18] 隣の部屋に椅子が三脚あるという判断と世界が一致しているとするならば、それは、その判断経験が明証性という特徴をもっているからだというのである。言い方を変えれば、定立的な経験の志向的対象が世界の中に存在することは、その経験が充実され明証的になっていることによって説明される。[19] 実在論とは異なり、ここではあくまでも経験の観点にとどまった現象学的な議論がなされている。

こうした観念論的なアプローチからは、世界には何がどのように存在するのかという形而上学の問題は、「正しい定立的経験は何についてのものであるか」を明らかにすることによって答えられることになる。すると、現象学的観念論は、世界に存在するものを区分するカテゴリーとして、なるべく多くのものを認めるような見解へと導かれるだろう。なぜなら、たとえば「この白い机とあの白い机は同じ一つの〈白さ〉を共有する」という判断が実際に正しい場合に、この判断を下す私たちの経験が同じ一つの〈白さ〉（つまり普遍者）についてのものであるということは、もっともであるからだ。[20]

しかし、全体としての世界の中に何がどう存在するのかという形而上学の問いへの

[18]　したがって、【4-1 思考と真理】第5節での議論をふまえるならば、現象学的な観念論は検証主義的真理観との親和性が高いといえる。どちらの立場も、対応説的な真理観を経験の観点から説明するという方針を共有しているからだ。しかし、このあとで詳しく見るように、本項で取り上げる現象学的な観念論は、対応説的な真理観に含まれる実在論的な直観を最大限尊重するために、可能な経験の範囲を大きく拡張することを余儀なくされる。そのため、現象学的な観念論が検証主義的意味論の基本的アイディア（経験の志向性を私たちの経験に即して説明すること）を体現しているかどうかについては、議論の余地が大いにある。

[19]　定立的経験・充実・明証については【4-1 思考と真理】を参照。

[20]　「この白い机とあの白い机は同じ一つの〈白さ〉を共有する」という判断が正しい状況があ

答えを提出するためには、ここまでの話では十分ではない。世界に存在するものの中には、私たちがそれについて現に明証的な経験をもったことがないものが明らかに含まれるように思われる（たとえば、自分が生まれる前の出来事）。また、私たちが現実にもった明証的経験も、その多くは完全に明証的であるわけではなく、誤りが発覚する可能性に開かれている[21]。要するに、私たちが現にもっている明証的な経験はきわめて限定されている。もしこうした経験の志向的対象だけが世界に存在するのだとすると、全体としての世界に存在するものは、私たちが常識的に思っているよりもずいぶん少ないものになってしまうのではないだろうか。

この点を克服し、世界との一致を経験の特徴から解明するという観念論的な理論を私たちの常識とすりあわせるために、現象学的な観念論は明証的な経験の**可能性**に訴えることになる。全体としての世界に何かが存在することは、それについての明証的な経験が原理的に可能であることに等しいとされるのだ。こうして、現に経験されていないものや、実際には不十分な明証をともなってしか経験されていないものについても、それが世界の中に存在するとみなす余地が生まれる。

だがこうした決定によって、観念論は新たな問題へと巻き込まれることになる。それは、ここで持ち出される完全に明証的な経験の「原理的な可能性」とはいったいなんなのかという問題だ。これに答えるのは一筋縄ではいかない。

簡単な例を考えよう。私が眼の前にあるボールを見て、このボールは（全面的に）

るということは、たとえ普遍者の存在を否定する唯名論の立場をとる形而上学者でも認めなければならない事実である。一見すると普遍者についてのものであるようなこうした判断の正しさについて、唯名論者は、普遍者の存在を認めずに済む説明を提案するのである。こうした説明についても、鈴木ほか『ワードマップ　現代形而上学』（前掲書）第五章およびコニー＆サイダー『形而上学レッスン』（前掲書）第八章を参照。

[21]【4－1　思考と真理】第5節を参照。

赤いと判断を下したとしよう。この判断は明証的な経験だが、完全に明証的ではない。なぜなら、このときボールの背面は空虚にしか知覚されていないからだ。この判断を完全に明証的にするためには、背面も充実した仕方で知覚しなければならない[22]。

しかし、私はこのボールの前面を見ているときに、その背面を同時に見ることはできない。したがって、このボールは赤いという判断を完全に明証的にすることは、私にとっては不可能である。これを一般化するならば、空間的な事物についての完全に明証的な経験は、いかなる単独の経験主体にとっても不可能であるということが帰結する。だが、この帰結を引き受け、世界には空間的事物は存在しないと結論することは、観念論を常識から絶望的なほど遠ざけてしまう。

この非常識的な帰結を避けるために、現象学的な観念論は、**複数化された経験主体**（「私たち」）にとっての完全に明証的な経験の可能性に訴えることになる。だが、経験主体の複数化という考えそのものは、明らかに説明を必要とする。この問題に現象学的に満足な仕方で答えるためには、経験主体の複数化の現象学的分析がなされなければならない[23]。

また、複数化された経験主体を持ち出すことがそもそも問題への解決として十分なのかどうか疑うこともできる。たとえば形成直後の地球のように時間的に遠く隔たった空間的事物が存在する（あるいはかつて存在した）ということは、経験主体を複数化したとしてもうまく説明できないのではないだろうか[24]。形成直後の地球（やその周

[22]　もちろん私はボールの背面を見ることができるが、そのときには、さっきまで前面だったところをあなたは見ていない。そのため、この場合にもボールが全面的に赤いという判断は完全に明証的でない。さっき見ていた側面が赤かったということの想起は、知覚と同じような明証を与えてはくれないからだ。こうした点を踏まえて、次段落で取り上げられる間主観性の問題の重要さを示すものとして、次を参照。D. Zahavi, *Husserl and Transcendental Intersubjectivity*, E. A. Behnke (tr.), Ohio University Press, 2001, chap. 2. フッサールの間主観性論については、同じくザハヴィの『フッサールの現象学』（前掲書）の第三章Cも参照。ただしすでに述べたように、ザハヴィのフッサール解釈は本項での現象学的観念論とは異なる。

[23]　経験主体の複数化のためにまず必要になるのは、他人の心についての経験の現象学的分析である。この問題については、【8－

辺）には、それを経験する主体が存在しているようには思われないからである。形成直後の地球が存在する（あるいはかつて存在した）という常識を守りつつ観念論的な立場を貫くためには、形成直後の地球についての完全に明証的な経験さえも原理的には可能であると述べるか、知覚経験をもつ主体が実は形成直後の地球やその周辺にも存在するということを認めるしかない。しかしどちらの答えに対しても、それを支える現象学的な分析を与えることは、控え目に言ってもかなり難しいだろう。現象学的な観点からは、それらは単なる想定にとどまり続けるかもしれない。

6　われわれの不完全さをどう理解するか

以上の比較から分かるように、現象学的なアプローチの中で形而上学の問いを拒否せずにそれに答えるためには、現象学的とは言いがたい想定をどこかに差し挟まなければならない。実在論的な回答は、定立的な経験の正しさを全体としての世界との一致によって説明するという想定を保持することではじめて可能になる。この想定はたしかにその動機を知覚の現象学的分析にもつが、そのものとしては非現象学的な想定であることに違いはない。観念論的な回答は、ふつうの意味での経験の可能性が及ばない範囲に存在するものを扱うために、現象学的な分析を与えることが難しい想定を立てる必要が出てくる。この意味で、形而上学の問題は、現象学の限界を完全に超えてはいないかもしれないが、限界ぎりぎりに位置づけられるものだといっていいだろ

1　他人の心】を参照。

[24]　これと同じ問題が、近年Q・メイヤスーによって、「相関主義」への批判として提起されている（『有限性の後で——偶然性の必然性についての試論』千葉雅也・大橋完太郎・星野太訳、人文書院、二〇一六年、第一章）。ここで注目に値するのは、メイヤスーが相関主義者の一人とみなすフッサールが、研究草稿のなかで、遠く隔たった過去の問題を取り上げ、本文の続く箇所で述べるような、可能な経験の範囲を大きく拡張するという（現象学的な観点から取り組むことが容易ではない）方針について論じているという事実である。たとえば以下を参照。E. Husserl, *Transzendentaler Idealismus*. Hua XXXVI, Kluwer, 2003, pp. 143-5.

う。[25] 形而上学へのこうした現象学的なアプローチがどこまでうまくいくかということは、いまだ評価の定まらない問題である。

ここで注目に値するのは、形而上学の問いに答えるために現象学者が非現象学的な想定を立ててその限界へと向かっていく際に、知覚経験によって示される**私たちの不完全さ**が、実在論と観念論の双方で鍵となるという点である。全体としての世界について語るためには、世界についての私たちの経験はある観点からのものでしかないということを考慮することが欠かせない――このことこそ、現象学的な形而上学に共通して見いだされる洞察にほかならない。経験主体としての私たちのこうした不完全さは、現象学を非形而上学的とみなす立場にとっても、実は重要な役割を果たしていた。観点から独立した世界という考えを拒否するための根拠も、同様の不完全さに求められていたのだ。[26] つまり、全体としての世界には何がどう存在するのかという形而上学の問いと現象学との関係をはっきりさせることは、究極的には、経験主体としての私たちの不完全さをどのように理解するのか、という問題へと至るのである。[27]

[25] 形而上学などを現象学の限界ぎりぎりの問題として位置づけ、それらの問題へのフッサールの取り組みをまとめた巻が『フッサール全集（フッセリアーナ）』から刊行されている。E. Husserl, *Grenzprobleme der Phänomenologie*, Hua XLII, Springer, 2014.

[26] 私たちの不完全性と世界との関係がフッサールにとってどのような問題であったのかを論じたものとして、以下を参照。吉川孝「この世界を信仰すること――フッサールの理性批判の射程」、『Heidegger Forum』第9号。

[27] こうした私たちの不完全さは、倫理的な問題への現象学的なアプローチにとっても、大きな意義がある。【9－2　哲学者の生】を参照。

5-2 心身問題

1 心身問題とは何か

坂を歩いて下りる私たちは、坂を転がり落ちる石とはどこかで根本的に異なるように見える。私たちは路傍の花の美しさに感激して坂の途中で立ち止まったり、向こうから上ってくる人の迷惑にならないように脇にそれたりできる。転がる石は自分では止まれず、方向転換もできない。そもそも石は、路傍の花に心惹かれたり他人に配慮したりすることができない。以上のような違いの最も簡単で直観的に納得のいく説明は、私たちには心があるのに対して石には心がない、というものだろう[1]。

これは十分な説明ではないだろう。〈心がある〉とはどういうことかがまだ明らかにされていないからだ。だが、〈心がある〉とはどういうことかについて、私たちはまったくの無知というわけでもない。私たちは自分自身の経験を通じて、自分を心があるものとして理解している。また私たちは、心がないものを心があるものからだいたい区別できる。たとえば、私たちが階段を遠慮なく踏みつけるのに対して他人の足を踏まないように気をつけるのは、階段には心がないが他人には心があると思ってい

[1] いま問題になっている例を説明するためには、私たちは生物だが石は非生物であるという点を指摘することもできる。しかし本項で扱うのは、坂を下りる私たちと坂を転がる石のあいだだけでなく、私たちと路傍の花のあいだにも成り立つような違いであることに注意してほしい。私たちも花も生物であることには変わりないのだから、ここにある違いは、直観的には心の有無であるというしかないだろう。

るからである。こうした区別は私たちの日常生活に根ざしている[2]。

その一方で、私たちには心だけでなく身体もある。私たちの身体は、たとえば樹にぶら下がるリンゴと同じように、重力の影響を受け、硬いものとはげしくぶつかったら傷がつく。しかも、こうした**物質的な身体**に、私たちの心のあり方はなんらかの仕方であきらかに依存している。自分の身体に傷がつけば、私たちは（多くの場合に）痛みを感じる。また、身体の一部である脳の機能が完全に停止すれば、私たちは心をもたない単なる物質になってしまうだろう。

この考えを突き詰めると、坂を下りる私たちと坂を転がる石には実は根本的な違いなどなく、そこにあるのは程度の差だけのようにも思えてくる。私たちに心があることは、私たちの身体が特定の状態にあることに過ぎないのではないだろうか。私たちと石の違いは、結局のところ、物質としての複雑さの（圧倒的な）違いでしかないのではないだろうか。身体のなかでも特に複雑な器官である脳の働きを具体的に明らかにしつつある神経科学の進展によって、こうした思いはより強いものとなるだろう。

心がある私たちは心のない石とはどこか根本的に異なるという考えにも、私たちと石には物質としての複雑さの違いしかないという考えにも、それぞれ一理あるように思われる。だが、二つの考えはそのままでは両立しない。こうして、私たちに心があるという事実と私たちが（複雑な）物質であるという事実とのあいだには実際にはどのような関係にあるのか、という問いが浮上する。哲学の歴史のなかで伝統的に「**心**

[2] こうした区別を私たちはいつでも完璧にできているわけではないだろう。たとえば、ホヤに心があるかどうかについて、私たちは確かな答えをもっていないように見える。しかしだからといって、「心があるものと心がないものの区別など、そもそもなかったのだ」という結論がここから出てくるわけではない。心があるものと心がないものの区別が有効であることは、私たちと石の違いのように、それがきちんと機能する事例があることによって保証されている。

身問題」と呼ばれてきた問題の中心にあるのは、こうした問いだ。

2 現象学にとって心身問題とは何か

では、現象学的は心身問題にどのように取り組むのか。現象学者にとっての心とは、まずもって経験のことである。[3] 経験、あるいは経験としての心が存在するという事実は、現象学にとって議論の出発点であり、現象学の主要な仕事は、そうした経験を私たち自身の経験として一人称的な観点から分析することだ。[4]

すでに述べたように、心が物質的な身体のあり方になんらかの仕方で依存することは明らかである。経験としての心についても事情は同様だ。こうした依存関係を認めるためには、神経科学の知見を引き合いに出すまでもなく、日常的な経験について考えるだけで十分である。たとえば腕を机にはげしくぶつければ（多くの場合に）痛みがすることや、まぶたを閉じれば周りが見えなくなることを思い出してみよう。私たちが経験としてもつ心のあり方が物質的な身体に依存しているということは、日常的な経験の現象学的分析にとってさえもあきらかである。ここで説明されなければならないのは、経験は身体にどのようにして依存しているのかということだ。

こうして心身問題は、経験としての心の素性に関する問題として、現象学者に突きつけられる。ここでとりわけ問題になるのは、経験は結局のところ身体の状態でしかないのではないかという疑念にどうやって対応するかという点だ。経験の物質的身体

[3] 意識的な経験のすべては心の働きであることは間違いないが、心の働きのすべてが意識的であるとは限らない、という点には注意が必要である。

[4] 【1−1 現象学の特徴】および【3−3 経験の一人称性】を参照。

に対する依存の本性を突き止めたとき、たとえば、痛みの経験はたしかに存在するが、それは実際には脳状態という物質的なものとしてしか存在しないということが発覚するのではないだろうか。その場合、物質的なものに尽くされない独自のものとしての経験などといったものは存在しない、ということになるだろう。「**物理主義**」や「**物的一元論**」と呼ばれるこうした立場は、もちろん心身問題に答えるための選択肢のひとつでしかない。[5] だが、物理主義が正しかった場合になおも現象学が可能なのかということを考慮せずに、「経験は存在する」とだけ主張して分析を始めてしまうのは、哲学の議論として不十分である。そして、もし現象学をするために物理主義の拒否が必要であるならば、物理主義に反対する議論をしないかぎり、現象学者はいつ切り崩されるかわからない足場の上に立つことを余儀なくされる。こうして現象学者には、経験は本当のところどのように存在するのだろうかという問題に対する態度を明らかにすることが求められる。

3　心身問題への現象学的アプローチを概観する

ここで注意が必要なのは、いま述べたような心身問題は、【5ー1　実在論と観念論】で論じた意味での**形而上学**にかかわるという点だ。経験は本当のところ物質的な身体の状態として存在するという見解も、経験は本当のところ物質的なものに尽くされない独自のものとして存在するという見解も、経験の観点を超えた全体としての世

[5]　心身問題に対する回答としての物理主義にはさまざまな種類がある。それらの種類については、以下の論考による整理が参考になる。山口尚『クオリアの哲学と知識論証――メアリーが知ったこと』（春秋社、二〇一二年）および「意識の概念と説明ギャップ」（信原幸弘・太田紘史編『シリーズ　新・心の哲学Ⅱ　意識編』勁草書房、二〇一四年）。また、物理主義とはより正確には何なのかということも、もちろんひとつの哲学的問題になる。この問題に関する（物理主義に批判的な立場からの）くわしい考察としては、次のものが挙げられる。井頭昌彦『多元論的自然主義の可能性――哲学と科学の連続性をどうとらえるか』新曜社、二〇一〇年、第二章。

界に心は（どのように）存在するのかという同じひとつの問いへの、対立する答えなのである。そしてこの問いは、現象学は全体としての世界について語ることができるという前提がなければ意味をなさない。だが、現象学はこの前提を受け入れることも拒否することもできるのだった。もしこの前提を拒否するならば、心身問題は、その他の形而上学的問題と同様に、現象学にとってお門違いの問題だということになるだろう。これは、心身問題への答えではないが、この問題に対する態度表明のひとつである。[6]

では、全体としての世界について語ることが現象学には可能だと主張し、現象学の形而上学に対する帰結を認めるとどうなるだろうか。このとき心身問題は、現象学がなんらかの答えを与えるべき問題のひとつになる。だがすでに論じたように、この立場は、実在論と観念論という対立する立場へとさらに分けることができる。そのため心身問題に対する対応も、実在論と観念論では異なる。しかしまずは、実在論と観念論の両方が共有する特徴を明らかにしよう。それは物理主義に反対するという点だ。

4　心身問題から「身身問題」へ

ここで問題になっている心身問題が何なのかをもう一度確認しておこう。経験が存在するということは、現象学の出発地点である。したがって、現象学が形而上学に対する帰結をもつならば、経験は全体としての世界のなかでどのように存在するのか、

［6］現象学を非形而上学的な営みとみなすこうした立場は、(A)反形而上学的な立場と(B)形而上学的に中立的な立場に区分することができる（【5−1　実在論と観念論】の注［5］を参照）。(A)にしたがえば、経験の観点を越えて世界を全体として捉えることはそもそも不可能であるため、心身問題は単に現象学にとってお門違いの問題であるばかりか、答えることのできない擬似問題である。したがってその場合、物理主義はもちろん、心身二元論を含めた心身問題へのあらゆる回答が、誤った前提にもとづくものとして拒否される。それに対して(B)では、経験の観点を越えて世界を全体として捉えることは現象学にとっては不可能であるという主張がなされるが、そうしたことがそもそも可能かどうかは、開かれた問題として残される。したがってここでは、現象学は形而上学に対する中立性を保たなければならない。形而上学的問題が現象学とは無関係に問うことができる真性の問題である可能性や、形而上学的問題として

という問題が避けられなくなる。経験のあり方が身体になんらかのかたちで依存することは明らかであるため、この問題はまずもって、経験は世界のなかで身体の物質的な状態として存在するのかという問題というかたちをとる。

少しまえで述べたように、現象学的な形而上学は物理主義に反対する。こうした立場は、現象学が心の経験としての側面を探究することによる。経験はどれも「私にとってのもの」という一人称的な特徴（**一人称性**）をもつ。それに対して身体の物質的な状態は、その身体の持ち主だけでなく、誰によっても調べることができる三人称的な特徴しか備えていない。すると、経験が身体の物質的な状態にすぎないのだとしたら、経験の一人称的な特徴も、実際には身体の三人称的な特徴にすぎないということになる。しかしこれはどうやって可能なのだろうか。私の経験がもつ一人称的なあり方は、私の物質的な身体の三人称的な特徴から本当に説明し尽くせるのだろうか。一人称的特徴と三人称的特徴とのあいだには、埋めることが原理的にできないギャップがあるのではないだろうか。こうした疑念を晴らすことができないならば、私たちは物理主義を放棄し、経験が物質に還元し尽くされないことを認めなければならない。以上のように論じることは、現象学的な形而上学にとって自然な筋道といえるだろう。

しかしここまでは、心身問題への現象学的アプローチに独特の話題ではない。経験としての心と物質的身体のギャップに訴えることは、物理主義に難点があると考える

の心身問題への正しい回答が物理主義である可能性を、現象学的分析は排除することができないのである。別の言い方をすれば、(B)は現象学を物理主義とも両立する営みとみなすのである。これら二つの可能性については、次の論文で詳しく論じられている。植村玄輝「超越論的現象学の自然化？」、『モラリア』第二〇・二一合併号、東北大学倫理学研究会、二〇一四年、一八九－二一〇頁。

[7]「意識のハードプロブレム」や「説明ギャップ」と呼ばれるこの問題については、次の著作が重要な文献としてあげられる。D・J・チャーマーズ『意識する心——脳と精神の根本理論を求めて』林一訳、白揚社、二〇〇一年。また、山口前掲書および以下の鈴木の著作は、物理主義的な観点からこの問題を詳しく論じている。鈴木貴之『ぼくらが原子の集まりなら、なぜ痛みや悲しみを感じるのだろう』（勁草書房、二〇一五年）。

哲学者の多くが共有する議論なのである[7]。心身問題に対して現象学がなしえる独自の貢献は、これとは別のところにある。

　現象学的分析は、少なくともいくつかの種類の経験が本質的に身体的であることを明らかにする[8]。たとえば知覚経験の構造には、遠景と近景をともなったパースペクティヴの原点としての身体や、さらには、知覚と行為を結びつけることを可能にする身体が備わっているのである。こうした事情から、私たちの経験としての心は、身体的なものだと述べることができる。すると現象学にとって心身問題とは、身体から切り離された経験と物質的な身体の関係を問うような単純なものではないことになる。心身問題は、経験そのものの構造に含まれる「**現象的な身体**」が物質的な身体とどう関係するのかという問題を引き連れているのだ[9]。こうしたいわば「**身身問題**」の発見こそ、心身問題に対する現象学の貢献のひとつである[10]。

5　「身身問題」における物理主義への現象学的な反論

「身身問題」に対する物理主義的な回答は、現象的な身体は結局のところ物質的な身体として存在する、というものだ。しかし現象学的な観点からこれに反対する議論をいくつか提出することができる。

　第一の議論は、現象的身体の一人称的特徴と物質的な身体の三人称的特徴のギャップに訴えるというものだ。この議論は経験と物質的な身体の関係の場合と本質的には

[8]　**【3-3　経験の一人称性】**の第5節を参照。

[9]　「現象的な身体」は、メルロ＝ポンティが『知覚の現象学』（竹内芳郎ほか訳、みすず書房、二分冊一九六七／一九七四年）で用いた言葉である。

[10]　この点に関する指摘を含む論考として、以下を参照（ただし、スミスの立場は次節で取り上げるものとは異なる）。D. W. Smith "Mind and Body." In D. W. Smith & B. Smith (eds.), *The Cambridge Companion to Husserl*, Cambridge University Press, 1995.

　またここで気をつけなければいけないのは、現象学が伝統的な心身問題のすべてを身身問題に置き換えるわけではないということだ。これには二つの理由がある。（1）すべての経験が身体的であるかどうかは、**【3-3　経験の一人称性】**で論じたように、開かれた問題として残されている。（2）現象的な身体はあくまでも

同じなので、ここで繰り返さなくてもいいだろう。

　第二の議論は、現象的身体が物質的身体と同一視できないことを、両者に不一致が生じる事例を指摘することで論証するというものだ[11]。物質的身体は欠損しうる。たとえば病気や事故によって、私たちは手足を失ってしまうことがある。すると、もし物質的な身体が現象的な身体と同一であるならば、前者の欠損は後者の欠損でもなければならない。しかし、さまざまな報告や研究によって確認されているように、私たちは、物質的には欠損した身体の一部に痛みを感じることもある。「幻肢（幻影肢）」と呼ばれるこうした事例が強く示唆しているのは、物質的な身体の欠損は必ずしも現象的な身体の欠損へと至らないということだ[12]。この示唆にしたがうならば、物質的な身体は現象的な身体とぴったり重ならず、そのため両者は同一ではないという結論が導かれる。

6　現象学的な二元論とその課題

　前節での議論が示したのは、現象的身体と物質的身体を同一視する物理主義的な立場はうまくいかず、それらは二つの異なるものとみなされなければならない、ということだ。したがって、形而上学的問題としての心身問題を引き受けた際に現象学が取りうる最良の立場は、現象的身体と物質的身体の二元論であるといえる。この立場を「現象学的な身身二元論」と呼ぼう。実際、これに近い見解は、現象学の伝統に属す

経験のもつ構造の一部なのだから、現象的な身体と物質的な身体の関係が明らかにされたとしても、残りの部分を含めた経験の全体は物質的な身体とどう関係するのかという問題が残り続けるのである。

[11]　この議論は、非デカルト的実体二元論を擁護するE・J・ロウの議論にヒントを得たものである（E. J. Lowe, *Personal Agency*, Oxford University Press, 2008, pp. 96–97）。ただし、現象学的な身身二元論はロウの立場といくつかの点で異なる。

[12]　物質的身体と現象的身体の不一致を示す別の事例として、「ゴムの手の錯覚」や体外離脱経験を挙げることができる。これらの事例については以下で詳しく論じられている。T・メッツィンガー『エゴ・トンネル――心の科学と「わたし」という謎』原塑・鹿野祐介訳、岩波書店、二〇一五年、第三章。ただしメッツィンガーは、現象的な身体を脳の自己モ

る過去の哲学者にもみられる[13]。

では、現象学的な身身二元論は、より詳しくはどのような立場なのだろうか。ここでは、この立場の利点と課題をそれぞれ二つずつあげることで、この問いに答えていこう。

現象学的な身身二元論の第一の利点は、それが経験としての心のあり方を正面から捉えるところにある。心身問題に関する現代の議論の多くは、物理主義をどうやって維持するのかという論点を中心にして繰り広げられてきた。そこでは、全体としての世界は物的なものによって尽くされるということは多くの論者にとって話の前提であり、論争の焦点は、物的な世界のなかに心をうまく位置づけるための有望な方法はどれかというところにある[14]。こうした状況では、経験としての心がもつ多様な特徴そのものを探究するという現象学的な問題設定は副次的なものになる。しかしこうした議論の組み立て方は、経験としての心の特徴を、物理主義的な世界観に合わせて都合よく切り詰めてしまうという危険を常にともなっているのではないだろうか。それに対して心身問題への現象学的アプローチでは、経験としての心についての現象学的分析が、身身二元論という回答へと私たちを導いていく。つまりここでは、経験としての心とは何かが物理主義とは無関係にまず探究され、そうした探究の結果にもとづいて物理主義が拒否されるのである。現象学は、物理主義を前提する傾向にある現代の潮流のなかで、もうひとつの選択肢《オルタナティヴ》としての魅力をもつ。

デル（脳における情報の流れ）と同一視する（一一一―一一二頁）。現象的な身体と物質的な身体の一部を同一視するこの立場に反対するためには、また別の議論が必要になるが、ここではそれに立ち入らない。

[13] たとえばメルロ＝ポンティは、現象的な身体と物質的な身体に関して、こうした二元論的な主張をとっていると解釈することができる。この点については次を参照のこと。河野哲也『環境に拡がる心——生態学的哲学の展望』勁草書房、二〇一一年、四〇―四二頁。ただし河野はメルロ＝ポンティの二元論に対して批判的な立場をとっている。

[14] 心身問題への物理主義的観点からの取り組みについての簡潔な見取り図として、次を参照のこと。八木沢敬『分析哲学入門』講談社選書メチエ、二〇一一年、第五章。そこで八木沢も指摘するように、現代の心の哲学でも、物理主義を拒否する立場は一定の勢力

現象学的な身身二元論の第二の利点は、心を完全に非物質的なものとみなすデカルト的な二元論を回避できるというところにある。デカルト的な二元論によれば、心は完全に非物質的なものであり、物質的なものがもつ性質を何ひとつもたないため、たとえば空間上の位置を占めることすらできない。すると、デカルト的な二元論には、それがどうやって空間内の物質的な身体と合一することができるのかという難しい問題が突きつけられる。[15] それに対して現象学的な身身二元論は、心を完全に非物質的なものとみなす必要がない。これには二つ理由がある。第一に、現象的身体と物質的身体の不一致にもとづく先の議論は、後者が存在しない場合にも前者が存在する可能性を導くものではない。したがってこの立場は、現象的身体は物質的身体と同一ではないが、それになんらかのかたちで依存すると述べることができる。第二に、現象的身体は、物質的身体と同様に、空間的性質をもつことができる。[16]

次に、現象学的な身身二元論の課題に移ろう。

第一の課題は、現象的な身体と世界内の対象のあいだに成り立つように見える因果関係に適切な説明を与えるというものだ。私がボールを投げるときの経験を例にしよう。この経験は身体的なものであり、私の現象的な身体の一部である手がボールを動かすという一連の出来事がそこには含まれている。したがって、こうした経験には、何かが何かを引き起こすという意味での「**因果関係**」をともなうということができるだろう。その一方で、ボールを投げるという行為は、物質的な身体がそのボールを動

をもつ。たとえばチャーマーズは先に言及した著作のなかで、「自然主義的二元論」を標榜する（チャーマーズ『意識する心』（前掲書））。

[15] この問題に着目してデカルト的二元論を詳しく批判した論考として、次のものを参照。J. Kim, *Physicalism, or Something Near Enough*, Princeton University Press, 2005, chap. 3. デカルト自身が心身二元論と心と身体の合一という二つの主張をどのように両立させようとしたかについては、次を参照。小林道夫『デカルト入門』ちくま新書、二〇〇六年、第四章第四節。

[16] これら二点について、現象学的な身身二元論はE・J・ロウの非デカルト的な実体二元論と見解を共有する。E. J. Lowe. *Personal Agency*（前掲書）を参照。

かすという過程としても理解できる。するとここには、現象的身体と物質的身体のそれぞれに、ボールとの因果的関係が認められることになる。これら二つの因果関係を同じ種類のものとみなすか、別々の種類のものとみなすかに応じて、現象学的な二元論には二つの異なる結論を引き出すことができる。そして、どちらの結論にも、一筋縄ではいかない問題が残される。

（1）二つの因果関係を同じ種類とみなすならば、先ほどの例は、物質的身体と現象的身体の両方が同じひとつのボールの運動を因果的に引き起すというケースであることになる。しかし、この結論には難点がある。ボールが投げられて動くことは、物質的身体とボールのあいだの因果関係によって十分に説明できるのではないだろうか。そうだとすると、現象的身体とボールのあいだに成り立つ因果関係は余計なものにならないだろうか。[17]

（2）こうした問題は、二つの因果関係を別種のものとみなすことで回避できる。現象的身体がボールを動かすという関係は、物質としてのボールの運動を説明する因果関係ではなくなるからだ。しかしそうすると、現象的身体によって引き起こされているボールの運動は、物質的な世界におけるボールの運動とは別のものでなければならない。つまりこの立場をとると、身体だけでなく、身体を取り囲む因果的な世界までもが、現象的なものと物質的なものに二重化されるのである。[18]だが、現象的な世界と物質的な世界は、完全に無関係であるわけではないだろう。では、両者はどのよう

[17] ここで指摘した問題は、「心的因果」に関する問題の現象学版である。この問題については、次の文献を参照。J・キム『物理世界のなかの心――心身問題と心的因果』太田雅子訳、勁草書房、二〇〇六年。また、反物理主義的な立場から心的因果の問題に解決を示すクレインの試みは、現象学的な二元論にヒントを与えてくれるだろう。T・クレイン『心の哲学――心を形づくるもの』植原亮訳、勁草書房、二〇一〇年、第二章。

[18] 古典的な現象学者たちのうちでこうした立場をとった人物として、A・プフェンダーとE・シュタインを挙げることができる。簡単な解説として、植村「現象学的実在論と感覚の関係説」（前掲論文）の第一節を参照。

に関係するのだろうか。これに説明を与えない限り、二種類の因果関係を区別する理由が十分に与えられたとは言えない。

第二の課題は、実在論と観念論のどちらの立場をとるのかをはっきりさせるというものだ。ここまでで論じてきた現象学的二元論は、物質的な身体を、経験およびそこに登場する現象的身体とまったく同等に扱ってきた。しかし、このような現象学的二元論を主張するためには、現象学的な観念論を退け、実在論な立場をとらなければならない。なぜなら、物質的身体をそれについての経験から独立させる語り方を、現象学的な観念論は許さないからだ。

この課題について考える際に、先に見た因果の問題を手掛かりにすることができる。まずはっきりしているのは、二つの因果関係を同種のものとみなす（1）の立場は、現象学的な観念論との相性がよくないということである。なぜなら、この立場は現象的身体と物質的身体を並列的に扱い、さらには後者に優位を与えてさえいるからだ。それに対して、現象的な世界と物質的な世界を区別して両者に別種の因果関係を認める（2）は、観念論的な枠組みのなかでも展開することができる。そればかりか観念論は、現象的な世界と物質的な世界のあいだの関係に一定の説明を与えることもできる。ただし、その説明にはさらなる問題も残される。順番に確認しよう。

現象学的な観念論は、現象的な世界に物質的な世界に対する優位を認めることで、両者の関係をはっきりさせる。観念論によれば、物質的な世界に何かが存在することは、それについての正しい定立的な経験が可能であることによって説明される。物質的世界は、正しい経験の可能性から独立的に存在することができないものとみなされるのである。こうした正しい経験の可能性とは、より正確には、現象的身体をともなった経験の可能性である。なぜなら、世界についての正しい経験を得るためには知覚経験が欠かせないからだ[19]。これが意味するのは、現象的身体とそれを取り巻く現象的な世界は、なんらかの仕方で、物質的な世界に先行するということである。

だが、現象的な世界の物質的な世界に対する優位（先行性）という主張は、私たちの経験が物質的な身体（やそれを取り巻く物質的世界）に依存しているという常識的な見解と衝突するのではないだろうか。こうして観念論的な身身二元論には、現象的な世界に与えられる優位とは何かをさらに説明することが求められる。経験のなかで登場する現象的な世界は物質的な世界に依存して登場しているにもかかわらず、物質的な世界は経験の可能性からまったく独立しているわけではない――こうした主張を明確化し、擁護しなければならないのである。この問題に答えることは、一筋縄ではいかないだろう[20]。

7 まとめ

経験としての心が存在するということを出発点とする以上、現象学にとって、心身問題は単に無視してすませることができない問題である。少なくとも、この問題を引

[19] 知覚経験の身体性については【3-3 経験の一人称性】の第5節を参照。

[20] この問題は、後期のフッサールが「（人間的）主観性の逆説《パラドクス》」と呼んだ問題を、心身問題という観点から定式化しなおしたものであるといえる（フッサール『ヨーロッパ諸学の危機と超越論的現象学』細谷恒夫・木田元訳、中公文庫、一九九五年、第五三節）。フッサールにおける主観性の逆説の問題とその意義については、田口茂『フッサールにおける〈原自我〉の問題――自己の自明な〈近さ〉への問い』（法政大学出版局、二〇一〇年）の第四章で詳しく論じられている。また、以下の文献では、フッサールの「基づけ」概念を独自に解釈し応用することで、ここで扱ったのと本質的には同じ問題に応えようとする試みがなされている。斎藤慶典『心という場所――「享受」の哲学のために』勁草書房、二〇〇三年、第一章。

き受けるかどうかについて、現象学的な哲学者は態度をはっきりさせなければならない。また、心身問題は現象学にとって、その他の問題から切り離して論じることができるローカルな問題ではない。心身問題に対する態度をはっきりさせるためには、現象学と形而上学の関係に対する自分の立場を決めることが必要になるからだ。そして、もし現象学が形而上学の問題を引き受けるならば、実在論と観念論の対立という問題は避けがたいものになる。

私たちは現象学を非形而上学的な営みとみなし、心身問題をお門違いのものとして拒否すべきなのだろうか。それとも、現象学に形而上学的な含意を認め、実在論的ないし観念論的な立場から、現象学的な身身二元論を擁護すべきなのだろうか。これらの選択肢のうち、どれが最も有望なのかはいまだ明らかではない。先に述べたように、存在するものについての一般的な探究、つまり形而上学は、現象学的なアプローチの可能性が多様な仕方で残されている未開拓の分野なのである[21]。

[21] 心の哲学への現象学的アプローチを概説したギャラガーとザハヴィの著作でも、形而上学的な心身問題は意図的に主題から外されている（S・ギャラガー&D・ザハヴィ『現象学的な心』石原孝二ほか訳、勁草書房、二〇一二年、一五頁）。ただし、ここで取り上げた現象学的な身身二元論は、現象学的な分析に先導された形而上学的立場であり、ギャラガーとザハヴィが警戒しているような、特定の形而上学的見解（たとえば物理主義）を現象学的分析に優先させるような考えかたにもとづくわけではない。

第6章　価値

価値があるということ、美しかったり善かったりするということは、誰かがある事象を価値があると見なしているということを意味するわけではないし、ある共同体のうちに、あるものを評価したり、愛したり、気に入ったり、欲求したりする一般的な傾向が存在するということを意味するわけでもない。

（E. Husserl, *Logik und allgemeine Wissenschaftstheorie*, Hua XXX, p.290）

誰もが絶対的になすべきことをもっており、〔そのような行為者の〕選択は「私は何をすべきか」という問いのうちでなされる。そして、私がなすべきことが複数ある場合には、「どれがいま私にとって必ずなすべきことなのか」という問いのうちでなされるのであって、たんに「善いものの〔客観的な〕比較においてより善いものはどれか」という問いのうちでなされるのではない。

（E. Husserl, *Grenzprobleme der Phänomenologie*, Hua XLII, p.390）

6-1

価値と価値判断

1　価値を見いだす経験

私たちの身の回りの**世界**は、**価値**をもったものであふれている。[1] 隣家の庭に咲いたあじさいの花、使い慣れたノートパソコン、道路工事の騒音、猛スピードで走る車、等々。これらはいずれも価値をもっている。それがもっている、美しさ、使いやすさ、不快さ、危険さといった性質は、「価値性質」あるいは単に「価値」と呼ばれる。それらはある対象がもっていたりもっていなかったりするものである。

何かが価値をもつというのはどういうことだろうか。価値は性質の一種だと考えられるが、物理的性質とは一見してだいぶ異なる種類の性質である。物理的性質とは、ある物体がしかじかのサイズと質量をもっているとか、ある出来事が別の出来事の原因であるとか、そのような性質である。対象がどのような物理的性質をもっているかは、私たちがその対象にどのような物理的性質があると思っているかということから、さしあたり独立していると考えられる。もし私が、東京スカイツリーの高さは三三三メートルだと勘違いしていたとしても、実際の高さが六三四メートルであること

[1]「価値をもっている」とか「価値がある」という言い方は、日常ではもっぱら、よい、美しい、有用である、といったポジティヴな価値をもつという意味で使われる。たとえば有名な画家が描いた絵やスーパーコンピューターなどは普通「価値がある」と言われるが、腐ったネギや公衆便所の落書きは普通「価値がない」と言われる。

だが他方で、善いとか美しいといったプラスの価値だけでなく、悪いとか醜いといったマイナスの価値も含む広い意味で「価値」という語が用いられる場合もある。ここでは後者の広い意味で「価値」という言葉を使う。

に変わりはない。私だけでなく、世界中の人が同じ勘違いをしていたとしても、スカイツリーの実際の高さが影響をこうむることはない。対象が物理的性質をもつことがどういうことなのかを説明するために、人々の考えや態度を持ち出す必要はない。少なくとも日常的にはそう考えられる。

これに対して、対象が価値をもつということは、私たちが対象に価値を見いだすことと無関係だとは考えにくい。心地よさや不快さのような価値は、対象について人がどう感じるかという反応から完全に切り離して考えることはできないように思われる。**芸術作品**の美しさや**行為**の道徳的な善さにしても、それらの対象に対する人々の態度からまったく独立に成り立つものだと考えるのは、あまり日常的な考えではない。たとえば、ある芸術作品が素晴らしいと言われるのは、それを鑑賞する人が——全員ではないにせよ——心地よさを感じたり人生の奥深さを感じたりといった肯定的な反応をするからではないだろうか。誰も肯定的な反応を示さない絵画が、それでも積極的な美的価値をもつなどということがありえるだろうか。ありえない、というのが普通の答えだろう。

対象が価値をもつことと、私たちが対象に価値を見いだすこと——現代の哲学者はこれを「**価値判断**」とか「評価的態度」と呼んでいる——との間には、何らかの関係がある。それは物理的性質と私たちの心的態度の間には見られないような関係である。では、この「何らかの関係」とはどのような関係なのだろうか。この問いは、価値について哲学的に考えるときの一つの出発点になるだろう。
メタ倫理学と呼ばれる哲学的倫理学の一分野では、この問いをめぐって長年議論が繰り広げられてきた。[2]ここでの目的は、そうした議論を紹介することではなく、この問いから出発して「現象学的に」考えるとどうなるかを実演することにある。そこで、対象に何らかの価値があるとみなしているときの私たちの経験のあり方に目を向けてみたい。[3]

2　価値判断に正しさを問えるか

「対象に価値を見いだすこと」とは、どのような経験なのだろうか。ある風景が美しいかどうか、ある人物が魅力的かどうか、ある行為が善いかどうか、といった事柄について、私たちはしばしば互いに食い違う見解をもつ。同じ対象について人々が互いに対立する価値判断を下すことがあるという事実は、価値判断が**主観的**なものにすぎないという考えの根拠として持ち出されることがある。この場合の「主観的」というのは、正しいか否かを**客観的**に決定することができないということを意味する。言ってみれば、価値判断は個々人の好みの表明にすぎず、中世から言われるように「好みについては論争できない（*De gustibus non disputandum est*）」というわけである。[4]

だが他方で、私たちは価値判断を理由によって**正当化**しようとしたり、対立する価

[2]　メタ倫理学の概観を得るには、赤林朗編『入門・医療倫理Ⅱ』（勁草書房、二〇〇七年、第Ⅱ部）が役立つ。

[3]　メタ倫理学が扱うさまざまな問題のうち、ここでは価値判断の客観性の問題に焦点を絞る。また、メタ倫理学では、ある行為を道徳的な意味で善い／悪いとみなす**道徳的判断**に特有のあり方を問題にする場合も多いが、ここでは主に価値判断一般のあり方を問題にする。そのため、価値判断一般と道徳的判断との違いには立ち入らない。道徳の領分に特有の問題は、【6-2　道徳】で扱う。
付け加えると、ここでの考察は道徳的判断だけでなく美的判断も射程に含んでいるため、美的経験の現象学と接続可能である。【7-2　美的経験、美的判断】を見よ。

[4]　この直観をメタ倫理学の理論へと洗練させたものが、A・J・エアやC・L・スティーヴンソンに代表される情動主義（emotivism）

値判断をもっている相手を説得しようとしたりすることがあるのも確かである。たとえば映画好き同士の議論を考えてみればよい。また、ある人が同じ対象の価値について以前とは異なる意見をもつようになったとき、以前の価値判断が「間違っていた」と言うことがある。そのような場合にも、人はまぎれもなく価値判断の正しさを問題にしている。

価値判断については正しさが問題にならないという考えと、それが問題になるという考えの二つが対立している。だが、この二つはもしかしたら両立するのかもしれない。価値判断と呼ばれているものの中に、正しさを問題にできるものとそうでないものがある、という可能性があるからである。

3　価値についての（見かけ上の）知識

この可能性が事実として成り立っているかどうかを考えるために、人が価値についての「**知識**」を問題にするときの語り方を手がかりにしてみよう。絵画などの芸術作品の価値については、素人よりも批評家のような専門家の方が「よく知っている」という言い方を、私たちはしばしばする。ある人がおこなった行為がどれくらい悪いことなのかについても、その行為がなされた状況を知らない人よりは詳しい人の方が、また倫理的判断能力に長けていない子どもよりは大人の方が、「よく知っている」と言われるだろう。私たちの日常的な言葉遣いは、人は価値について単に個人的な意見

である。A・J・エイヤー『言語・真理・論理』（吉田夏彦訳、岩波書店、一九五五年）、C・L・スティーヴンソン『倫理と言語』（増訂版、島田四郎訳、内田老鶴圃、二〇〇〇年）を参照。

をもつことができるだけでなく、知識をもつことができる、という考えを反映しているのである。

この日常的な考えは、もしかしたら誤りかもしれない[5]。価値についての知識と呼べるものは実際には存在せず、見かけ上の知識が存在するだけなのかもしれない。しかし、少なくとも見かけ上の知識が存在するという点は重要だと思われる。価値についての知識が本当は存在しないと主張する人は、私たちの日常的な直観を覆すだけの根拠を挙げなければならない[6]。

4　価値判断の正当化

価値について知っていると言われる人は、他の人とどう違うのだろうか。美術館で一枚の絵画を前にしたとき、批評家なら、それを優れた絵だと判断する理由を詳しく述べることができるだろう。構図の巧みさ、主題に込められた画家の意図、同時代における革新性、後世に与えた影響など、作品そのものとその背景についてのさまざまな知識が、価値判断の理由として挙げられうる。これに対して、素人が同じ絵を見る場合には、「なぜこれが良い絵だと思うのか」と尋ねられても、明確な理由を述べることはできないのが普通だろう。専門家の価値判断と素人の価値判断は、理由にもとづいているかどうかという点で異なる。（見かけ上にせよ）知識であるような価値判断と、そうでない価値判断との一つの違いは、正当化の有無にある。

［5］たとえばJ・L・マッキーは価値の実在を否定し、私たちのあらゆる価値判断は存在しないものについての誤った判断だと主張する。J・L・マッキー『倫理学──道徳を創造する』（加藤尚武監訳、哲書房、一九九〇年）参照。

［6］「価値についての見かけ上の知識を構成しているものは何か」あるいは「価値についての見かけ上の知識はどのような種類の経験によって実現されているのか」という問いを考察の中心に据えることで、私たちは価値についての**実在論**と**観念論**（反実在論）の対立の入り口にとどまることになる。言い換えれば、以下の考察はそうした対立についてはあえて中立であろうとする意図のもとで進む。だが、その先に進んで、価値についての実在論と観念論（反実在論）を擁護しようとする試みが、なおも現象学的でありうることは否定しない。実在論と観念論の対立一般と現象学のかかわりについては、【5−1　実在論と観

価値判断は正当化されたりされなかったりする。これは価値判断が他の種類の判断と共有している特徴である。スカイツリーの高さについての判断や最大の素数の存在についての判断も、正当化されたりされなかったりする。そして、他の種類の判断と同様に、価値判断も、正当化されていなければ知識にはなりえない。正当化を欠いた価値判断も価値判断には変わりないが、認識論的に不十分であり、いまだ知識とは呼べない価値判断なのである。このように考えるなら、「価値判断と呼ばれているものの中には正しさを問題にできるものとそうでないものがある」という先に述べた可能性は、実際には成り立たないことになる。あらゆる価値判断について正当化を問題にすることができる。価値判断の中には真偽を客観的に決定できないものがあるのは確かだが、そうした価値判断についても理由を問うことはできる。したがって、「あらゆる価値判断は主観的なものであり、好みの表明にすぎない」という考えは誤っている。

5 価値の見知り

さて、価値についての見かけ上の知識というものが存在するとして、それを支えているものは何だろうか。どのような意識の働きがそれを成り立たせるのだろうか。価値判断の理由になりうるものには、さまざまな種類がある。その中で特に重要な役割を演じているように思われるのが、対象の価値に自分で実際に「触れて」、「心を動か

念論】を見よ。

された」という経験である。[7]

あなたが一人の友人から、ある店のラーメンが美味しいと聞いたとする。その友人は嘘をついてあなたを騙したりはしないし、また信頼できる味覚の持ち主でもあるとあなたは信じている。そこで、自分ではまだその店のラーメンを食べたことがないにもかかわらず、あなたは「あの店のラーメンは美味しい」という価値判断をもつようになる。数日後、実際にその店でラーメンを食べてみると、たしかに美味しかった。実際に食べる前と後で、そのラーメンについてのあなたの価値判断は、言葉で表される内容のうえでは変わらない。しかし、二つのあいだには重要な違いがあると私たちは感じる。

別の例を挙げよう。美術評論家がある絵画について、書物から該博な知識を得て、それが素晴らしい作品だと判断していたとしても、もし彼がその絵を一度も見たことがなかったとしたら、彼の価値判断は空虚なものに思える。

これらの例が示しているのは、価値判断が対象の「**見知り**」をともなっているか否かの違いである。だが、対象の見知りは価値の見知りと必ずしもイコールではない。同じものを見たり食べたりしても、ある人は心を動かされるが、別の人は動かされないということがある。たとえば、二人で映画を見終わった後、一人はいかに素晴らしかったかを熱く語るが、もう一人は無表情に相槌を打つだけ、といった風景は容易に想像できるし、実際に経験したことがある人もいるだろう。対象に心を動かされなけ

[7] 以下、第7節までの内容については、八重樫徹「価値に触れて価値を知る――フッサールと情動の知覚説」、『フッサール研究』(第一三号、二〇一六年、一〇四―一一七頁(オンラインで入手可能))を参照。

れば、その対象の価値を本当に知っていることにはならない、という考えにはある程度の説得力がある。この考えを言い換えるなら、価値についての見かけ上の知識のいわば核をなすのは価値の見知りであって、価値判断の理由としてどれだけ対象に関する事実的知識や他人の評価を持ち出すことができたとしても、それらは価値の見知りの代わりにはならない、ということになる。[8]

6 心を動かされること

対象に触れて心を動かされることによって、私たちはその対象の価値を見知る。この描像が私たちの経験の実情にかなっているとしよう。これを足がかりにして現象学的に考えるとき、問題になるのは、「心を動かされる」という比喩で表されるものがいったいどのような意識のあり方なのか、ということである。

富士山の頂上から雲海を見渡したとき、ケルン駅前に立って大聖堂を見上げたとき、道路に横たわる猫の死骸を見たとき、遠くにいる旧友から久しぶりにメールをもらったとき、等々、さまざまな場面で私たちは心を動かされる。そのときに抱く**感情**はそのつど違っている。等しく「かなしみ」という言葉で表される感情であっても、いつどこで何に対して抱くかによって、その色合いは微妙に、場合によっては大きく、異なるだろう。

だが、それらの場面に共通して言えるのは、心を動かされるのに先立ってあらかじ

［8］　ここで問われていることがらをフッサールの用語で言い表すなら、「価値判断はどのような**作用**によって**充実化**されるのか」ということになる。この問いに対して、「価値判断の充実化においては価値の見知りが中心的な役割を果たす」という答えを与えようとしているのである。充実化の概念については、【4−1　思考と真理】を見よ。

め対象の価値を把握しているわけではない、ということである。心を動かされるとき、私たちは対象の価値にいわばはじめて「出会う」のであって、あらかじめ把握している価値に情緒的に反応するわけではない。対象の価値に出会う以前に、たとえば人から聞いたり本で読んだりして、何らかの価値判断を形成していたとしても、それは価値を把握していたのではなく、空虚な仕方で**先取り**していたにすぎない。[9]

7　情動の二側面

ここで「心を動かされること」あるいは「価値の見知り」と呼んでいる体験は、おそれ、かなしみ、よろこび、おどろき等々の私たちが日常的に抱く**情動**（emotion）と別のものではない。対象に対してそのような情動を抱くことそれ自体が、場合によっては、その対象の価値についての見知りでもある。

他方で、情動は与えられたものに対する反応という側面をもってもいる。あらゆる反応はそれに先立って与えられたものに対する反応であり、情動も同じである。

情動という一つの体験が、反応であるという特徴と、見知りであるという特徴の両方をそなえていると考えることに、とりたてて問題はない。対象について何らかの情動を抱くとき、私たちは経験に与えられた対象の性質（これ自体は価値ではない）に反応しつつ、対象の価値をはじめて把握する。たとえば、山でヒグマに出会ったときに感じる恐怖は、目の前にいるのが巨大な雑食性の動物であり、それと自分との距離

［9］知覚経験に典型的な先取り構造については、【2－1　経験の現象学的な分類とは何か】第3節を参照。

が逃げるのに十分なほど離れておらず、自分がそれに対抗できる武器をもっていない、等々、置かれている状況がもつ非価値的な性質に対する反応であると同時に、状況の危険さという価値についての見知りでもある。このように考えることができる。

M・シェーラーは、与えられたものに対する情緒的反応を「感情状態」と呼び、彼が「価値感得（Wertfühlen）」と呼ぶものから区別した。[10] しかし、そのように二種類の異なる体験があると考える必要はない。それらを峻別することはむしろ、価値の見知りを、私たちがふつうに認めている体験の分類の中に位置をもたない神秘的なものにしてしまうように思われる。[11]

8　価値の間主観性と相対性

すでに述べたように、すべての人が同じ対象に同じように心を動かされるわけではない。私たちが対象の価値とどのように出会うかは、私たち一人ひとりの文化的背景や性格や気分など、さまざまな要因に左右される。だとすれば、価値の見知りは客観性をもたないということになるのではないだろうか。

そう結論づける前に、二つのことに注意を払う必要がある。第一に、人と状況によって変わる価値との出会い方のすべてが知識としての地位を得るわけではない。第二に、対象の価値とは、唯一の確定した仕方で成立しているものではなく、さまざまなアスペクトが重なりあうようにして、ある種の不確定性をもっているものだと考える

[10]　M・シェーラー『倫理学における形式主義と実質的価値倫理学（上・中・下）』（新装版、吉沢伝三郎ほか訳、シェーラー著作集1―3、白水社、二〇〇二年）およびD. von Hildebrand, *Die Idee der sittlichen Handlung*. In: *Jahrbuch für Philosophie und phänomenologische Forschung*, Bd. 3, 1916.

[11]　情動という一つの体験が、反応としての側面と価値の把握としての側面の双方をもつという考えは、初期現象学周辺では、A・マイノング、E・シュタイン、A・コルナイに見られる。フッサールも、それほど一義的ではないが、そうした考えをとっていたと解釈できる。この点については、次の拙論を参照されたい。八重樫徹「価値把握と感情――フッサールの「価値覚」概念をめぐって」、『哲学雑誌』第一二八巻八〇〇号、二〇一三年。

また、これと対立するシェーラーやD・フォン・ヒルデブラントの立場を支持する現代の論者に、

ことができる。この二点を順番に見ていこう。

第一の点は、対象との情緒的出会いの適切さにかかわっている。友人から誕生日プレゼントをもらったら、多くの人はポジティヴな仕方で心を動かされるだろう。怒りや悲しみのようなネガティヴな情動を抱く人がいたとしたら、何か特別な事情があるのだろうかと疑問に思う。たとえば、その人が金属アレルギーをもっていて、そのことを相手も知っているにもかかわらず、金属製のネックレスを贈られたとか、そのような事情があれば、その人のネガティヴな情動は理解可能になる。そういった事情が何もないとしたら、その人の心の動かされ方は不適切だったと言わざるをえない。対象による心の動かされ方には、適切なものとそうでないものがある。価値の見知りを得たと認められるのは、人が適切な仕方で心を動かされた場合だけである。

このことは、価値が単に主観的なものではなく、客観的あるいは**間主観的**[12]なあり方をしていることを示唆している。もし、対象に心を動かされるさまざまな仕方のすべてが価値についての知識の源泉になるのだとしたら、心の動かされ方が変われば対象がもつ価値も変わるということになる。しかし、実際には、情緒的出会いのうちのあるものは、不適切なものとして排除される。そして、それが適切か不適切だと判定する権限は、情緒的出会いをまさに体験しているときの当事者だけにあるのではない。ある態度や行動が適切かどうかは、当人がそれを適切だと思っているかどうかとは無関係に決まる。適切さというものは、単に個人的な事柄ではない。心を動かされる仕

K・マリガンとI・ヴェンドレル＝フェランがいる。K. Mulligan, "On Being Struck by Value," in B. Merker (ed.), *Wohin mit den Gefühlen?*, mentis Verlag, 2009; I. Vendrell-Ferran, *Die Emotionen*, Akademie Verlag, 2008.

[12] ここでの「間主観的」は、フッサール現象学のテクニカル・タームとしてではなく、「複数の主観に共有される」という一般的な意味で用いている。よりフッサール的な意味での間主観性の問題（つまり経験主体の複数性の問題）については、【5−1 実在論と観念論】第5節で触れた。

方の適切さが問題になるときにも、個人を超えた間主観的な妥当性が問題になっている。それゆえ、対象がどのような価値をもつのかも間主観的な事柄だと考えなければならない。とはいえ、情動の適切さや対象の価値が実際に一義的に決定できるかどうかはまた別の問題である。

第二の点は、一見したところ、第一の点とは反対の考えを示唆しているように思える。それによれば、価値についての唯一の確定した**真理**はない。もし、第一の点が示唆するように、価値が間主観的なものだとすれば、価値についてのさまざまな見方を比較し、適切なものを選び出すことで、唯一の正しい見方が得られるのではないだろうか。だが、実際にはそのようなことはない。あるいは少なくとも稀である。豚肉を食べることに対して、世界中の人々が同じ情緒的出会いを体験するようになることはおそらくないだろうし、よいと思う人々と悪いと思う人々のいずれかが間違っていると判明することもありそうにない。

私たちが生きている生と世界の複雑さに対応して、価値もまた複雑なあり方をしている。単一の閉じた社会の中で、自分とよく似た人々に囲まれて生きているぶんには、価値の単純性を信じることができるかもしれないが、私たちが現実に置かれている状況はそれを許さない。ここで私たちは、「価値判断の正しさについてはいっさい語りえない」とか、「価値は対象がもったりもたなかったりするものではない」といった極端な考えをとらなければならないのだろうか。

9　情動と価値の相互依存

そのように考えるのは早計だろう。現象学的に見れば、「価値についての唯一の確定した真理が存在する」という実在論と、「価値についての真理などそもそも存在しない」というニヒリズムとの間のジレンマは見せかけのものにすぎない[13]。価値の領域においては、たしかに複数の互いに対立する判断が主張可能である。しかし、だからといって、対象が現実にもつ価値というものを想定したり探究したりすることが無意味だということにはならない。私たちが「本当の価値」と呼ぶものは、適切な情緒的反応の相関者であり、前者を特定するためには後者を参照する必要がある。また、適切な情緒的反応の方も、それが何に対する反応なのか、それを通じて対象にどのような性質が帰属されるのかを特定することなしには、どのような反応なのかを特定できない。要するに、価値と適切な情動は相互に依存しあっているのである。

こうした価値と情動のカップリングは、決して固定したものではないし、一元的なものでもない。それは私たちの生活が歴史的に変化していく中で生成してきたものであり、異なる歴史をもった共同体は、異なる価値と情動のペアを有している。平安時代の人々が「をかし」という言葉を使う場面と現代の平均的な日本人が「面白い」という言葉を使う場面を比べてみたり、後者を現代の平均的なアメリカ人が"funny"という言葉を使う場面と比べてみたりすると、理解しやすいだろう。

私たちが手にしている情動と価値のシステムは、外部からの影響や意図的な変革へ

[13]　このことを強く主張したのは、英国の哲学者D・ウィギンズである。D・ウィギンズ『ニーズ・価値・真理――ウィギンズ倫理学論文集』(大庭健・奥田太郎編訳、勁草書房、二〇一四年)所収の論文「真理・発明・人生の意味」および「賢明な主観主義?」参照。

の努力によって、徐々に変わっていく。しかし、それをまるごと捨てたり、他のものと取り替えたりすることはできない。自前の情動と価値のシステムの内部でしか私たちは価値について語ることはできないのだから、適切な情緒的反応の相関者は単なる見かけ上の価値ではなく、本当の価値そのものなのである[14]。

こうした考えは、私たちの価値へのかかわりの実情をとらえているように思われる。むしろ疑わしいのは、対象がもつ価値性質と私たちがもつ評価的態度がそれぞれ独立に同定できるという考えである。見せかけのジレンマをなしていた実在論とニヒリズムは、いずれもこの疑わしい考えにもとづいている。

ここで示した方向性は、価値と評価的態度との関係を考える際にとりうるさまざまな方向性のうちの一つにすぎない。しかし、どのような結論に行き着くにせよ、見せかけの理論的対立にとらわれることなく、私たちの生の実情に忠実に考えることが重要である。こうした生への忠実さこそ、他の場合と同じく、価値について考えるときにも、現象学的な思考の根本にあるモチーフだといえる。

[14] 反応と価値が相互に依存しあっているというウィギンズ的な考えは、現象学の伝統とそれほど縁遠いものではない。フッサールは『論理学研究』で、真理と明証的判断作用が相関関係にあるという考えを表明し、これを後に**超越論的観念論**へと練り上げていった。中期以降の彼の立場では、対象が現実にしかじかのあり方で存在することと、その対象についてのしかじかの理性的**定立**が可能であることは、同値関係にある。この立場を価値の領域に適用するなら、ウィギンズの理論と——力点の置き方の違いはあるかもしれないが——実質的には近い立場が得られる。実際、価値に関するフッサールの断片的なテキストからは、彼がそのような立場をとっていた（あるいは、とろうとしていた）ことがうかがえる。

道徳

ここでは、現象学の立場から、道徳をめぐる問題に取り組むことになる。現代にいたる道徳哲学において、功利主義や義務論がよく知られ、大きな影響を与えている。まずは、そうした立場を紹介したうえで、それらが抱える問題点を明らかにする。そのうえで、道徳の経験を解明する現象学が、道徳哲学に対してどのような貢献をなしうるかを検討してみたい。

1　道徳的価値

私たちが世界のさまざまな対象を経験するとき、それらが何であるのか、どのようにあるのかを認識するだけではない。私たちは芸術作品を鑑賞したり、道具を使用したりすることで、対象性のもつ「美しさ」や「使いやすさ」などの価値にかかわっている[1]。そうした価値のなかには、美や有用性のみならず、道徳的な善悪をめぐる**道徳的価値**がある。道徳的価値は、私たちがさまざまな対象性にどのようにかかわる「べき」であるかという**行為**の指針を示していると言うことができる[2]。道徳的な善さはそ

[1]　M・ハイデガーにおける道具使用の分析については、**【1−1　現象学の特徴】**第2節を参照。ただし、ハイデガーは、道具の使用において価値にかかわるという発想を批判している。ハイデガー『存在と時間』（翻訳多数）、第一五節、第二〇節。

[2]　行為については**【2−2　知覚からはじめる経験の分類】**第7節を参照。道徳的に評価されうる行為の身分についての徹底した考察としては、古田徹也『それは私がしたことなのか――行為の哲学入門』（新曜社、二〇一三年）がある。

れを実現するように私たちの行為を導き、道徳的な悪さはそれを避けるように導くという「**指令性**」をもっている[3]。もちろん、そうした価値は行為の方向性を必然的に決定するわけではなく、そうした指針から外れた行為がいたるところに見いだされる。しかし、そのような行為は、規範に反したもの、「そうするべきでないもの」として否定的に評価される。

現象学は、私たちが価値を経験する場面に依拠しながら、いかなる価値がどのように行為を導くのかという観点から、道徳をめぐる問題に取り組むことになる。道徳的価値はどのような特徴をもっているのだろうか。私たちはどのようにして道徳的価値に導かれて行為するのだろうか。次のような場面を考えてみよう。高校時代の旧友と久しぶりに再会したとき、食事のために近所のレストランに入った。私はいつものように鶏肉の料理を注文し、友人にも「安価」で「美味しい」と薦めてみた。しかし、彼はサラダと卵の料理を注文して、「動物の苦しみを考慮して、肉を食べないことにしている」と言った。友人の行為は料理の味や価格ではなく**動物**の苦痛にかかわる価値によって導かれており、友人を前にして私の食肉の行為の**正当性**があらためて問われることになる[4]。

2　幸福の追求

哺乳類や鳥類などの痛覚をもっている動物は、人間と同じような苦痛を感じている

[3]　R・M・ヘアは、「指令性」のほかに、「普遍化可能性」「優越性」を道徳性の特徴として挙げている（R・M・ヘア『道徳的に考えること――レベル・方法・要点』内井惣七・山内友三郎監訳、一九九四年、八一－八七頁）。

[4]　動物の命の問題を手がかりとした倫理学の入門書として、伊勢田哲治『動物からの倫理学入門』（名古屋大学出版会、二〇〇八年）がある。近代道徳哲学全般についての優れた入門書としては、J・レイチェルズ&S・レイチェルズ『現実をみつめる道徳哲学――安楽死・中絶・フェミニズム・ケア』（新版、次田憲和訳、晃洋書房、二〇一七年）がある。

かもしれない。[5] とりわけ**工場畜産**という飼育状況においては、精肉に至るまでの過程において、動物はかなり大きなストレスを感じている。[6] 私たちが鶏肉を食べることで、いつのまにか多くのニワトリが苦痛を感じるとすれば、私たちは可能なかぎり食肉を控えるべきであろう。感覚器官をもった生物が狭いケージのなかで激しい苦痛を感じるならば、その生物が不幸になると考えられる。多くのニワトリが苦痛を感じるという**事態**は、この世界のなかで**不幸**が蔓延していることを意味し、マイナスの価値をもっている。このような事態の改善に向かう行為が道徳性を担うのであり、そのとき道徳は、世界になるべく多くの**幸福**を生みだし、不幸を取り除くことを示している。「**最大多数の最大幸福**」[7] という表現は、世界内における幸福の増大を道徳性の原理とすることを意味している。最大多数の最大幸福を道徳の目標とする立場は、誰かにとっての「**功利性**」[8] の促進を道徳の原理と見なすことから、「**功利主義**」と呼ばれている。

こうした立場は、たとえば人間という特定の生物種や成人男性という特定の集団だけを特別視して、その幸福のみを配慮するわけではない。あくまでも世界のなかでの快苦にかかわる事態が念頭におかれ、苦痛の除去による幸福の増大が目指されている。したがって、何らかの種や集団があらかじめ特定されるわけではなく、あくまでも、世界のなかでの幸福の増大が道徳性の基準となる。幸福を考慮するときには、人種や性差はもちろん、場合によっては生物種の差異も乗り越えられねばならず、道徳性の

[5] 痛覚が道徳的配慮の基準になることについては、J・ベンサムを参照。「問題なのは、理性を働かせることができるかどうかとか、話すことができるかどうかではなくて、苦しむことができるかどうかである」(J. Bentham, *An Introduction to the Principles of Morals and Legislation*, J. H. Burns & H.L.A.Hart (eds.), Clarendon Press, 1996, p. 283)。

[6] 現代の工場畜産をふまえて、P・シンガーは「動物解放論」を展開している(P・シンガー『動物の解放』改訂版、戸田清訳、人文書院、二〇一一年)。

[7] J. Bentham, "*A Comment on the Commentaries and A Fragment on Government*", in J. H. Burns & H. L. A. Hart (eds.), *The Collected Works of Jeremy Bentham*, The Athlone Press, 1977, p. 393.

[8] 「功利性の原理とは、その利益が問題となっている人々の幸

わかちがたい要素として、さまざまな種や個体に対する**公平性**が見いだされることになる。[9] ここからは、人間と動物という種のあいだの差異が乗り越えられ、痛覚をもつあらゆる生物が**道徳的配慮**の対象となるべきという発想が生まれる。

3　生物学的生と伝記的生

しかし、ほんとうに苦痛はそれだけでそれを感じる者を道徳的に配慮するための十分な理由でありうるのだろうか。私たちはしばしば身体的苦痛と引き換えに何かそれ以上のものが手に入るならば、その苦痛を除去しようとはしない。たとえば、出産や虫歯の治療に激痛がともなうとしても、それらをただちに避けることにはならないだろう。もしも苦痛の除去が道徳の目標そのものであるならば、苦痛を避けるために死へと導くことさえ道徳的に正当化されるかもしれない。[10] しかし、安楽死のように苦痛の除去ゆえに死が許容されるのはそれなりに限定された事例であり、その許容にあたっても病状や本人の意思の確認などの厳しい基準が設けられるべきであろう。たいていの場合には、苦痛の除去よりも**個体の生**の維持が優先されるのであり、苦痛を避けるためだけに生全体を死に至らしめることは正当化されにくい。道徳的価値にとっては、個体の生という観点が大きな意味をもつように思われる。快楽や苦痛の総量という観点からのみ世界のなかでの幸福を考察するのであれば、個体の生そのものの価値を見積もり損ねてしまいかねない。

福を、増大させるように見えるか、それとも減少させるように見えるかの傾向によって、〔…〕すべての行為を是認し、または否認する原理を意味する」（ベンサム「道徳および立法の諸原理序説」山下重一訳、『世界の名著38』中央公論社、一九七九年、八二頁）。

[9]　こうした功利主義は、男女の性差をめぐる「性差別」や生物種をめぐる「種差別」などを批判する理論として展開される（J・S・ミル『女性の解放』大内兵衛・大内節子訳、岩波文庫、一九五七年。シンガー前掲書）。

[10]　功利主義が安楽死を正当化する理論になりうることについては、以下を参照。J・レイチェルズ『生命の終わり――安楽死と道徳』加茂直樹監訳、晃洋書房、一九九一年、第九章。

したがって、個体の生に目を向けて、どのような生がどのような場合に道徳的に配慮されるべきかを考察すべきである。そのときには、痛みを感じるという共通性だけを取りあげて、そのような生物の命をすべて同じように配慮すべきということにはならない。ほとんどの動物の生死があくまでも生物学的・生理学的水準において理解されるのであれば、そうした動物の生死と人間の生死は根本的に異なった価値をもつかもしれない。人間の死は、生命機能の停止より以上のものとして、エピソードとして語られる人生の全うという意味をもっている。人間の生はさまざまな**物語**によって**表現されうる伝記的なもの**であり、例えば子供の成長を見届けてから死ぬことは、親としての生涯の全うとして肯定的に受け止められる。ときには、私たちは人間らしい生のために安楽死を選択したり、何らかの**使命**ゆえに自らの命を犠牲にしたり、「**伝記的生**」を意味あるものにするために「**生物学的生**」をすすんで犠牲にすることさえある[11]。人間が生きたり死んだりするのと同じ意味において、動物は生きたり死んだりすることができないのであり、動物の死と人間の死とを同列に扱うことはできない[12]。ここから、生物学的生と伝記的生とを同列に扱うことは、ほんらい尊重すべき価値を軽視することになるという主張を展開できるかもしれない[13]。

４　人格の尊重

伝記的生を生きる者には生物学的生だけを生きる者にはない能力や特性をもってい

[11]　伝記的生と生物学的生については、J・レイチェルズ『倫理学に答えはあるか』（古牧徳生・次田憲和訳、世界思想社、二〇一一年、第三章、第五章）を参照。物語が人生の意味において果たす役割については【9−1　人生の意味】を参照。

[12]　ハイデガーによれば、動物は人間と同じ意味において「死亡する・死ぬ」ことはない。「死亡する（sterben）という意味で現存在が世界外に去って他界することとは、たんに生命あるだけのものが世界外に去ることとは区別されねばならない〔…〕。」（ハイデガー『存在と時間Ⅱ』原佑ほか訳、中公クラシックス、二〇〇三年、二六五頁）。「動物は死ぬ（sterben）ことはできないのであって、われわれは死ぬということを人間だけに言えるものと認めるので、そのかぎりで、動物はただ命果てる（verenden）ことができるだけなのである」（ハイデッガー『形而上学の根本諸概念』ハイデッガー全集第二九－三〇巻、川原栄峰ほ

て、それらが独自の価値を担っていると言えないだろうか。伝記的生を全うするためには、その当人が物語によって自己を**理解**したり、自己を表現したりする能力が必要とされる。さまざまな人生の物語を描きながら、どの物語が優れているかを熟慮するためには、言語能力や反省能力が不可欠であるだろう。私たちは単に快不快を感じるだけではなく、どのような自己であるべきかという「**実践的アイデンティティ**」[14]を追求しており、自己の生を**自己形成**の**目的**と見なしている。このようにして自己を目的として生きる者は、古典的な倫理学の伝統のなかで「**人格**（person）」と呼ばれている[15]。人格は、単なる自然物や生物とは異なった**尊厳**をもっており、このような人格を尊重することが道徳上の**義務**になる。人格に道徳的価値を認めて、人格を尊重することを道徳的義務と見なす立場は、「**義務論**」と呼ばれる。自分であれ他人であれ、人格のもつ人間性は、単に**手段**として利用されるのではなく、「目的」として尊重されねばならない[16]。したがって、他人から金銭を騙しとるために約束を破ること、生きているのが苦しいゆえに自殺することなどは、相手や自分の人格を一時的な欲求を満たすための手段として利用するゆえに、道徳的に避けるべきこととされる。人格は、反省によって自己がどうあるべきかを考察し、自己を統制するような**自律**した主体である。人格は、単に道徳的配慮が向けられるべき対象、つまり**道徳的配慮の受け手**（moral patient）であるのみならず、みずからが熟慮して行為する**道徳的行為者**（moral agent）でもある。

か訳、創文社、一九九八年、四二〇頁）。

[13] M・シェーラーは独自の価値の階層理論に依拠して、そうした価値の転倒をルサンチマンと特徴づけている（M・シェーラー「道徳の構造におけるルサンチマン」林田新二・新畑耕作訳、『価値の転倒（上）』シェーラー著作集4、新装版、白水社、二〇〇二年、四九－二三〇頁）。

[14] C・コースガード『義務とアイデンティティの倫理学』寺田俊郎ほか訳、岩波書店、二〇〇五年、一一八頁。

[15] 現代の哲学（応用倫理学を含む）では、「パーソン」が私たち自身を表す日常的な語であることから、「人格」ではなく「人」「ひと」などと訳されることもある。鈴木生郎ほか『ワードマップ現代形而上学』新曜社、二〇一四年、二八頁。

人格を尊重することが道徳的義務であるとすれば、私たちは動物とどのようにかかわるべきであろうか。ほとんどの動物は人間のような言語能力や反省能力をもたず、人間を相手に**約束**することもできない[17]。つまり、動物は自律主体としての人格ではないので、その利益がそれ自体で尊重される必要はないように思われる。動物はあくまでも目的として尊重されるべき人間の手段にすぎないのであり、ペットの犬の苦痛は、飼い主の人格を傷つけるかぎりで配慮されるべきである[18]。とはいえ、義務論のあらゆる立場が動物への道徳的配慮を不要と考えるわけではない。目的、自己形成、自律などの概念を拡張することで、動物にもある種の人格性を認めることができるかもしれない。動物は人間とは異なるかたちでそれなりに自己形成をしていて、自己を目的と見なす可能性はないだろうか。人間にとっては道徳的に自己を形成することが義務になるのと同様に、動物にとっては生命としての自己を維持することが義務となり、動物の振る舞いを規範的に方向づけているかもしれない。そのようにして動物も動物自身にとって目的でありうるのであれば、動物なりの自律が尊重されるべきということになるだろう[19]。

5　近代道徳哲学

功利主義者にとっては、何らかの動物が（たとえばエビが）人間と同じような苦痛を感じうるか、義務論者にとっては、人間の実践的アイデンティティの形成と動物の

[16]　「汝の人格の中にも他のすべての人格の中にもある人間性を、汝がいつも同時に目的として用い、決して単に手段としてのみ用いない、というようなふうに行為せよ」（I・カント『人倫の形而上学の基礎づけ』野田又夫訳、中公クラシックス、二〇〇五年、二九八頁）。

[17]　約束についての現象学的考察については、【8－2　約束】を参照。

[18]　カントによれば「動物は自分自身を自覚しないという意味で、単に手段として存在しているにすぎない」（P・メンツァー編『カントの倫理学講義』小西國夫・永野ミツ子訳、三修社、一九七九年、三〇六頁、訳語を一部変更した）。

[19]　山口裕之『ワードマップ　認知哲学――心と脳のエピステモロジー』新曜社、二〇〇九年、一〇四－一一一頁。コースガード前掲書、一七一－一八九頁。

生命の自己保存との同型性がどこまで認められるかが大きな問題となるだろう。苦痛を感じうるかどうか、自己を目的と見なしうるかどうかが、ある生物を道徳的に配慮するための基準であり、この基準は認知科学的・社会学的考察などに根ざして客観的に確定されうる。[20] 功利主義や義務論のような**近代道徳哲学**において、公平性は道徳性に必要不可欠なものであり、道徳はあくまでも行為者に中立的なものであらねばならない。[21] たとえば、ペットが飼い主にとってもつ特別な意義ではなく、あくまでも動物の痛覚や反省能力の有無などが焦点となる。このような道徳哲学の理想は、安楽死や中絶や屠殺が許されるものとそうでないものとのあいだに明確な**線引き**をすることにある。こうした線引きによって道徳的に配慮を要するものたちからなる**道徳的共同体**を理論のうえで確定するならば、道徳哲学はその役割を果たしたことになる。[22]

しかしながら、こうした近代道徳哲学の理論は、いくつかの大きな問題を抱えているように思われる。まず、道徳性の要件に公平性を含める立場は、しばしば道徳的行為の**動機づけ**の問題に悩まされる。たとえば、ある種の功利主義者は動物の苦痛に着目して、道徳的配慮の必要性を明らかにし、ベジタリアンとして生きることの正当性を主張する。しかし、動物が痛みを感じること、その点において動物と人間とを平等に扱う必要があることを理論のうえで正当化できても、そのような理論がただちに実践における**生き方**にまで影響を及ぼすとはかぎらない。ベジタリアンが正しいことが論証されたとして、なぜそのような生き方を自分のものとして引き受けなければなら

[20] 胎児をめぐってもこのような問題設定がなされている。江口聡編・監訳『妊娠中絶の生命倫理―哲学者たちは何を議論したか』(勁草書房、二〇一一年)に所収のM・トゥーリー&M・A・ウォレンの論文を参照。

[21] 近代道徳哲学の特徴づけや問題点については、以下も参照。B・ウィリアムズ『生き方について哲学は何が言えるか』森際康友・下川潔訳、産業図書、一九九三年、第五章、第一〇章。

[22] 以下の著作は、このような道徳哲学の限界をめぐる問題に取り組んでいる。M・C・ヌスバウム『正義のフロンティア――障碍者・外国人・動物という境界を超えて』神谷裕子訳、法政大学出版局、二〇一二年。品川哲彦『正義と境を接するもの――責任という原理とケアの倫理』ナカニシヤ出版、二〇〇七年。

ないのだろうか。[23] ペットを飼った経験のある人とそうでない人、工場畜産について一定のイメージをもつ人とそうでない人、平等を重んじる人とそうでない人などに応じて、食肉の行為を改善する動機づけの働き方は異なっている。少なくとも、正しい理論にしたがうことが当人の生き方にとってそれなりの大切さをもたないかぎり、道徳理論がただちに道徳的行為を動機づけることにはならない。にもかかわらず、近代道徳哲学はしばしば、何を大切にして生きるのかという生き方の問題を未解明のままに放置してしまう。[24]

さらには、道徳哲学は明確な基準による**線引き問題**に取り組む点において、ある種の問題をかかえているように思われる。たとえば、何らかの障がいをもって生まれた（たとえば無脳症の）新生児と無脊椎動物とがともに痛みを感じないとする。あるいは、認知症の患者と実験用の動物とがともに言語能力や契約能力を欠いているとする。このとき、そうした能力の欠如という論点は、それら生命を奪うことを原則的に許容する理由になるのだろうか。公平性を重視する道徳理論は客観的基準による線引きをするうえで、しばしば無脳症の新生児や認知症の患者と実験用の動物とを同列に扱うべきかどうかという問題に巻き込まれる。しかし、新生児の親や患者の家族にとっては、そもそもこのような線引きが道徳的問題として生じるわけではなく、そのように考察されることを拒むかもしれない。[25] この点を軽視する道徳哲学の取り組みは、親や家族の経験が根ざす具体的状況から遊離してしまい、理論によって現実を断ち切

[23] これは功利主義者のシンガー自身によって立てられた問いである（P・シンガー『実践の倫理』新版、山内友三郎・塚崎智監訳、昭和堂、一九九九年、第一二章）。

[24] H・G・フランクファートは、正しさや善さにかかわる道徳とは別に、大切さにかかわるケアの問題を考察している。H. G. Frankfurt, *The Importance of What We Care About*, Cambridge University Press, 1988. 大切さについては、【9-1 人生の意味】を参照。

[25] E・F・キテイの「親の現象学」を参照（E. F. Kittay, "At the Margins of Moral Personhood," *Ethics*, 116 (1), 2005, pp. 100-131）。この点については池田喬の指摘を参照（T. Ikeda "Commentary: On Crossing the Line between Human and Nonhuman: Human Dignity Reconsidered." in A. Akabayashi (ed.), *The Future of Bioethics: International Dialogues,*

ることになりかねない。

6　道徳経験

こうしたことは、近代道徳哲学の理論のもっている意味の再検討をうながしている。幸福の追求であれ、人格の尊重であれ、道徳の原理は、**個別的状況に適用**されることで機能する。そのうえ、道徳の現場においては、状況から切り離された原理原則に基づく判断がつねに求められているわけではない。一般的に動物を殺してよいかどうかという問いが抽象的に立てられ、考察されるわけではなく、私たちがどのようにして動物に出会っているのか、さらにそのときにいかに振る舞うべきかが問題になる。[26] たとえば、通常は動物の屠殺をためらうことのない酪農家が、放射能汚染により家畜の殺処分を命じられるとき、自分のやろうとすることに戸惑い、「動物を殺さなければならないのか」という問いに直面する。道徳の問題は、このような状況のなかで生じているのであり、そのような状況を無視して考察できないだろう。

現象学的倫理学は、経験にとどまりながら、そこで道徳規範が機能する場面に眼を向けようとする。何らかの具体的状況のなかで善悪に関する価値が意識されて、それが行為者を実際に動機づける場面のことを「**道徳経験**」と呼ぶことにしよう。[27] たとえば、ベジタリアンの友人が動物の苦痛を配慮してサラダを注文するとき、さらに私がその友人の影響でベジタリアンになるとき、道徳経験が生じている。これは、真理の

Oxford University Press, 2014, pp. 171-176.)。

[26]　現象学的背景をもつ哲学者による動物との出会いをめぐる分析として、以下のものがある。オルテガ・イ・ガセー『狩猟の哲学』西澤龍生訳、吉夏社、二〇〇一年。

[27]　道徳経験をめぐる問題については、以下も参照。U. Kriegel, "Moral Phenomenology: Foundational Issues," *Phenomenology and the Cognitive Sciences* 7, 2007, pp. 1-20. 道徳経験の現象学的解明が、隠れてはたらく規範をとり出すことにつながる点については、以下を参照。品川哲彦「隠れたしかたで働いている規範」、日本倫理学会編『規範の基礎』慶應通信、一九九〇年、一〇三－一一七頁。

経験とある程度まで類比的に語ることができるだろう。「母親がドアをノックした」ことが真理として経験される場面を想い起こしてみよう。そこでは、予想（志向）が当たるという「充実化」がなされており、母親がノックをしたことを示す証拠をともなった「明証的な経験」が生じている。[28]しかも、どのような経験が充実化されるかについては、経験のネットワークによって決定される。同様に、道徳経験においても、具体的状況のなかで「…は許されるかどうか」という思考が充実化され、「…は許されない」などの明証的な経験が生じることになる。こうした経験の仕組みをもう少し詳しく解明することができるだろう。

道徳経験には、（1）**自己**にかかわる契機、（2）**他者**にかかわる契機、（3）**状況**にかかわる契機がある。

（1）そこでは、道徳規範がただ意識されていたり、理論のうえで正当化されていたりするわけではなく、その規範がその行為者にとって「大切なもの」という意味をもっており、このことが行為の動機づけを実効的なものにしている。道徳的価値は自己の**人生の価値**（**人生の意味**）と独立に考察されうるが、両者が結びつかないときには、道徳的価値は動機づけの力を失うことになりかねない。[29]私たちが動物の苦痛を無視できなかったり、人間と動物の不平等を容認できなかったりするとき、動物をも含めた「平等」という価値や家族同様の存在としての動物の価値が、私たちの実践的アイデンティティに深いかかわりをもっている。そのときには、平等や家族を重んじる

[28]【4―1 思考と真理】参照。

[29] M・ストッカー「現代倫理理論の統合失調症」安井絢子訳、加藤尚武・児玉聡編・監訳『徳倫理学基本論文集』勁草書房、二〇一五年。人生の意味については、【9―1 人生の意味】を参照。

者としての自己のアイデンティティと齟齬をきたすために、私たちは食肉をすることが「できない」[30]のである。

（２）さらには、道徳経験の基本的な場面においては、経験がかかわる他人を尊重する関係が成立している。他人を事物ではなく「顔」をもった相手として経験することが、道徳経験の根幹を形成している。[31]目の前において出会う他人を他人として受けとめるとき、相手がそのまま容認されており、そのことがたとえば挨拶や対話をするという行為のうちで具体化されている。通常の場合には、それは人間関係と呼ばれるような人間同士の関係であるが、人間と動物との関係をそこから排除するわけではない。幸福の増大や人格の権利の尊重という原理が道徳経験を導いているのではなく、相手との対面が道徳経験に不可分の契機となり、それを方向づけている。[32]

（３）道徳経験の成立は、行為者やその経験のネットワークに依存している。たとえば、動物とともに暮らしたことがあるかどうか、動物の屠殺の現場を見たことがあるかどうか、工場畜産の飼育状況についての知識をもっているかどうか、ベジタリアンの友人がいるかどうか、動物の肉以外の栄養源が身近にあるかどうかなどの経験の状況は、動物を殺すことの是非をめぐる道徳経験の成立を条件づけるだろう。工場畜産についての知識によって、動物が顔をもった相手として経験されるようになるかもしれない。あるいは、アザラシの肉をタンパク源とするしかない時代や地域の人々には、そうした道徳経験の可能性が事実上あらかじめ閉ざされているだろう。このよう

[30]　フッサールは「私はやはりそうすることができないであろう」という実践的不可能性について語っている（『イデーンⅡ－2』立松弘孝・榊原哲也訳、みすず書房、二〇〇九年、一〇九頁）。H・アレントは、全体主義のもとでも維持されうる道徳性を「わたしはそんなことはできない」のうちに見いだしている（H・アレント『責任と判断』中山元訳、ちくま学芸文庫、二〇一六年、一〇三頁）。

[31]　「顔」は、E・レヴィナスに由来する概念である。E・レヴィナス『全体性と無限――外部性についての試論』合田正人訳、国文社、一九八九年。以下も参照。小手川正二郎『甦るレヴィナス』水声社、二〇一五年。

[32]　P・ベナーは、相手を配慮する礼儀作法が道徳の前提になることに注目している。P・ベナー『エキスパートナースとの対話』早野真佐子訳、照林社、二〇〇四年、二三七－二四七頁。

に、道徳経験の成立は、経験のネットワークという状況に依存するのである。

このようにして、現象学は道徳経験を分析することで、私たちと道徳的価値とのかかわり方を明らかにする。それは、どのような状況にも妥当するような原理に根ざした理論を形成して、そこから日常の直観の対立を調停するわけではない[33]。むしろ、道徳が道徳として経験されることの意味を明らかにしたり、そのつどの状況のなかにおいて、道徳的価値が規範として機能する具体的な条件を示したりする。たしかに、道徳の要件に普遍化可能性を含め、考えられるあらゆる状況を視野に収めようとする立場からすれば、はじめから特定の状況だけを見すえようとする倫理学など、許容しがたいかもしれない。しかし、道徳哲学の課題の比重が、普遍性をもった理論を確立することよりも、道徳をめぐる問題に実際に巻き込まれている人々の生き方に目を向けて、ときにさまざまな立場の対立を調停することにあるとしたらどうだろうか。理論が直観における対立を調停するためには、当事者たちにそれなりに共通する道徳経験が成立していなければならない。このような意味において、そのつどの道徳経験こそが道徳的価値が規範として機能することを支えている。現象学の立場から道徳経験やそれを取り巻く状況を考察することは、道徳理論が有効なものであるための条件を明らかにすることにもなるだろう[34]。

[33] 功利主義者のヘアは、直観レベルと批判レベルを区別したうえで、直観レベルの対立を解消する道徳哲学の役割について語っている。ヘア前掲書、第二章。

[34] こうした現象学的倫理学はおのずから応用倫理学へと展開される可能性がある。応用倫理学では、功利主義や義務論などの一つの理論に拘束されることなく、状況に応じて思考することが求められている。T・L・ビーチャム&J・F・チルドレス『生命医学倫理 第5版』（立木教夫・足立智孝監訳、麗沢大学出版会、二〇〇九年）における4つの道徳原則（自律尊重・無危害・仁恵・正義）も特定の道徳理論に根ざすわけではないし、状況に応じた暫定的性格をもっている。さらに奥田太郎は、抽象的議論（理論）と実践的問題関心（現場）との「自覚的往復可能性」を重視して、倫理学を構想し直している（奥田太郎『倫理学という構え』ナカニシヤ出版、二〇一二年）。

コラム　現象学とケア

現象学はしばしばケアと関連づけられ、心理学、教育学、看護学などの分野でケアの現象学的アプローチが試みられている。これらをH・スピーゲルバーグの『精神医学・心理学における現象学』（邦訳『精神医学・心理学と現象学』、金剛出版、一九九四年）のタイトルをかりて、「人間科学における現象学」と言うことができる。二〇世紀の現象学の興隆を支えたこうした動向を踏まえながら、現代現象学がケアというトピックにどのように関与するかを考えてみたい。ここでの「ケア」は、誰か・何かを大切にすること（認知・感情・行為の契機をもつ）というゆるやかな意味で理解する。ケアは人間や世界を見つめる観点にもなるし、個々の人間関係や職業などの具体的実践の場面にも見いだされ、それらを研究する人間科学の対象にもなる。現代現象学も、（1）観点としてのケア、（2）実践としてのケア、（3）ケアの研究方法の点においてケアにかかわりうるだろう。

（1）観点としてのケア。ケアは哲学・倫理学の問題を考察する観点として大きな意味をもっている。M・メイヤロフは、人間をケアする存在と見なし、子供を育てる父親の立場からケアの基本的特徴を明らかにする。ケアはケアする者の「自己実現」であり、ケアする者はケアすることで世界に自分の「居場所」を見いだしうる（『ケアの本質』ゆみる出版、二〇〇一年）。この著作は看護教育にも取り入れられ広く知られているが、生きがいという側面が強調されたケアを看護師の職業倫理と重ね合わせると、バーンアウトを招く危険があるだろう。H・G・フランクファートは、「何を信じるべきか」をめぐる「認識論」でも、「いかに振る舞うべきか」をめぐる「倫理学」でもない第三の領域として、「何を気づかうべきか」をめぐる「ケアの哲学」が成立すると考える（『私たちが気づかうものの大切さ』一九八八年）。ケアは認識でも道徳でもない哲学の第三の領域を形成している。両者による哲学的考察は、おそらくその文脈の独自性ゆえに、哲学の研究者たちによって十分に検討されているわけではない。しかし、私たちの経験の基底に何かを大切にするケアの契機があるという指摘は、哲学・倫理学の問題としてしっかり受けとめる必要がある。フッサール、ハイデガーなどの現象学的哲学もまた、「愛」や「気づかい」という概念によって、何かを大切にする行為者の生き方を考察している（【9―1　人生の意味】参照）。

　L・コールバーグの想定する人間の道徳的発達に対するC・ギリガンによる問題提起は、「正義の倫理」には回収されない「もう一つの」立場としての「ケアの倫理」の可能性を示した（ギリガン『もうひとつの声』川島書店、一九八六年）。ケアの倫理は、正義の倫理（功利主義・義務論）が自明視する自律主体の尊重、公平性の重視、原理原則への依拠に批判的であり、依存する主体や関係的主体に着目したうえで、身近な他者を大切にすることの意義を認めている。ケアの倫理は徳倫理とも結びつき（ときにはその一部とみなされ）、規範倫理学や社会哲学のなかで、功利主義や義務論とは別の第三の倫理学としての立場を獲得している。とりわけ教育学者でもあるN・ノディングスの著作は、道徳的判断の正当化ではなく、道徳の教育を軸とする倫理学を提示したことで、画期的な意義をもっている（『ケアリング』晃洋書房、一九九七年）。現代現象学も他者との関係のなかで生き方を問い、原理原則による道徳判断の正当化には収まらない倫理学の課題に取り組んでおり、ケアの倫理との生産的な対話の可能性が開かれている（【6―2　道徳】参照）。

（2）実践としてのケア。身近な人間関係から職業にいたる具体的なケアの実践に対して、現代現象学からどのようなアプローチができるだろうか。ここでは看護師の職業倫理に注目してみたい。看護師が直面する倫理的問題についての臨床倫理学から、現象学的哲学は学ぶべきことがある。「看護者の倫理綱領」（日本看護協会）においては、自律尊重、善行、無危害、正義、誠実、忠誠などの原則が背景となって、看護師としての職業倫理にかかわる規範が包括的に挙げられている。これらは、功利主義と義務論の立場が混交する生命倫理の古典『生命医学倫理』（T・L・ビーチャム&J・F・チルドレス、初版一九七九年）における医療倫理の4原則のほかに、看護師の人としての善さ（徳）の教え（『ナイチンゲール覚え書き』日本看護出版協会、二〇〇四年）にも由来している。看護師の倫理を支える基本的な綱領（コード）は、功利主義、義務論、徳倫理のハイブリッドであり、一つの道徳理論に依拠するわけではない。しかも、看護師が何らかの道徳的ジレンマに直面する場合、これらの原則をマニュアルのように適用することが解決になるわけではなく、そのときどきの状況に応じたアドホックな思考が求められる。看護師は、原則に依拠し続けることなく、ときにそこから距離をとり、自分なりの規範を発見している。村上靖彦は看護師が一定の状況のなかでマニュアルにはない行為を導き出す際の自分なりの指針のことを「ローカルでオルタナティヴなプラットフォーム」として論じている（『仙人と妄想デートする』人文書院、二〇一六年）。原理原則としての規範に基づいて判断したり、行為したりすることではなく、既存の規範を問い直すことがある種の倫理性をもつ点は、フッサールが「認識倫理」や「刷新（Erneuerung）」という言葉で強調している（『改造』論文、一九二三年）。さらにはレヴィナスも、何らかの規範が通用している文脈が意味をなさなくなる場面を「前言撤回」「コンテキストなき意味」などと言いあらわし、他者にうながされる脱コンテキスト化の動向に倫理の核心を見いだしている（『全体性と無限』一九六一年、『存在するとは別の仕方で』一九七三年）。行為者がみずからの信念を問い直し、撤回することの倫理性は、看護倫理と現象学的倫理学とに共有されている。

（3）ケアの研究方法。さまざまな人間科学にも現象学的方法が取り入れられている。とりわけ看護研究には、フッサールの生活世界論とハイデガーの解釈学的現象学が大きな影響を与えており、どちらに比重をおくかによって異なった方向性が見いだされる。フッサールの生活世界の記述という発想から看護研究の方法論を確立したのが、A・ジオルジである。ジオルジはインタヴューの分析から患者や看護師の生きられた世界（生活世界）の一般的構造を取り出す手法を用いている（『心理学における現象学的アプローチ』新曜社、二〇一三年）。その一方で、解釈学的現象学が、看護師による患者の理解やインタヴューを用いた研究の基礎として参照されている。P・ベナーは、H・ドレイファスの「技能知」（『世界内存在』産業図書、二〇〇〇年）の分析を経由して、ハイデガーの「理解」という概念（『存在と時間』一九二七年）を受けとめたうえで、看護師の実践に眼を向けている。エキスパートナースのインタヴューに基づく技能知の分析は達人による看護実践の報告であり、事例を挙げる叙述のスタイルとともに、看護研究のなかで古典的な地位を獲得している（『ベナー看護論――初心者から達人へ』医学書院、二〇〇五年）。また、西村ユミは「植物状態」と呼ばれる患者にかかわる患護師の営みを、メルロ＝ポンティの身体論を手がかりに解明している（『語りかける身体――看護ケアの現象学』ゆみる出版、二〇〇一年）。これらは現象学を方法論とする研究の成果である。さらに別の文脈において、看護に携わる者がみずからの経験を分析し、看護実践をより善いものにする試みを続けている。そうした当事者の経験のふり返りがときに驚くほどの哲学的洞察をもたらすこともある。とりわけ外口玉子は「事例研究」の名のもとで、複数の看護師が自分たちの経験を振り返り、言語化する場をつくることで、看護師の経験の一人称的探究を展開している（『この、ケアなるもの』ゆう書房、二〇一四年）。この試みは、現象学からの直接の影響はないが、看護師みずからが看護行為を丁寧に言語化した当事者研究として、行為論や臨床倫理学の研究者が参照すべきものである。

これらを前にして現象学的哲学が取り組むべきことは、人間科学研究における事例のもつ意味をめぐる問題であろう。実践において私たちは一つの範例を手がかりに行為を導き、何かをうまくやり遂げることがあり、そうした事例が共有されることが実践に特有の知のスタイルになっている。しかし、人間科学の研究としては、少数の事例を示しても、学問性を担保しないと考えられやすい。複数の事例からの一般化とは何を意味するのか、一つの事例はそれだけで価値をもちうるのか、ある範例が優れた実践の手がかりとなるのはどのようにしてなのか、事例が物語のスタイルをもつことは何を意味するのか、事例が単なる知識として理解されるだけでなく、優れた行為をうながす力をもちうるのか。現代現象学がこれらのことを明らかにする際には、「範例」（フッサール、ハイデガー）、「形式的告示」（ハイデガー）、「具体化」（レヴィナス）、「適用」（ガダマー）などの発想を手がかりにするだろう。ここでは、M・ヴァン・マーネンの指摘する「行為に敏感な知」についての考察が求められている（『生きられた経験の探究』ゆみる出版、二〇一一年）。もともと現象学は新カント派などとともに、人間科学（当時の精神科学）の方法論を考察するなかで、みずからの哲学的立場を確立しようとした。現代現象学もみずからの生まれた二十世紀初頭の学問の方法論争に立ち返り、現代の人間科学の方法を検討する役割があるだろう。

第7章　芸術

表記されたとおりの作品そのものには、われわれが演奏においてのみ取り除くことができるような不確定な間隙・領域がある。そのような不確定な間隙・領域が音楽作品に見いだされるという事実により、楽譜により規定された作品は、作曲者の創造的行為から生まれ、その存在論的基礎が直接楽譜に基づくような純粋に志向的な対象である、とみなすことができるのである。

（R・インガルデン『音楽作品とその同一性の問題』、安川昱訳、関西大学出版部、一二三頁）

「現象学的」方法はあらゆる客観性に対して「自然的」態度とは本質的に異なる態度決定を要求するものですが、実はこの態度は、あなたの芸術が純粋に美的なものとして私たちに取らせる、描写された諸対象やそれらをとりまく世界全体に向かう態度・姿勢にとても近いものです。純粋に美的な芸術作品の直観からは、存在に関する知性のあらゆる態度決定と、存在に関する態度決定を前提とする感情や意志のあらゆる態度決定が、厳密に排除されているのです。

（E. Husserl an H. Hofmannsthal, *Briefwechsel*, Hua Dok III/7, p. 133.）

7-1 音楽作品の存在論

散歩中に、どこからかピアノを練習している音が聞こえてきたとしよう。いまこれを弾いているのはおそらくまだ子供だろう。すこし演奏はぎこちないが、ところどころ詰まりながらも頑張って弾いている。この曲はあなたが子供の頃よく聴いていた、思い入れのある曲だ。その曲にまつわる個人的な思い出が頭をよぎる。今こうしてあらためて耳を傾けてみても、これはやはり良い曲だ。何度も聴いたはずなのに今でも心を揺さぶられるし、聴いていていまだに発見がある。そしてこの曲には、日常生活で溜まっていたストレスを和らげてくれる「優しさ」のようなものがある。

これはあるピアノ曲の演奏を聴く経験である。私たちはこの経験の中で演奏者の態度や音色、想い出など様々なものに意識を向けうるし、さまざまなものを評価することができる。本項では、その中でもとりわけ重要な役割を果たしている対象、すなわち「音楽作品」というものについて考えてみたい[1]。

ここで「音楽作品」という対象に着目するのには、それなりの理由がある。上の若干の記述を見てもわかるように、この種の聴取経験を記述するさいには、「曲」とい

[1] 本項でおこなう考察は、「芸術作品とはどのような存在か」という存在論の問いである。これは「芸術とは何か」といった定義についての問いとは異なる問いである。存在論的な問いに対しては「具体的個物」「音構造タイプ」といった答えが回答候補となるが、定義の問いに対しては「美しいもの」「何かを表現するもの」といった答えが候補になる。本書では芸術の定義をめぐる問題を扱う余裕はない。芸術の定義に関する現代の議論についてはR・ステッカー『分析美学入門』第五章（森功次訳、勁草書房、二〇一三年）を参照。

[2] あらゆる音楽作品が芸術作品となるわけではない。歩行者用信号の青色を伝えるチャイムや、商店で購買意欲喚起のために流されているオルゴール曲などは、ふつう「芸術作品」には入らないだろう。

[3] 本項では数ある芸術のなかでも音楽という芸術形式を取りあ

うものへの言及を避けては通れない。私たちの意識が向かっていたのは「一曲」「二曲」と数え上げられる「音楽作品」なのだ。そしてさらにいえば「曲」は、この聴取経験において「価値あるもの」として評価されるものの中でも、最たるものである。この曲が芸術作品の一種であるならば、その経験は芸術作品の経験と言ってもよいだろう。[2]

だがよくよく考えてみると、音楽作品とは奇妙な存在である。音楽作品は、絵画や彫刻作品と違って「ここにあるよ」と指差すことができるようなものでもないし、物理的に破壊できるようなものでもない。いったい音楽作品は、私たちの世界においてどのようなものとして存在しているのだろうか。音楽を聴くとき私たちの意識は何に向かっているのだろうか。これが音楽作品の存在論というトピックの問いである。[3][4]

以下ではまず第1節で、音楽作品が何ではないか、を挙げてみよう。この作業を通じて、音楽作品と混同されがちないくつかのものを区別するとともに、音楽作品とはどういうものであるかの概略を描くことができる。第2節では、ようやく音楽作品本体に目を向け、音楽作品の特徴と思われるものをいくつか挙げていく。第3節では、同一性条件と存続条件という二つの観点から、現代美学のいくつかの考え方を紹介しよう。

げて考察を進めるが、この考察から出てくる知見が絵画や文学など他の芸術ジャンルにそのまま応用できるかどうかは明らかではない。むしろ現象学者たちは「作品が備えている**層構造**」という観点から、音楽作品とそれ以外の芸術作品とを区別してきた。層構造の数え方についてはいくつかの立場がある。たとえばR・インガルデンは、音楽作品は単層構造であるのに対し、絵画作品は二層構造、文学作品は四層構造だと主張している（『文学的芸術作品』滝内槙雄・細井雄介訳、勁草書房、一九八二年）、『音楽作品とその同一性の問題』（安川昱訳、関西大学出版部、二〇〇〇年）。

[4]「存在論」という学問ジャンルについては【5ー1 実在論と観念論】第1節を参照。本章では「音楽作品はその分類枠組みのどこに入るような存在なのか」という問いを中心的に扱い、「その存在が本当に存在するのか」という問いへの回答は控えておく。

1　音楽作品は何でないか

音楽を聴いて私たちはその音楽作品を評価する。だがその一方で、「音楽聴取経験において評価されているのは音楽作品である」とは必ずしも言えない。このことを理解するために、聴取経験の中で評価されうるものを具体的に挙げてみよう。(A)あなたは、聞こえてくる音の響きやメロディを評価することができる。聞こえてくる音は、すこし悲しげで、ゆるやかに変化する綺麗なハーモニーをもっている。(B)また、あなたは弾き手の努力や姿勢を評価することもできる。先ほどの経験の中であなたは、ぎこちない演奏を聴きながら、頑張って弾くというその子の姿勢を評価していた。(C)さらにあなたは、聴取経験の中で自分の中に引き起こされる、ある種の心地よさに意識を向けることもできるかもしれない。日常の溜まっていたイライラがすっと引いていく感じは、今、この聴取を通じてしか体験できなかった独特の効果かもしれない。

いま聴取経験の中で評価されうるものとして、聞こえる音、演奏者の態度、聴き手が得る心的もしくは肉体的効果、などを挙げてみた。これらのものが音楽作品そのものであるかというと、おそらくそうではない。以下、理由を述べてみよう。(a)この聴取経験の音そのものを取り出すと、リズムが少しズレていたり、弾き損ないがあったりする。だが、だからといって、演奏される曲それ自体がそのつど変化しているわけではない。私たちは「同じ曲のぎこちない演奏」を聴いているのであって、「別の曲の演奏」を聴いているわけではない。ぎこちないのは演奏であって、曲そのものでは

[5]　かつてN・グッドマンは、一音でも演奏を失敗するとその演奏は別の曲の演奏になると主張した（『芸術の言語』戸澤義夫・松永伸司訳、慶應義塾大学出版会、二〇一七年、一四一、二一六頁）。だが、このような極端な立場に賛同する者は今ではほぼ皆無だ。

ないのだ。[5] (b)また、弾き手の態度によって演奏の良し悪しは変わるかもしれないが、そのやる気によって、曲そのものが変わるわけではない。よって聴取経験から伺える演奏家の態度を、作品そのものと考えるわけにはいかない。(c)そして、与えられる効果は、結局のところ人それぞれだ。今日のあなたを感動させている曲が、すぐ隣の別の人をイライラさせているかもしれないし、さらにいえば、同一人物に対してであっても音楽の効果は状況によって変わりうる。今日のあなたのストレスを軽減させてくれた曲が、明日にはうんざりさせるかもしれない。こうした効果の多様さは、作品それ自体の複雑さを示唆するかもしれないが、とはいえこれにより、作品それ自体が複数化するわけではない。聴取経験の中でもたらされる効果は、作品からもたらされる、作品とは別の派生物でしかないだろう。[6]

このように考えてみると、音楽作品は音、態度、効果とは（さらに言えば楽譜とも）別のものだと考えられる。では音楽作品とはどのような存在なのだろうか。

2　音楽作品の特徴

つぎに音楽作品の特徴と思われるものをいくつか挙げてみよう。この作業をつうじて音楽作品という存在の輪郭が大まかに描けるはずだ。

（1）まず音楽作品は、**空間的位置**をもたない。音楽作品は、椅子やペンとは違って「ここにあるよ」とその位置を指差せるようなものではないのだ。場所を指せるの

[6]　ここで、作品と類似の評価対象である楽譜という存在についても述べておこう。西洋文化ではしばしば、楽譜がひとつの作品であるかのように扱われてきた。たしかに楽譜は作曲家が直接かつ物理的に作りだす産物である。そして、それを元に演奏がなされるなどの事実をふまえれば、楽譜は音楽作品の基盤として理解できそうな存在である。だが、楽譜と音楽作品を同一視してよいかというと、それは疑わしい。（1）まず、同じ曲を五線譜以外の記譜システムで表記することは可能だ。（2）また、楽譜それ自体は物理的に時空間上に存在するものである一方、音楽作品はそのようなものではない。楽譜の物理的部分は、印刷によって増えたり焼却によって消滅したりするが、それによって音楽作品それ自体が増えたり減ったりするわけではない。（3）さらに（西洋においても）民族歌謡など、楽譜がない音楽作品はたくさんある。

は、せいぜい楽器やスピーカーといった音の発生源であって、音楽作品そのものではない[7]。では音楽作品に**時間的位置**はあるのだろうか。これは考え方によっては、あるとも言えそうだ。というのも、ある種の音楽作品は、特定の作曲家によってある時点に作曲されるものだからだ（実際、しばしば音楽史家たちは作曲年代を特定しようと努力している）。たとえばベートーヴェンの『第九交響曲』は一八二四年あたりから存在し始めるのだろう。その正確な出現時点をどことするかは難しい問題だが[8]、とはいえその曲は、はるか昔のジュラ紀に存在していたわけではないだろう[9]。一方、作曲されたあとは、『第九交響曲』は現在まで存在し続けていると考えられる。ベートーヴェンが死んだあともその曲は残り続けているし、あなたがオーディオ機器のスイッチを切ったとしても作品は残り続けているだろう。先に見たように曲は演奏とは別物である。ある演奏が始まったり終わったりしても、作品がそのつど創造されたり消滅したりするわけではない。

（2）つぎに音楽作品は反復可能なものである。私たちは「今の曲をもう一回弾いてよ」などと頼むことがあるが、そのとき私たちは、今と似た曲でも今の曲の続きでもなく、同じ曲をもう一回弾いてもらうわけだ。

（3）さらに音楽作品は、聴取可能なものである。私たちは音楽作品を聴くことができるし、そこから私たちは感情を動かされるなど、さまざまな効果を受け取る。そして私たちはその効果を元に、その曲を賞賛したり批判したりすることができる。音

[7]　私たちはしばしば、作品の構成基盤となる物理的媒体をそのまま「作品」とみなすようなふるまいをしている。「あの曲なら今わたしの iPhone に入っている」などと言うときがそれだ。だがこうした発言を絶対視して、音楽作品を物理的位置をもつものとみなすのは不適切だろう。あなたの機器のデータが壊れても、作品そのものが消え去るわけではない。音楽作品は記録媒体と同一視できるものではない。

[8]　何をもって作品の「完成」とするかについてはさまざまな立場があり、これは美学において一つのトピックを形成するほどやっかいな問題だ。なおベートーヴェンの交響曲第九番は一八二四年の初演以来、たびたび改訂されている。

[9]　とはいえ、この考えを否定する者もいる。音楽作品を音構造タイプとして捉えるJ・ドッドは、《『第九交響曲』のような音楽作品はジュラ紀にも存在しており、た

楽作品とは、知覚や評価といった、意識のさまざまな作用が向かうひとつの対象なのである。

（4）音楽作品は、演奏の多様さを受け入れる。先に述べたように、音程やリズムが少しズレたからといって、ふつう別の曲を弾いていることにはならない。またほとんどの曲は、どう弾くかを演奏家に任せる部分（未規定箇所）をもっている。[10] さらに、同じ曲を別の奏者が演奏することもできる（たしかに一子相伝の曲のように、文化や音楽業界の特殊事情などから演奏者や歌手が指定されている曲もあるにはあるのだが、とはいえほとんどの曲は、誰が演奏しても同じ曲である。もしそうでなかったら、私たちはカラオケのときいったい何を歌っているというのか。さらにいえば、現代のポピュラー音楽文化で一般化しているカヴァーやコピーといった行為は、同じ曲を他の演者が演奏できることを前提した行為である）。

3　音楽作品の同一性条件と存続条件

これらの特徴をふまえたうえで、二つの問題を考えてみよう。第一に、ある音楽作品はいったい何によってその作品の同一性（identity）が確保されているのか。第二に、ある音楽作品は何によってその存在が維持され、何が無くなると消滅するのだろうか。つまりここで問われているのは、それぞれ音楽作品の「**同一性条件**（identity condition）」と「**存続条件**（persistence condition）」である。[11]

だ十九世紀にベートーヴェンによって「発見」されただけだ〉という説を唱えている。これは、作曲家の「創作（creation）」という行為をすべて「発見（discovery）」として理解しなおそうという主張である（J. Dodd, *Works of Music: An Essay in Ontology*. Oxford University Press, 2007）。

なお、「タイプ」「トークン」という概念については飯田隆『言語哲学大全Ⅳ』（勁草書房、二〇〇二年）の解説がわかりやすいので一読を勧める。

[10]　だからこそ演奏はある種の解釈とされる。演奏と解釈は、西洋言語ではしばしば同じ言葉で指される（たとえば英語では "interpretation"）。

[11]　同一性条件についての考察と存続条件についての考察は、関連する部分が多分にあり、すっぱり切り離せるものではない。この二条件の区分は、あくまで便宜的なものとして理解してほしい。

（1）同一性条件　まず同一性条件についていえば、まっさきに思いつくのは旋律やメロディの音の並び、すなわち音構造を作品の同一性条件とする案だろう。私たちはメロディが同じであれば同じ曲だと考えたくなる。だが、単純に音構造をそのまま同一性条件とするわけにはいかない。先に見たように、音楽作品は演奏の多少のミスやズレを許容する。演奏家が多少弾き損なったとしても、また演奏家が意図的に多少音を変化させたとしても、私たちは別の曲を聴くことにはならない。

では〈演奏のさいにお手本として目指されるべきものが同じであれば同じ作品だ〉という意味で、いわば規範的（normative）な構造を同一性条件とするのはどうだろうか[12]。多少演奏にズレや個性があっても、特定の音構造が念頭におかれているのであれば、それは同じ曲の演奏だと言ってもよさそうだ。

だがこの方針だけでは説明できない事柄がある。目指されるべき音構造はまったく同じだが別の作品、という例がありうるのだ。別時代の作曲家二人がまったく同じ音構造の曲を提出していた場合、私たちはそれらを別の作品だと考えたくなる。というのも、構造が同じであっても、その両作品では独創性や芸術史的意義などの価値が異なってくるからだ[13]。よって現代の多くの論者は、音構造だけでなく、作品制作時の文脈に関わる特徴（作者は誰か、いつ作られたのか、など）も同一性条件に含めようとする。制作文脈を考慮しなければ、ある作品を他の作品と完全に区別することはでき

[12]　音楽の存在論において規範性という考え方を最初に提唱したのはN. Wolterstorff, *Works and Worlds of Art*, Oxford University Press, 1980とされる。N・ウォルターシュトルフが導入した**規範種**（norm kind）という考え方は、その後J・レヴィンソンらに引き継がれた。J.Levinson, *The Pleasures of Aesthetics*, Cornell University Press, 1996.

[13]　この種の事例を考察するときにしばしば挙げられるのは、J・L・ボルヘスが書いた短編小説「『ドン・キホーテ』の著者、ピエール・メナール」である（『伝奇集』鼓直訳、岩波文庫所収、一九九三年）。これは、二〇世紀の作家メナールが、セルバンテスの一七世紀の小説『ドン・キホーテ』と一字一句同じ小説を書く、という架空の話である。これは文学作品を扱う話であるが、音楽作品にも同じ議論が当てはまるだろう。ポイントは「構造が同じ作品でも提出時期や文脈が異なれば別の作品となる」という点である。

ない、というわけだ。

制作文脈を考慮するとき、私たちは結局、ある人物の創作活動という、ある種の志向経験に目を向けざるをえない。ここから示唆されるのは、単に物理的性質のみを見ていても作品の同一性条件を突き止めることはできない、ということだ。芸術作品のような文化的事象を考察するさいには、そこに関わる経験を考慮することを避けては通れないのである。このことは次の存続条件について考える際にも重要なポイントとなる。

(2) 存続条件　先に見たように、いま手元にある楽譜やレコードが焼却・破壊されたからといってその曲がなくなるわけではない。また演奏がなんらかのアクシデントで中断したからといって、作品そのものが消滅するわけではない。だが、もしその曲の楽譜や記録媒体が世界から完全に消滅し、しかもその曲が人々の記憶から完全に忘れ去られてしまったらどうだろうか？　また楽譜や記録媒体が残っていたとしても、楽譜文化が失われ、誰も楽譜を読むことができなくなり、さらに再生技術もすべて失われてしまったら？　人類が絶滅してしまったら？　地球や宇宙が消滅してしまったら？[14]

存続条件を考えるにあたっては、「**存在論的依存**（ontological dependence）」という考え方が役に立つ。そこで考察されるのは、Xが存在するためには何が存在してい

[14]　この種の思考実験は、もしかしたら現実離れした意味のない思弁的考察のように思われるかもしれない。だが、より現実的な事例として考慮せねばならないのは、「すでに完成したがまだ演奏されていない作品」というケースだ（じっさい交響曲などの場合、初演の日まで作曲家はその曲の演奏を聴いたことがない、ということもあるだろう）。こうした実演されていない作品でも「存在する」と言うためには、少なくとも〈演奏の潜在的可能性〉といった要素を存続条件に含める必要があるかもしれない。

なければならないのか、という問題である。[15]

多くのものは、何かに依存しながら存在している。たとえば、目の前のコーヒーカップの硬さや色は、まさにそのカップの物理的組成に依存して存在している。また現在のあなたの存在は、それより前のあなたの誕生という出来事や、あなたを育てた人の存在などに依存しているし、あなたの記憶も脳も肉体もまったく失われてしまったら、あなたは存在しなくなるだろう。

では音楽作品は何に依存して存在しているのだろうか。まずは、先に述べた「音楽作品はある時点で誰かが作曲したものである」という考え方に着目してみよう。これは見方を変えれば、音楽作品はその作曲活動がなければ存在し始めなかった、ということである（たとえば『第九』はベートーヴェンの作曲行為がないと存在しなかった）。これは存在論的依存の観点から言いなおせば、音楽作品の存在は特定の時点における特定の人の行為に依存している、ということだ。これは特定のものに依存するという意味で「**固定的依存**（rigid dependence）」であり、時間的に離れた特定の時点の活動や出来事に依存するという意味で「**歴史的依存**（historical dependence）」でもある。

また先に見たように、音楽作品は観賞する人々つまり共同体に依存している、という考えも重要だ。音楽作品は、私やあなたといった特定の個々人に直接的に依存しているわけではないが、とはいえ、その曲を観賞する能力をもつ人々に依存している。[16]

[15]　存在論的依存に関する近年の議論については鈴木生郎ほか『ワードマップ　現代形而上学』（新曜社、二〇一四年）、第八章「人工物の存在論」に詳細な解説がある。芸術作品（とりわけ虚構的キャラクター）の存在論についてはA. Thomasson, *Fiction and Metaphysics*, Cambridge University Press, 1999を見よ。

[16]　ここで求められるのはあくまで観賞能力であるから、依存先は、人でなくてもよいかもしれない。

こうした依存は、特定のもの・人にではないが、ある種類のもの・人に依存するという意味で「**類的依存**（generic dependence）」であり、依存先が同時に存在していないと当のものも存在しなくなるという意味で「**恒常的依存**（constant dependence）」でもある。

さらに、上に述べた作者の創作行為や観賞者の聴取行為に対する依存は、ひろく言えばどちらも心をもつ存在者の経験への依存であるが、音楽作品は他にも、作曲時の環境や音構造・録音媒体などの物理的（もしくは非心的）存在にも依存しているだろう。ある曲が作曲されるためにはその作者のまわりに特定の物理的環境（モーツァルト家のピアノ、坂本龍一のコンピューター）が存在しなければならなかっただろうし、作品が存続し続けるためには、特定の記録媒体なくともなんらかの記録媒体が存在していなければならない。神のような特別な自律的存在でないかぎり、ふつう存在者は、さまざまなものに、さまざまな仕方で依存している。依存関係に着目する存在論では、当の対象は各種の経験にどのように依存し（もしくは依存せず）、また各種の物理的対象にどのように依存している（もしくは依存していない）のか、といった観点から枠組みが整理されるのである。

以上をふまえて音楽作品の存在の仕方をまとめると、次のように言えるだろう。音楽作品は特定の人物の作曲行為に固定的・歴史的に依存し、観賞能力をもつ人々に類的・恒常的に依存し、作曲時の環境に固定的・歴史的に依存しつつ、音構造、楽譜や録音媒体などの記録媒体に類的・恒常的に依存する。[17]

このように、ある存在者の存続条件を、単にその存在者の特徴や物理的組成だけから考えるのではなく、周囲の存在者やそのふるまいへの依存関係から考える、という方針は、とりわけ芸術作品のような文化的な事物について考察するさいには有用だ。というのも、この方針をとることで、〈芸術作品とは特定の文化で誰かが生み出し、観賞の共同体によって支えられていくものだ〉という考え方がうまく説明できるからだ。

依存関係について詳細に考察するためには、ここからさらに進んで、芸術作品を支えている意識経験とはどのようなものなのか、という問題を考えていく必要があるだろう。芸術作品が存続するためには、物理的事物と私たち心的存在者がただぼんやりと存在していればいいというわけではない。芸術という営みが成立するには、創作、観賞[18]といった、具体的な芸術活動がおこなわれなければならないのだ。よって、存続条件をさらに細かく解明するためには、創作、観賞といった芸術活動の内実を見ていく必要があるだろう。[19]

最後に、こうした存在論の考察が何をもたらしてくれるかについて一言述べておこう。存在論は、特定の作品の価値や美的な良さを直接説明してくれるようなものではない。だが、だからといってこうした分析が芸術的営みの理解に資さないかという

[17]（デジタル絵画等は脇においておくとして）典型的な絵画作品の場合、実在する特定のキャンバス・絵の具がその作品を支える媒体となるため、その作品はふつう、そのキャンバスや絵の具に「固定的・恒常的」に依存していると考えられる。だがそうは考えない論者もいる。P・ストローソンなどは、絵画もある種の画面構造タイプだと考える。ストローソンによれば、私たちは絵画を一点ものの個物だと見なしがちであるが、それはただ複製技術の未熟さのせいでそう思ってしまうだけで、複製技術が発達すれば、私たちは音楽作品と同じように、同じ絵画を異なる場所で同時に観賞できるだろう、というのである。近年登場した精巧な3Dプリンターは、たしかにそうした未来を予感させるものかもしれない。P. F. Strawson, *Individuals: An Essay in Descriptive Metaphysics*, Routledge, 1959/2003, P. 231, n.1.

[18] 幾人かの現象学者たちは、観賞的意識が関わる美的対象

と、そうでもない。芸術のみならず他の分野にもあてはまることであるが、複雑な現実に対し枠組みを立てて分析しようと試み、トライ・アンド・エラーを繰り返しながら見取り図を整備していくことは、ある営みと他の営みとの違いを際立たせるとともに、その営みのさらなる理解につながるのである。そして本項で見てきたように、芸術のような文化的活動についてその見取り図を整備しようとするとき、われわれは自分たちの意識経験を振り返る作業を避けては通れない。現象学的な考察はその作業において、重要な役割を果たすのである。

(aesthetic object) と芸術作品とを区別している。どちらも志向的意識の向かう先のものであるが、両者の間では存在条件が大きく異なる。美的対象は観賞的意識や感情、身体感覚などと密接に結びついており、観賞行為が終わるとそこで消滅するが、芸術作品はそうではない。

[19] その際は、芸術一般について考察するだけでなく、個々のジャンルの実践を見ていく必要が出てくるだろう。というのも、芸術全般に当てはまる共通した観賞態度・創作態度があるかどうかは定かではないからだ。近年D・ロペスはこうした考え方を押し進め、芸術形式、ジャンルごとの芸術理論を作るべきだと主張している。(D. M. Lopes, *Beyond Art*, Oxford University Press, 2014)

7-2 美的経験、美的判断

「最近何に感動しましたか？」と聞かれたら、あなたはどう答えるだろうか。映画や小説、音楽といった作品を挙げる人もいれば、旅行のときに見た風景や料理を挙げる人もいるだろう。私たちは、ある絵画や写真を見て「美しい」と思ったり、ファッションの色使いを見て「鮮やかだ」と感動したりする。この、何かについて心を動かし、それを評価する能力は、単に色や形を見て取るだけの感覚能力とは一風違う能力だと考えられる。哲学者たちはその能力を感性（アイステーシス（αἴσθησις））と呼んできた。この感性が働く経験を考察しようとする学問は、**美学**（aesthetics）と呼ばれる。[1]

「鮮やか」「優美」「バランスがとれている」「調和している」といった数ある感性的評価の中でも、美学は伝統的に「美」や「崇高」を味わう経験を主題としてきた。美や崇高の経験は、感性の働きが際立って見てとれる特徴的な経験だと考えられてきたのだ。そして西洋近代においては芸術こそが美を経験させる典型的なものだと考えられていたこともあって、美学が主に焦点を当ててきたのは芸術経験であった。[2] 現代で

［1］ こうした学問に、美学という名前をつけ、学問分野として確立させたのはA・バウムガルテンである。彼は感性を意味するギリシア語のアイステーシス（αἴσθησις）に基づいて、この学問をラテン語でエステティカ（aesthetica）と名づけた（『美学』松尾大訳、講談社学術文庫、二〇一六年）。

本項であつかう「美的経験」の「美的」とはaestheticの訳語である（この語はしばしば「感性的」とも訳される）。以下で述べるように、この語が指すのは、必ずしも「美しいもの（こと）」に限られない。感性が働く領域は、美のそれよりも広いからだ。

［2］ 西洋に芸術概念が登場した時、最初に提案された定義は「美しい自然を模倣するもの」というものだった（C・バトゥー『芸術論』山縣熙訳、玉川大学出版部、一九八四年（原著は一七四六年））。そこでは芸術の美は自然美を模倣するものとされた。だがヘーゲルが芸術美を自然美よりも高い位置に置いて以降、長きにわた

は、芸術と美的経験を密に結びつけるこうした芸術観を批判する者もいるが、[3] とはいえ多くの芸術作品において、美的経験が今でも重要な位置を占めていることは間違いない。本項でもまずは「美しい芸術」を観賞する経験に焦点を当てて考察を進めていこう。

あらかじめひとつ注意をしておこう。以下の議論には、フッサールに始まる古典的な現象学の著作には見当たらない議論も数多く含まれている。よって現象学に詳しい読者は、以下の説明を読みながら「これは現象学の話ではないのではないか」と思うかもしれない。だが本書がこうした説明の仕方を採用するのには、理由がある。「現象学」を広い意味で理解する本書の立場からすれば、現象学とは経験の観点から出発して考察を進める学問的姿勢であり、その意味でいえば、感性的経験について考察する美学は、その学問の性質上、必然的に本書のいう「現象学」に属するものと言えるのだ。したがって以下の説明は、狭い意味での現象学にとどまらずに、美学一般に当てはまる議論を含むことになる。あらゆる美学は現象学に関わる、これは本項の隠れた重要なメッセージである。

1　美的判断のもつ重要な二つの特徴——主観性への結びつきと規範性

まずは美的判断の二つの重要な特徴について触れておこう。

(a) 観賞主体への依拠　しばしば美的判断には「主観的」な面と「客観的」な面

り芸術美は美学の主題となっていた。実際、初期の現象学的美学では、自然美軽視の立場を取る者も多い。たとえばR・オーデブレヒトは、美的対象の核心は芸術的対象であり自然物は美的対象になりえないという（『芸術価値論——美的価値体験』太田喬夫訳、中央公論美術出版、二〇一一年、第二章4(C)「「自然美」の美的中立性」）。

[3]　一方では、美を経験させてくれるのは芸術だけではない。自然美や肉体美、数式の美など、芸術以外の美しいものはたくさんある。他方、芸術が多様化した現代においては、芸術経験も美から切り離されつつある。もはや芸術は美や崇高の経験だけを狙いとしているわけではない。醜いもの、おぞましいものといったネガティブな経験をそのまま与えようとする作品もあるし、知的な刺激を狙いとするコンセプチュアル・アートもある。

があると言われてきた。「主観的」と言われるのは、美的判断が、快や不快といった感覚やおどろきやときめきの感情といった個人が抱えるものに根ざした判断であるからだ。音楽や映画に感動するとき、あなたは心がドキドキしたりウキウキしたりしているだろう。美的なものについての判断は、こうした自らが感じる感情や感覚、心の動きを重要な判断根拠としているのだ[4]。私たちはよく「芸術作品については伝聞だけから判断するのではなく、自分で実際に見て判断すべきだ」という意見を耳にするだろう。こうした意見の裏側にあるのは「ある作品の美しさを経験しようとするのであれば、その作品の物理的・歴史的事実だけを元に推論するだけでは不十分であって、やはり対象を直接経験し、そこで自分自身の感覚や印象を見つめる必要がある」という考え方なのだ（逆に、自分の感覚を根拠とせずに、世間の動向や社会的立場への配慮だけから作品の美的価値を語ろうとする態度は、「スノッブ」[5]な態度として非難されるだろう）。美的判断がこのような構造をもっているために、ある対象を美的に評価しようとするときには、私たちは必然的に、自らの感覚・感情にも意識を向けることになる。

(b) 規範性　他方、美的判断には完全に主観的・個人的とは言いがたい側面もある。ある作品を観て強く感動したとき、私たちはただ一人で満足するだけでなく、「これは他の皆も感動すべき作品だ」と考えたくなるだろう[6]（人によっては、「この絵は美しい」という自分の判断は「正しい」と言いたくなるかもしれない）。このよう

[4]　美的経験と美的判断は作用としては区別されるべきである。美的判断は美的経験をふまえつつ、さらに認識論的な主張をともなう。

[5]　芸術観賞の正当性とスノッブな態度との関係については、以下の論文が興味深い議論をおこなっている。M. Kieran, "The Vice of Snobbery. Aesthetic Knowledge, Justification and Virtue in Art Appreciation," *The Philosophical Quarterly* 60 (239), 2010, pp. 243-263.

[6]　I・カントはこうした特徴を指して、美的経験は普遍妥当性を要求する、と述べた。『判断力批判』（翻訳多数）、第六節および第二二節。

に美的判断は、単なる個人的感覚にとどまらず、それを越えて他人への規範性をもつような側面があるのである。

２　美的態度をめぐる問題——無関心性と心的距離

（c）無関心性　伝統的に美的判断の特徴として注目を集めてきたのは、美的判断には**無関心的**（disinterested）な態度がともなっている、という点である。これはつまり、美的判断は〈その対象が判断者に実際にどのような利益をもたらしてくれるか〉といった考慮から逃れている、ということだ。たとえば「このケーキは美しい」という判断は、そのケーキがどれだけ美味しいか、また、どれだけ栄養があるか、といったこととは無関係に判断される。私たちは自分では決して食べることができないケーキについても、色や形などを元にして、「このケーキは美しい」と評価することができるのだ。さらに、美的判断の自律性を重視する者は、美的判断を道徳的判断からも切り離そうとする。[7] たとえばカントは、ある宮殿を美しいと判断するにあたって、その宮殿がどれくらい民衆を搾取して作られたかを考慮する必要はない、と述べていた。[8]

とはいえこれは、美的判断が対象への評価、価値判断をまったく欠いているということではない。むしろ、美的判断はれっきとした価値判断の一種だと考える立場が主流である。[9] ここでのポイントはただ、「美しい」という価値は「役に立つ」とか「道徳的に善い」といった価値とはなにか別種の価値として判定される、ということだ。

［7］　現代ではこうした自律主義を採らない者も多い。また、道徳的判断が美的判断に影響するという立場の中にも、その影響の方向性をどう考えるかによって、道徳主義や不道徳主義など、様々な立場がある。美的判断と道徳的判断との関係をめぐるさまざまな立場については、ステッカー『分析美学入門』（前掲書）、第十二章を見よ。

［8］　カント『判断力批判』（前掲書）、第二節。A・ショーペンハウアーはこの考え方を発展させ、美的経験を、脱現実的な忘我的経験として考える立場を打ち出した。『意志と表象としての世界I－III』西尾幹二訳、中公クラシックス、二〇〇四年。

［9］　ただし近年では、美的経験の定義に価値評価（evaluation）を入れない者もいる（M・ビアズリー、N・キャロルなど）。この立場では美的経験は「美的性質への注意（focusing）」によって定義される。

また、無関心性と似た概念として、**心的距離**（psychical distance）という考え方を持ち出す者もいる。[10] これは、美的判断をするとき私たちは対象や事柄からうまく距離をとっている、という考え方だ。たとえば、妻の浮気を心配している夫は、浮気を描いた演劇を観るとき、物語にあまりに感情移入してしまいそこからうまく心的距離を取ることができない。とはいえ心的距離をとり過ぎるのも問題で、冷静になりすぎるとそれはそれで無感動になってしまい、適切な観賞にはならない。ここからE・バローは、ある程度の心的距離を保持しつつ、できるだけその距離を縮めるのが芸術観賞における望ましい態度だ、という。

だがここに挙げた無関心性や脱現実性、心的距離といった点から美的経験を理解する立場に対しては、現代では批判も多い。まず、現実世界の事柄から美的経験に与えられる影響は皆無というわけではなさそうだ。とりわけ犯罪者を扱った作品などの観賞を思い浮かべてみれば明らかなのだが、そうした作品の観賞には、私たちの道徳観とそこから喚起される憤慨、同情などの道徳感情が大いに影響している。[11] また「心的距離を取る」という言い方は比喩的で内実が不明瞭だし、心的距離の例として挙げられる現象については、距離をとるという点からではなく注意をどこに向けるかという点から説明されるべきではないのか、という批判もある。[12] 無関心性や心的距離と表現されてきた現象をどう理解すべきか、その説明を練り上げることは、今なお求められる課題である。

[10]　この考え方を提出したのはE. Bullough, "Psychical Distance as a Factor in Art and an Aesthetic Principle," *British Journal of Psychology* 5, 1912, pp. 87-118. である。

[11]　佐々木健一が随所で指摘しているように、カント美学の隆盛以前には、美的態度の中の「関心」を重視する系譜（J・B・デュボス、R・デカルト、J・G・ズルツァー等）がれっきと存在していた。『美学辞典』（東京大学出版会、一九九五年）「美的態度」の項目や、『フランスを中心とする一八世紀美学史の研究』（岩波書店、一九九九年）第一章「関心の美学」を見よ。

[12]　G・ディッキーは二十世紀の中盤の一連の論文において、こうした批判を徹底的におこなった。中でもよく引かれる古典的な論文はG. Dickie, "The Myth of the Aesthetic Attitude," *American Philosophical Quarterly* 1, 1964, pp. 56-65.

3 「それ自体で評価される」経験

前節で述べた美的経験の特殊な態度を説明するために、よく用いられるのが「それ自体のために評価される（valuable for its own sake）」という表現である。つまり美的経験は、その他の目的のために評価されるのではなく、その経験そのものが評価される、というわけだ。たとえば美しい絵を観る経験についていえば、その経験は「色の識別能力が増すから」とか「絵画史の知識が得られるから」といった、他の何らかのメリットによって良い経験になるわけではなく、その美しさの経験そのものが良いことなのだ。この考え方からすれば、その美しい絵は、そのように評価される経験を与えてくれるという意味で、一種の道具的価値をもつ。

この「それ自体で評価される」という評価の仕方は、その経験に関わるその他のメリット・デメリットの評価と両立しうる（たとえばある絵の経験を、美的経験としてそれ自体で評価しつつ、同時にその絵から得られる知識・洞察の点からもその経験を評価することは可能なのだ。美しく、かつ知識を与えてくれる絵、というものは現に存在する）。さらに美的経験は、快不快の感覚や、認識的価値・道徳的価値など他の評価、そしてそこからもたらされる感情などによって影響を受け、経験の強度・評価が促進もしくは阻害されるかもしれない。たとえば第5節で述べるように、作品の不道徳な姿勢があまりにもにじみ出ているせいで私たちの美的経験は阻害されるかもしれない。だがそのような他の要素からの影響があったとしても、美的経験は根本的なところでは、経験それ自体が評価の対象となる。これが「それ自体で評価される」という表現のポイントである。

4　理解をともなう能動的注意

注意の向け方も美的経験を考えるうえでの重要なポイントとなる。というのも、美的経験の意識には、ある種の能動的な真摯さがともなっており、その経験は単に漠然かつ受動的に何かを受け取るだけの態度とは異なるように思われるからだ。この点は、〈それ自体で評価されるものの美的経験とは言えそうにない他の経験〉から――たとえば、マッサージの気持ちよさにウトウト眠そうにしている経験や、アイスクリームの甘みのようなただの快経験から――美的経験を区別するための重要な基準となる。美的経験の中で私たちは、ある程度能動的に意識を働かせながら、対象を理解したり（全体と部分との関係、調和など）、その対象の役割や意義を評価したりする。これはもはや、ただ単に快や不快の感覚に反応するだけの経験ではない。私たちは、対象の性質（表現的性質や形式的性質など）に、真摯に、対象への理解をともないつつ意識を向けるのである。[13]

逆に言えば、重要なのは能動的注意があるかどうかなのだとしたら、「アイスクリームやマッサージは美的経験を与えてくれない」という言い方は間違っているのかもしれない。というのも、性質や形式への真摯な注意と、対象それ自体を評価する姿勢

[13]　カントは美的経験を「想像力と悟性の自由な戯れ」という言葉で特徴づけていたが、この特徴付けからも、美的経験にある種の知的な理解能力がかかわっていることが示唆されている。この点を重視するならば、ある種の知的レベルを備えた存在者でなければ美的経験をすることはできない、とさえ言えるかもしれない。

がともなえば、マッサージやアイスクリームも美的経験を与えてくれるかもしれないからだ（このように、美的経験を美的経験たらしめるのがあくまで私たちの経験の構造なのだとしたら、「大衆向け音楽は美的経験を与えてくれない」などと経験対象の種類だけから美的経験の成否を語るのは、議論としてはあまり適切ではないし、むしろたいていの場合ミスリーディングだろう）。

5　ネガティヴな美的経験と、美的経験に対するいくつかの阻害要因

伝統的には美学者たちは、「美」や「崇高」といったポジティヴな美的経験について考察してきたが、ネガティヴな美的判断、というものを認める者もいる。「醜い」「けばけばしい」といった評価をするとき、私たちがある意味で感性を働かせているということは確かだろう。現代アートの中には、醜いもの、おぞましいものをテーマとするものも珍しくない。こうしたアートの存在が示唆しているのは、醜さの経験を真摯に見つめなおすという経験は、ある種の価値をもちうる、ということだ。

この種のネガティヴなアートがもたらす価値は、その否定的経験を通じて何らかの洞察を与えてくれるという意味で、認識的価値の一種だと思われがちである。不快な経験を通じて私たちに反省的思考を迫る、社会批判的なドキュメンタリーなどはそうした作品の一種だろう。だがだからといって、そうした作品経験を美的経験ではないものとする必要はない。たとえば、ある人から「見てくれ、この絵はとてもひどい出

来だよ。どう思う？」と促されるケースを考えてみよう。あなたはそこで、作品の性質や形式に真摯に意識を向け、規範的意味合いを込めながらその対象を否定的に評価するだろう。その場合、たとえその対象から得られる経験が不快なものであり、その結果、対象を否定的に評価することになろうとも、その経験は美的経験と言えるかもしれない（この経験は、そこから「悪い作品はどのような点で悪くなるのか」という洞察を得ることと両立しうる）。悪や醜いものを無理に賛美するのではなく、悪として、醜いものとして見つめる姿勢は、ネガティヴな美的（感性的）経験と言えるかもしれないのである。[14]

ただし、経験のネガティヴさがあまりに極端になると、美的経験は阻害される。たとえばカントは、不快さが吐き気をともなうほどに強まると私たちはもはや美的判断をすることができなくなる、と指摘している。[15] この例は、不快という感覚の強度があまりに強まりすぎると美的経験を構成するなんらかの要素（ある種の態度、心的距離、注意の向け方など）が失われてしまう、ということを示唆している。やや似た例としては、D・ヒュームも、不道徳なふるまいが非難に値するものとして描かれていない物語は価値が下がる、と指摘している。ある種の不道徳さは、それを受け止める私たちの態度を大きく変化させ、美的経験の度合いに影響を与えるのである。[16] さらに身近な例でいえば、私たちはあまりにイライラしているときは、どれだけ美しい作品を観ても感動できない。これらのことが起こるのは、まずもっては、美的経験が単な

[14] とはいえここは意見が分かれるところだろう。ネガティヴな美的経験をそもそも認めないという立場もありうるし、また、ネガティヴな美的経験は上に挙げた「それ自体のために評価する」という態度と矛盾しないのか、という懸念もある。ネガティヴな美的経験を特徴づけるためには、その経験の内実をさらに分析し、単なるポジティヴな美的経験と何が同じで何が異なるのかを説明する必要があるだろう。

[15] カント『判断力批判』（前掲書）、第四八節「天才と趣味との関係について」。

[16] D・ヒューム「趣味の標準について」（『道徳・政治・文学論集』所収、田中敏弘訳、二〇一一年）。近年、ヒュームのこの指摘はあらためて注目を集めており、そこで述べられていた現象を「**想像的抵抗**（imaginative resistance）」という観点から捉え直そうとする議論が進んでいる。

る事実の認知・観察ではなく感情と深く結びついた経験であるからであるが、これらの例からさらに言えることは、経験の強度がネガティヴな方向に振れすぎると美的経験の根本的な何かが失われてしまうということ、そして、仮にネガティヴな美的経験というものが認められるとしても、美的経験の正負の方向性は完全に対称的ではないということ、である。

6　美的判断とそこに関わる個人的要素

現象学、とりわけ初期の古典現象学においては、素朴な態度を脱し直観を通じて本質を見いだそうとする現象学の姿勢と、美的経験との類似性[17]がしばしば指摘されており、そこでは、現象学的考察が美学を発展させることが期待されていた。現象学は、個人の好みや感性といった偶然的要素を越えてある種の美的真理を見いだすための有用なアプローチだと考えられたのである。この種のアプローチは、二〇世紀前半に隆盛を誇った**形式主義**（formalism）と——つまり、芸術観賞の重要な目標を作品のうちにある意義ぶかい美的形式を見いだすことにおく立場と——親和性が高かった。中には、美的経験をある種の本質直観の経験と結びつけ、そこから美的経験をある種の真理へと至る道だと考える者もいた[18]。

だが真なる美的判断を求めて偏見や個人的好みといったバイアスをひたすら排除していく、というアプローチには問題がないわけではない。というのも、客観的な美的

[17]　フッサールはこの類似性についてホフマンスタール宛の書簡の中で語っている。本章扉の引用を見よ（この手紙は、金田晉『芸術作品の現象学』第二章の中で全訳されている）。現象学的態度と美的態度との相違については堀栄造「フッサールの美学——現象学的方法との関連性」（『哲学』第五〇号、日本哲学会、一九九九年）を見よ。

[18]　芸術観賞を真理経験と結びつける思想を強力かつ非常に独自な仕方で打ち出したのは、ハイデガーの『芸術作品の根源』（関口浩訳、平凡社、二〇〇八年）である。コラム「現象学者たちの芸術論」も見よ。

真理が存在するかどうかは、それ自体が論争の的になる一大問題であるし、仮に美的真理なるものが存在するとしても、知識や感受性に限りのある私たち人間にとって、そのような美的性質を本当に見て取れるのかどうかは定かではないからだ。現実に生きる私たちは、真なる意味での理想的観賞者にはなりえないのである[19]。

むしろ、いま現実に私たちが経験している美的判断や美的経験は、各人の好みや来歴と分かちがたく結びついていると考えるべきだろう。美的経験とは、さまざまな余計な要素を切り落とし虚心坦懐に客観的な事実を把握する経験ではない。むしろここまで述べてきたように、美的経験には基本的に感情の揺さぶりや、想像力や好奇心の喚起などが含まれているし、そこでは――論理的判断や計算とは違って――その各人が抱いている感情や快・不快が、判断根拠として重要な役割を担うのである。その意味で、美的経験とは、いわば各人の**性格**が現れる場といえるだろう。実際、美的判断が教育や知識や文化慣習、観賞環境に大きく影響される、という点については、心理学の分野でさまざまな証拠が提出されている[20]。

とはいえ、これも先に述べたように、美的経験とは各人が好き好きに感動してそれで終わりというものではない。非常に特殊な趣味からなされる美的判断であっても、たいていそこには「この感覚は、分かる人なら分かってくれるはずだ」という感じが含まれている（場合によっては「なぜ他の人たちはこの感動をわかってくれないのだ」という苛立ちすら込められるだろう）。美的判断は、たとえ全人類に向けてではなく

[19] 私たちの経験の不完全性については、【5－1　実在論と観念論】と【9－2　哲学者の生】第1節も参照。

[20] M・グラッドウェル『第1感――「最初の2秒」の「なんとなく」が正しい』沢田博・阿部尚美訳、光文社、二〇〇六年。

[21] この他人への規範性が、全人類にまで向けられるものなのか、それとも近しい共同体のメンバーのみに向けられるものなのかは、そのつど違ってくるだろう。中には、「この作品の良さは自分にしか分からないかもしれない」という感動もあるだろう。しかしそれでもそこには「もし自分と同様の趣味をもつ人ならば、これを見て同様の判断をすべき」という規範性が含まれているし、その規範性が向けられる範囲内で、その判断が適切なものかどうかは問われうるのである。価値の客観性についての一般的議論としては【6－1　価値と価値判断】も参照。

ないにせよ、ある程度の範囲で人々への要請を含んでおり[21]、そこから局地的（local）な規範性が生まれるのである[22]。

美的経験を考えるうえで現象学的アプローチが役に立つのは、――従来考えられていたように――経験から偏見や判断バイアスを削除していくところにおいてというよりも、むしろ「経験の全体的構造」を個人的な偏りを含んだものとして解明するところにおいて、というべきだろう。この作業から解明されるのは、皆に当てはまる普遍的経験ではなく、あくまで、個々の経験の特殊性・独自性についてである。現象学はなにも全人類に当てはまる事柄だけを扱うわけではない。個々の経験の独自性や特殊性を、経験に即しつつ解明・明確化することも、現象学の重要な仕事なのだ。

そしてこれは、美術批評や作品研究にとっても欠かせない作業だ。ある作品を観賞しながら「この感動はどのような知識を前提にしているのか」「何の知覚に基づいているのか」「他の感動とどう違うのか」といった考察をするとき、人は自分の経験をとらえなおし、分析するという、まさに現象学的態度をとっている。批評家や芸術史家は、こうした作業をつうじて、作品や観賞経験の特殊性・独自性を他の人々にも理解可能な形で示そうとするのである[23]。むしろ私たちはこう言ってもいいかもしれない。芸術に学問的に関わろうとするあらゆる人々は、何らかの仕方で現象学的姿勢をとることになる、と。

[22]　この規範性により、美的価値は、自分と、自分と同種の趣味をもつ人々にとって、観賞や保存などの行為をする理由となる。ロペスは近年、**真なる価値判定者**（true judge）を求めていた従来の美学理論を批判的に捉え直したうえで、この**局地的な美的エキスパート**（local aesthetic expert）たちの活動を通じて美的価値を再定義しようと試みている。D. M. Lopes, *Being for Beauty: Aesthetic Agency and Value*, forthcoming.

[23]　佐々木健一は『美学辞典』（前掲書）の項目「美的体験」の末尾で「美的体験の様式史を試みることによって、芸術の本質についての最も具体的な思想史を構築する可能性が開けてくるであろう」と述べている（一三三頁）。こうしたプロジェクトにおいては、現象学的視点からの考察は大いに役立つだろう。

コラム　現象学者たちの芸術論

第7章でも述べたように、現象学者たちはしばしば現象学の姿勢と美的経験の類似性を語ってきたが、幾人かの現象学者は、それにとどまらずに芸術論・作家論を執筆している。本コラムではそうした芸術論のいくつかを紹介したうえで、これらの現象学的芸術論をいま私たちが読むさいの注意点と、現代の現象学的芸術論の課題について述べよう（なお、本コラムでいう美的経験論／芸術論／作家論といった区分はあくまで便宜的なものだと理解してほしい。各著作の中では、たいていこれらの議論は組み合わされて論じられている。美的経験論についてはすでに第7章で論じたので、ここでは補足としてN・ハルトマンの未完の遺作『美学』（一九五三年。邦訳：作品社、二〇〇一年）と、M・デュフレンヌ『美的経験の現象学』（一九五三年）そしてデュフレンヌが共感覚をテーマに美的経験論をさらに展開した『眼と耳』（一九九一年。邦訳：みすず書房、一九九五年）を挙げるに留めておく）。

数ある現象学的芸術論の中でも、ハイデガー『芸術作品の根源』（一九五〇年。邦訳：平凡社、二〇〇八年）は多方面に影響を与えたものとして言及に値する。芸術の本質を〈真理が作品内に立ち現れること〉という点に見て取る非常に独創的な芸術論（精確には、ハイデガー自身は「真理が／を作品の―内へと―据えること（das Ins-Werk-Setzen der Wahrheit）」という独特の表現を用いている）は、その後H・マルディネらの真理に重きをおく芸術論に受け継がれたほか、李禹煥などの芸術家にも影響を与えた（なおマルディネ自身の芸術論も、芸術を「感じることの真理（vérité du sentir）」や「リズム」といった概念から説明する独特のものである。彼の芸術論は論集『芸術、存在の閃光』（一九九三年）にまとまっている）。

現象学が美学ならびに芸術論にもたらした重要な寄与のひとつは、「観賞者の役割」の重要性を浮かび上がらせた点にある。R・インガルデンやデュフレンヌらが積極的に論じたように、作品には未規定の箇所が残されており、芸術経験を完成させるためには、その未規定箇所を補う観賞者の能動的働きかけが必要となるのである。このことをインガルデンは読書経験の分析を通じて説得的に示し、美学に「受容美学」

という新たな領野をもたらした（『文学的芸術作品』（一九三一年。邦訳：勁草書房、一九八八年）、『文学作品の認識について』（一九三七年））。またフランス方面では、J‐P・サルトル『文学とは何か』（一九四七年。邦訳：人文書院、一九九八年）が同様の影響をもたらしたといえよう。サルトルにとって文学とは作者から読者に向けて発された信頼含みの「呼びかけ（appel）」であり、読者もまた読書行為を通じてその呼びかけに信頼をもって応答するのである。これら受容美学の考え方を重視する論者たちは、おおむね、芸術作品は観賞によって完成すると考えている。

なおインガルデンの名前は存在論の文脈で言及されがちだが、彼自身は美的価値や美的経験論についても綿密な分析をおこなっている。インガルデンによれば美的体験とは、感情的な要素（美的興奮、享受）、美的対象を形成する能動的で創造的な要素、そして構成されたものを直観的に受け取る受動的な要素、そしてその美的対象への価値評価的な応答など、さまざまな位相が複合的に折り重なるものである（「美的体験」（一九三七年）、「美的価値と芸術作品におけるその客観的基礎の問題」（一九五六年）など。なおこれらの論文は講演集『体験、芸術作品、価値』（一九六九年）に収録されている）。また先に挙げたデュフレンヌ『美的経験の現象学』も、単なる経験論にとどまらず、作品や美的対象の存在論的地位についても集中的な考察がなされた包括的な著作である。

作家論としてはフランスの現象学者たちの功績が光る。フッサール現象学の影響のもと独自の想像力論を練り上げたサルトルは、そこから派生した想像的態度重視の芸術論を活用してA・ジャコメッティやA・カルダーについての絵画・彫刻論を執筆したほか、さらに精神分析の知見も織り込みつつ、ジュネ論（『聖ジュネ』一九五六年。邦訳：人文書院、一九八〇年）やフローベール論（『家の馬鹿息子』一九七一―二年。邦訳：人文書院、一九八二年より）といった文学評伝を執筆した。これらの文学評伝は、哲学、文学批評、小説の融合的なスタイルで執筆されており、サルトルの思想が哲学書とは別の仕方で表されたものとして読むことができる。

M・メルロ＝ポンティは自身の現象学的知覚理論を用いながらP・セザンヌの絵画経験を分析し、絵画経験論の新たな側面を切り開いた（「セザンヌの疑い」『意味と無意味』所収、一九四八年。邦訳：『メルロ＝ポンティ・コレクション』ちくま学芸文庫、一九九九年）。現象学的絵画論では、絵画は〈何をどう描いているか〉ではなく、〈この作品はどのような経験を与えてくれるのか〉〈それは通常の知覚とどう違うのか〉が問題となる。奥行きや感覚といった「見えないもの」を見させる、という点に芸術の特徴を見いだすその芸術観は、M・アンリのカンディンスキー論（『見えないものを見る』一九八八年。邦訳：法政大学出版局、一九九九年）や、G・ドゥルーズのベーコン論（『感覚の論理』一九八一年。邦訳：法政大学出版局、二〇〇四年）にも受け継がれた（ドゥルーズ自身は現象学に否定的な態度をとっているのだが、R・ベルネットが言うように、このベーコン論はメルロ=ポンティやアンリの議論を引き継いだ絵画論の嚆矢として読むことができる（"Phenomenological and Aesthetic Epoché: Painting The Invisible Things Themselves," in D. Zahavi, (ed.), *The Oxford Handbook of Contemporary Phenomenology*, Oxford University Press, 2012）。実際『感覚の論理』は、具体的に個々の作品に即した分析をおこなっているという点で、他の論者の絵画経験論と比べても、より経験に即した、内実ある分析となっている）。また近年では、「イコン」「アイドル」という概念を導入し、経験の「飽和（saturation）」という点から芸術経験を論じているJ-L・マリオンの仕事も注目に値するだろう（*Étant donné*, Presses universitaires de France, 1997）。マリオンによれば絵画経験とは、ハイデガーのいうような真理の現れを見て取るようなものではない。絵画とは繰り返し見ることで常に新たな様相を呈してくるものであり、そこから圧倒的な意味の過剰が与えられ、飽和的な現象を呼び起こすものである。

最後に、現代の私たちが現象学的芸術論の著作を読むさいの注意点をひとつ述べておきたい。それは、フッサール、ハイデガー、サルトル、メルロ=ポンティといった現象学におけるビッグネームの論者たちが活躍した時代は、まだ芸術がそこまで多様化していない時代だった、という点である。二〇世紀前半は（M・デュシャンのレディ・メイド作品はすでに発表されていたとはいえ）まだコンセプチュアル・アートはそこまで盛んではなかったし、また、美術館外でおこなわれるハプニング的行為やインスタレーションなどが芸術作品とみなされることはそうなかった。スポーツや料理といった日常生活の美的経験を「芸術的なもの」と考えることも稀であっただろう。また現代では、このようにジャンルや芸術形式が多様化しただけでなく、もはや美的な経験をもたらそうとしていない芸術作品も数多くある。芸術の本質をただ「美」や「感性」という点だけから論じる芸術論は、もはや現代のアートワールドにはそぐわないのである。

もちろん本コラムで挙げた現象学的アプローチからの各論考が、画像知覚や音楽知覚といった各種経験について有益な知見をもたらしてきたことは間違いないし、その知見が創作や批評の実践場面に大きな影響を与えてきたことは事実である。その知見を捨て去る必要はない。だが現代の視点から見れば、過去の現象学者たちがしばしば狭い芸術観に囚われているように見えることもまた事実なのである。(たとえば「あらゆる芸術作品は人生の真理の要請を掲げねばならない」(ハルトマン『美学』(前掲書)第四一節)といった芸術観は、少なくとも現代ではすべての人々が受け入れるものではないだろう)。

私たちは過去の現象学者たちの見解をふまえつつ、さらに考察の幅を広げていく必要がある。芸術やアートワールドが複雑化・多様化したこの時代に、すべての芸術が同じ目標をもっているとはもはや言えそうにないし、美的真理なるものが存在するのかどうかの疑いはさらに強まっている。またマンガ、アニメ、ヴィデオゲームなど、新しいジャンル、新しい芸術形式は次々に生まれている。現代の美学は、そうした発展する文化環境をふまえた、フレキシブルな美学でなければならない。その文化的発展の中で、今や私たちは作品をどのように評価・価値づけしているのか。その評価には私たちの感情・態度はどのように関わっているのか。これらの問いに学問的姿勢で回答しつつ、さらに別時代や異文化の芸術論との相違点を明示すること。これは、現代の現象学的芸術論の重要な仕事である。

第8章　社会

私たちが笑いの中に喜びを、涙の中に苦しみと苦痛を、赤面の中に羞恥を、物乞いをしている手に懇願を、優しい眼差しに愛を、歯ぎしりの中に怒りを、おどかしの拳の中に威嚇を、言葉の響きの中に考えている意味を、直接にとらえていると考えることはまったくたしかである。「いや、だがそれは「知覚」ではない、〔…〕知覚とはもっぱら「感性的感覚の複合体」にすぎず、他者の心的なものに対するいかなる感覚も存在しない〔…〕から知覚もあり「えない」」と言う人に対しては、そうした疑わしい理論から現象学的な実情へと戻ることをお願いしたい。

（M. Scheler, *Wesen und Formen der Sympathie*, GW7, p. 254）

社会的作用を心的なものと特徴づけることはたしかにできる。しかし、社会的作用から生じうるもの、あるいは社会的作用によって変様・破棄されうるもの —— 法的関係、絶対的・相対的な法、そして履行義務 —— は、われわれが示したように、物的なものでも心的なものでもない。純粋に法的な対象性からなる絶対的に固有の領分が、ここに開かれたのである。

（A. Reinach, "Die apriorischen Grundlagen des bürgerlichen Rechtes," *Sämtliche Werke*, pp. 276-277）

8-1 他人の心

1 なぜ他人の心がわかるのか

私たちの経験のかなりの部分は**他人**とかかわっている。他人とかかわることは、心をもった自分以外の存在とかかわることである。日常的に生きているかぎりにおいて、私たちが他人の心について知ることができるということに疑いをはさむ余地はない。もちろん、他人が何を考え、どのような**感情**をもっているのかについて、私たちはときどき見誤る。しかし、そうした誤認はあくまで局所的なものにすぎず、大体において私たちは他人の心を首尾よく認識できている。だからこそ、他人とコミュニケーションをとり、社会生活を営むことができているのである。[1]

だが、私たちがごく普通にできていることについても、それがどのようにして可能になっているのかを問うことはできるし、そうしたことを問うのは場合によっては必要なことでもある。「私たちはどのようにして他人の心について知ることができているのか」という問いに対して、経験に寄り添って答えようとするとどうなるだろうか。以下では、他人の心の状態を「見て取る」経験と、物を見る通常の**知覚**経験との

[1] 本項では他人の心に話題を絞るが、動物の心や動物との共同体についても現象学的に考えることは可能である。【1-3 動物実験と現象学の意義】および【6-2 道徳】を参照。

つながりを考えることを通じて、他人の心についての**知識**の現象学的な説明を試みる[2]。まず、他人の心についての認知がもつ間接性を、知覚における物の背面の現れと類比的なものとして考える説明方針を提示する。次に、この方針の問題点を述べたうえで、他人の心を知ることはむしろ物の（一部ではなく）全体を見ることと類比的に扱うべきであることを明らかにする。そのうえで、他人の心の知識を知覚によって説明する立場に対して向けられうるいくつかの疑問に答える。最後に、他者経験の現象学が取り組むべきさらなる問題を指摘する。

[2] したがって、本項で試みるのは、【2-2 知覚からはじめる経験の分類】第4節でおこなった知覚と**他者認知**の区別と関係についての考察を、より詳細に、より幅広い論点を考慮しながら辿り直すことである。

2 他人の心を「ともに見る」

電車の座席に座っている男の子が口を尖らせて足をぶらぶらさせているのを見て、退屈なんだな、と思う。このとき、私は彼のふるまいを見ると同時に、退屈しているという彼の心の状態についての知識を得たのだと言ってよいだろう。退屈しているという心の状態は、物体と同じ仕方で存在してはいないように思われる。しかし、「目に見えて退屈している」といった言い方をしばしば私たちがするように、他人の**身体**という一種の物体のふるまいを見るのと同時に、それにともなって、他人の心の状態を直接に知る場合がある。他人の心の状態がつねにこのように知られるわけではないにせよ、この電車の中での経験のようなある種のケースでは、私たちは他人の心の状態を、身体のふるまいと「ともに見る」のだと言いたくなる。

「ともに見る」とはどういうことだろうか。私たちの知覚経験には、端的に見えているものとともに、端的には見えていないものが現れるという構造がある。[3]目の前のコーヒーカップのこちら側の側面しか、端的に私に現れてはいないが、背面がどうなっているか、まだ残っているコーヒーによって隠されている底の部分がどうなっているかも、ある意味では私に現れている。というのも、私が見ているのはコーヒーカップの前面ではなく、背面や底面をもったコーヒーカップそのものだからである。端的に見えている側面を見ることを通じて、特に**思考**や**想像**を働かせることなしに、いまは見えていない側面があることと、それがどうなっているのかを私は**先取り**している。端的には現れていないものがともに現れるという構造を、フッサールは、物を見る経験が本質的にそなえている構造だと考えた。ここで重要なのは、背面などがともに現れることは、物体を見ることの一部であって、それに外から付け加わった要素ではないということである。背面がともに現れること（**「共現前」**）も、前面の端的な現れに劣らず、知覚的な現れなのであって、想像や**推論**の産物ではない。[4]

他人の心を「見る」経験も、これと似た構造をもっている。目の前の子供が退屈しているのを見るとき、端的に現れているのは彼の身体とその動作である。退屈しているという心の状態は、この端的な知覚的現前を通じて、私にともに現れている。背面の現れが物の知覚の一部をなしているように、他人の心の現れも私たちの知覚経験の一部である。こう言えるのではないだろうか。

［3］【1−1　現象学の特徴】第2節および【2−1　経験の現象学的な分類とは何か】第2節を参照。

［4］　知覚経験に含まれる先取りそのものが知覚的なメカニズムなのかどうかは、実は問題になりうる。この問題を扱っているものとして、たとえば源河亨「知覚の対象範囲を見定める――感情知覚を例にして」（『現象学年報』第三一号、二〇一五年）を参照。だが、もし先取りが非知覚的な働きだとしたら、ごくふつうの知覚経験が非知覚的なメカニズムを含んでいることになる。そうすると、本来の意味で知覚的と言えるものの範囲が不当に狭められるように思われる。

ある経験が別の経験と似ていると指摘すること自体は、たいした意味をもたない。類似性はいたるところで成り立つ関係であって、どんな経験も他の任意の経験といくらか似たところがあるからだ。しかし、いま問題になっているケースで類比が成り立つとすれば、そこから重要な帰結を引き出すことができる。というのも、他人の心を知ることが知覚経験の一部でありうるとすれば、他人の心の認識に関する認識論的な懐疑を退けることができるからである。それは、「私たちが直接に知ることができるのは他人の身体的ふるまいだけであって、心の状態についてはふるまいから推測するなどして間接的に知ることしかできないのではないか」という懐疑である。

知覚は一般に、何かを知る直接的な方法である。「冷蔵庫の中にケーキがあるよ」と人から聞いて得た間接的な知識は、自分で冷蔵庫を開けて中を見ることで、直接的な知識に変化する（もしくは破棄される）。これに対して、知覚によって得た知識を他のやり方でより直接的な知識に変えることはできない。[5] 知覚的信念が他人の証言などによって訂正されたり確証されたりすることはあるが、そのような場合でも、直接性が増すわけではない。

もし他人の心についての知識の一部が知覚によって得られるのだとしたら、懐疑的な立場に反して、私たちは他人の心について直接的な知識をもつことができるということになる。懐疑的な主張には私たちの直観に合致するところがあり、一見正しそうに思えるため、それが間違っていることが示せれば、他人の心の認識についての私た

[5] 知覚のこうした役割については、【4－2 意味と経験】を参照。

ちの理解は前進する。

3　知覚経験の破綻のない進行

だが、他人の心の現れと物の背面の現れは、重要な点で異なる。コーヒーカップの背面は、いまは端的に現れていないが、カップを回転させたり、私がテーブルの反対側の席に移ったりすれば、端的に現れるだろう。物の知覚においては、どの面が端的に現れ、どの面がともに現れるのかは、物の向きや私の視点によって変わる相対的な事柄でしかない。これに対して、他人の心の状態は、私たちが視点を変えたり、相手が向きを変えたりしても、身体的ふるまいの現れに代わって端的な現れの地位を占めることはない。どこまでいっても他人の心の状態はともに現れるだけである。

フッサールもこの違いに気づいていた。彼は『デカルト的省察』第五省察で、他人の体験の現前は、決して端的な現前に変わることのない「共現前（Appräsentation）」（あるいは「付帯的現前」）だと述べている[6]。だが、彼はそのすぐあとで、こうした違いにもかかわらず（ある種の）他者経験が知覚経験の一部だということを示すための手がかりを与えている[7]。

フッサールは、物を見る経験はスナップショットのようなものではなく、時間の流れの中で進行していくものだということに注意を促す。コーヒーカップを回しながら眺めていると、さまざまに異なる側面が私に現れてくる。カップのどの側面がどうな

[6]「実際に他の人間を経験する場合、他人自身が私たちの前に「ありありと」そこに立っている、と私たちはふつう言う。他方、ここで「ありありと」と言っても、そのとき本来的には他の自我そのものも、彼の体験も、〔…〕根源的には与えられてはいない、ということを直ちに認めないわけにはいかない。〔…〕つまり、ここには志向性のある種の間接性がなければならない。〔…〕したがって、ここで問題なのは、一種の共に現前させることであり、一種の「共現前」である」（『デカルト的省察』浜渦辰二訳、岩波文庫、二〇〇一年、一九六頁）。野矢茂樹は、ここでフッサールが他者経験の志向性を「間接性」として特徴づけている点に論点先取を見て取っている。『哲学航海日誌』（春秋社、一九九九年）三八頁参照。

[7] 他者経験を「**感情移入**（Einfühlung）」と呼ぶフッサール自身は、それが知覚経験の一部だとは考えていない。以下で展開する考えはフッサールのアイディア

っていて、全体としてどのような色と形をしているのか等々を、私たちは変化していく現れの系列を経験する中で知ることができる。このように進行する経験のある局面を取り出すと、そこで私は背面の共現前を通じて、カップの現れがこれからどのように変化していくのかを先取りしている。カップを回すことでこの先取りが次々に確かめられていく。すべての面が一度に前面になることはありえず、端的には現れていない面がつねに残るのだが、そのことはコーヒーカップの全体を把握するうえで特に問題にならない。問題が生じるのは、カップを回しても同じ面しか現れないような場合など、先取りが決定的に裏切られるケースである。そうしたケースでは、私がコーヒーカップという一つの全体を見ているのかどうかが怪しくなるだろう。

しかし、通常はそのようなことはなく、カップを見る経験は問題なく進行し、このことによって私がばらばらの側面ではなく一つのカップという物を見ていることが保証されるのである。こう考えると、全体としてのある物を見るために必要なのは、そのすべての側面が端的に現れることではなく、その物を側面から見る経験が破綻なく続いていくこと、つまり先取りが連続的に確かめられていくことだといえる。

このことをふまえて、ふたたび他者経験に目を向けるとどうなるだろうか。子供の身体的ふるまいを見て、私は彼のさらなるふるまいを先取りする。口を尖らせて足をぶらぶらさせていた子供は、やがて隣にいる母親の袖を引っ張って「あとどれくらいで降りるの?」としつこく聞きはじめるかもしれない。その場合、私の先取りは確証

を手がかりにしているが、彼の立場そのものではない。以下も参照。池田喬・八重樫徹「「共感の現象学」序説」、『行為論研究』第三号、二〇一四年。

される。母親の袖を引っ張ったり電車を降りるのはいつかを尋ねるといったふるまいを正確に予想している必要はない。私の先取りは、「退屈した子供のふるまい」としてまとめられるようなものでありさえすればよい。

このとき、退屈という心の状態の把握は、いわば子供のふるまいに関する知覚的先取りの背景をなしている。この心の状態そのものが端的に現れることはない。それはコーヒーカップのすべての側面が端的に現れることがありえないのと同様である。しかし、退屈さを背景としてなされるふるまいの先取りが満たされているかぎり、私は子供の心的状態を正しく捉えていると言ってよい。ここでも、物を見る場合と同じように、重要なのは知覚経験の破綻のない進行である。先取りが連続的に確かめられていけば、私は他人の心の状態を把握することができる。ある対象を把握する経験が知覚経験に属すると言うために、その対象全体が知覚において端的に現れうると主張する必要はない。

以上の説明は、他人の心を知ることを物の背面をともに見ることと類比的に語るフッサールの説明とは異なる。いまや、他人の心の状態の把握と類比関係に置かれているのは、物の背面をともに見ることではなく、物の全体を見ることである。だが、(ある種の)他者経験が知覚経験の一部だと考える点では、フッサールの説明の基本的な方向性は保たれていると言える。

4　知覚説、機能主義、理論説

前節で述べたアイディアを明確なものにするために、いくつかの予想される疑問に答えたい。まず想定される疑問は、問題の説明が他人の心の状態をその身体的ふるまいの全体と同一視しているのではないか、というものである。これに対しては、そうではないと答えられる。いま問題になっている立場は「ある種の心の状態は知覚経験の中で把握されるものであり、ある意味で「見える」ものだ」と主張するが、心の状態が身体的ふるまいと同じように存在すると主張するわけではない。心の状態は、移り変わるさまざまな身体的ふるまいが私に現れる際の背景として働く。退屈しているという心の状態は、口を尖らせること、足をぶらぶらさせること、そばにいる人にちょっかいを出すこと、といった身体的ふるまいのいずれとも、またそれらをすべて合わせたものとも同一ではない。だが、それらのふるまいはすべて「退屈さの現れ」として記述できる。心の状態は、ふるまいそのものではなく、さまざまなふるまいを出力する機能とみなせるようなものである。心についてのこのような見方は「**機能主義**」と呼ばれる。前節で提示した他者認知についての説明は、機能主義を前提するわけでも含意するわけでもないが、少なくともそれと両立する[8]。

　もう一つの疑問は、他人の心の状態を把握することは、本当に知覚の一部だといえるのか、というものである。他人の身体的ふるまいを見ることと心の状態を知ることの間にはギャップがあり、それを埋めるのは両者を結びつける理論であるように思わ

[8]　機能主義については、【1−3　動物実験と現象学の意義】第3節を参照。また、フッサールによる他者認知の説明と機能主義の関連については以下を参照。J. Smith, "Seeing Other People," *Philosophy and Phenomenological Research* 81(3), 2010, pp. 731-748.

れる。ここでいう理論とは、たとえば「退屈している人は、足をぶらぶらさせたり、指で机を叩いたり、時計を見たり、等々のふるまいをする傾向がある」といったたぐいのものである。特定の心の状態の概念（退屈、怒り、不安、恐怖、悲しみ、痛み、等々）とさまざまなふるまいへの傾向を結びつける理論を手にし、それを個々の場面に適用することで、私たちは他人の心の状態を知る。こうした理論的思考は、知覚に含まれるものではなく、場合によっては知覚に付け加わる別種の経験であるように思われる。こうした考えは他者認知についての「**理論説**（Theory Theory）」と呼ばれる[9]。

まず言えるのは、他人の心を知るときに理論的思考を明示的におこなうのは例外的なケースでしかないということである。心的概念とふるまいをむすびつける法則を目の前の個別例に適用するようなことをするまでもなく、特定のふるまいを見るなりすぐさま心の状態を知るのが普通である。理論説をとるなら、こうした通常のケースを、（明示的ではなく）暗黙の理論的思考を含むものとして説明することになる。すると問題は、暗黙の理論的思考が知覚経験に含まれうるかという問いに帰着する。だが、こうなると当初の理論説の前提である「知覚であるなら思考を含んでいない」が成り立つのかどうかが怪しくなる。物を見る経験が明示的な理論的思考を含まないというのはもっともらしいが、はたして知覚は暗黙の思考も排除するのだろうか。コーヒーカップを見ているとき、私は目の前の物が〈コーヒーカップ〉という概念のもと

[9] いわゆる「心の理論」論争について、日本語で読めるものとしては以下が参考になる。子安増生『心の理論——心を読む心の科学』岩波書店、二〇〇〇年。

に属することを理解している。このとき私は暗黙の理論的思考をおこなっていると言ってもよいように思われるが、はたして目の前の物を見ることとは別に思考をおこなってもいると言わなければならないのだろうか。知覚という経験のあり方を考えるときに、それが「思考」と呼びうる経験をいっさい含まないと考えなければならない理由はないように思われる。知覚の現象学は、「知覚は暗黙の理論的思考を含みうる」という考えを排除しない。それゆえ、「他人の心を知ることは必然的に理論的思考を含む」という主張が正しかったとしても、ある種の他者認知を知覚経験の一部とみなす立場がただちに誤っていることにはならない[10]。

5 他人の心を深く知ること

考えうるすべての反論に答えたわけではないが、ひとまず「他人の心の状態を知ることの一部は、知覚経験に含まれる」という考えが正しいとしよう。当然ながら、この考えは他者経験のすべてを説明してはいない。第一に、他人の心を知ることだけが他者経験ではない。これについては次項【8−2】で、他人の心を知ることとは異なる種類の他者経験の一部を取り上げて考える。第二に、他人の心を知ることの中には、知覚経験の一部とみなせるもの以上の何かが含まれているように思われる。この点についてはここで考えてみたい。

ある人のふるまいを見て、その人が怒っていることはわかったが、なぜ怒っている

[10]「心の理論」論争において理論説と対立する**シミュレーション説**については、池田・八重樫前掲論文が現象学の立場から応答している。

のか、またどれくらい怒っているのかはわからない場合がある。このとき、知覚を通じて与えられている相手の怒りという心の状態には、だいぶ未規定の部分がある。この空白はどうやって埋められるのだろうか。ふつう私たちは、相手に直接聞いてみたり、それが難しい場合には別の人の証言をたよりにしたり、相手の人柄や置かれている状況について自分が知っていることから推測したりする。対象に働きかけて反応をみたり、既知の情報から意識的に推論したりすることは、知覚経験を超えているように思われる。他人の心を知る経験の中で、知覚経験に属するのはごくわずかな部分にすぎず、少し詳しく他人の心を知ろうとすると、私たちはすぐに知覚経験の範囲を超えてしまうのではないだろうか。もしそうだとすれば、「他人の心の状態を知ることの一部は、知覚経験に含まれる」という主張は、もし正しいとしても、他者認知の説明においてそれほど重要な役割を果たさないことになる。

これに答えるために、ふたたびコーヒーカップを見る経験に向けてみよう。目の前に置かれているカップをパッと見ただけでは、見えていない部分がどうなっているかはわからない。見えている部分は白くてツルツルしているが、背面や底面は灰色でザラザラしているかもしれない。このように、私たちが見ている物には未規定の部分がある。私たちはこの空白を、反対側に回ったり、カップ自体を手にとって回したり、中のコーヒーを飲み干したり、といった働きかけによって埋めることができる。[11] わざわざそんなことをして確かめない場合でも、見えていない部分も白くてツルツルして

[11] この事実をフッサールは「**規定可能な未規定性**」と表現している。「すべての本来的に現出するものは、志向的な空虚地平によって包み込まれ、浸透されていることによってのみ、すなわち現出のうえで空虚なるものの庭によって取り囲まれているということによってのみ、物という現出者なのである。それは空虚なものであるとはいえ、無なのではなく、充実されるべき空虚なものであり、規定可能な未規定性なのである」『受動的綜合の分析』山口一郎・田村京子訳、国文社、一九九七年、一七頁。

いるという先取りをしている。だから、コーヒーを飲み干した後に白い底面が現れたとき、私たちは未知のものに出会うのではなく、それを当たり前のこととして受け取り、気にも留めないのである。すでに述べたように、こうした先取りの構造は知覚経験に本質的なものであって、知覚を超え出る意識的な推論の産物ではない。

他人の心を知る経験も、これと同じような構造をもっている。怒っている人を目の前にするとき、私は怒りという心の状態をいわば見ており、それを背景としてその人のさらなるふるまいを先取りしている。この先取りはそれほど詳細なものである必要はない。実際にその人のさらなるふるまいを見て、先取りが確証されていくにつれて、場合によっては、その人がなぜ怒っているのか、どれくらい怒っているのかを私は理解するだろう。この過程は、すでに把握している怒りという心の状態全体の中で、未規定だった部分が描きこまれていく過程だと言える。ふるまいを見ることによって描きこむ代わりに、明示的な推論や第三者の証言を聞くことによって能動的に描きこむ場合もあるだろう。だが、そのような空白の埋め方は間接的なものであり、それを直接的な知識にするためには、実際に相手のふるまいを見る必要がある。また、相手に働きかける場合でも、働きかけた後に相手がどのようにふるまうのかを見ることが不可欠である。それゆえ、他人の心の状態の未規定な部分を埋める過程においても、知覚的な経験が重要な役割を演じていることに変わりないのである。

他人の心を知る仕方はさまざまであり、そのすべてを知覚的な経験とみなせるわけではない。しかし、以上の議論によれば、そうみなせる部分は他人の心を知る経験の全体のなかで最も認識論的に重要な役割を果たしていることになる。

6　経験の主体としての他人

以上、他人の心を知るとはどのようなことなのかを、経験に寄り添って考えてきた。わかったのは、他人の心を知ることの一部――それも本質的に重要な部分――は知覚経験に含まれるという考えが、現象学的に見て有望だということである。このことは、物を知覚する経験の基本的な構造を、他者経験のかなりの部分が共有していることを意味している。

だが、このように述べることは、物と心の区別を曖昧にしてしまうのではないか。あるいは少なくとも、この根本的な区別をいままでの議論はまったく説明していないのではないか。最後にこの疑問に答えたい。

他人の心を知る経験においては、心の状態の把握がふるまいの知覚的先取りの背景をなしていることを強調してきた。物を見るときにも、目の前の物が全体として何であるかの把握が背景をなしていると言うことができる。たとえば、目の前の物をコーヒーカップとして見るのか、テーブルの表面の一部（つまり立体的に見えるだけのコーヒーカップの絵）として見るのかによって、知覚的先取りは大きく違ったものになる。どちらも背景と先取りの構造として記述できる両者の経験としてのあり方には、重要な違いがあるように思われる。背景として働くものが見えるか見えないかの違いではない。退屈にせよ怒りにせよ、心の状態は経験されるものである。他人の心の状態を知ることは、他人が何を経験しているのかを知ることである。当然ながら、そこでは知る対象が経験の主体であることが同時に知られている。[12]これに対して、物は経験の主体ではない。物を見る経験の背景と、他人のふるまいを見る経験の背景は、対象が経験の主体であることの把握を含むか否かという重要な点で異なるのである。

対象を経験の主体として扱う態度は何に由来するのか。私たちはなぜ他人を単なる物としては見ないのか。[13]こうした問いは発達心理学の問いであるだけでなく、哲学の問いでもある。フッサールをはじめとする現象学者たちは、この問いに現象学的にアプローチしてきた。ここではこれ以上深く立ち入ることはできないが、他者経験の現象学の真価が問われるのはこの問いへの取り組みにおいてであると言えるかもしれない。[14]

[12] 経験の主体の複数性については、【3－3 経験の一人称性】第2節を参照。

[13] この問いは、経験としての心と物としての身体がどのようにかかわるのかという問題とも関係している。【5－2 心身問題】を見よ。

[14] たとえば田口茂『現象学という思考――〈自明なもの〉の知へ』（筑摩書房、二〇一四年、第七章）は、この問いに「身体の響き合い」という観点から迫ろうとしている。

8-2

約束

社会のなかで他人とともに生きる私たちの日常には、他人とかかわるさまざまな経験が含まれる。そうした経験のうち、【8-1　他人の心】では、他人の心について知ることを取り上げた。本項では**約束するという経験**を取り上げる。約束は誰かを相手にしてなされるのだから、約束をするという私の経験が他人にかかわるということは、ひとまず明らかだろう[1]。しかしあとで詳しく見るように、この経験が他人にかかわる様式は、他人の心について知るという経験が他人にかかわる様式とは異なる。また、約束をするという経験は他人の心について知るという経験にはまったくない特徴ももつ。これらの点を明らかにするのが、本項の第一の目的である。しかし本項は同時に、約束を具体例として、**社会の現象学**についての見通しを得ることも目指している。

考察の題材になる具体例を導入しよう。仮に、私が十一月の中頃に次のような状況に直面しているとする。

[1]　この主張への反例として、自分自身に何かを約束するというケースを持ち出す人がいるかもしれない。しかし、この反論には以下のように答えることができる。自分自身に約束するとき、私たちは自分自身をあたかも他人であるかのように扱っているのではないだろうか。したがってここでも、他人にかかわる経験であるという約束の特徴は（特別な仕方で）成り立っている。もしそうでなかったとしたら、自分自身に何かを約束するという経験は、その何かを決意するという経験と同じものになるだろう。すると、最初の反論はそもそも「約束」と呼ぶ必要のない経験を「約束」と呼ぶことにもとづくことになり、有効性を失ってしまう。

このあいだのミーティングのときに「十一月末までに原稿を仕上げます」とみんなに約束してしまった。おかげで日曜日なのに部屋で孤独にパソコンに向かっている。たしかに昨日は息抜きをして仕事のことを完全に忘れる時間もあったけど、そのときもいまも、原稿を書く約束はずっと有効なままだ。

私はいま、孤独であるにもかかわらず他人とのかかわりから解放されず、十一月末までに原稿を仕上げるという約束がこのあいだからずっと有効であると判断する。約束の内容はさておき、ほとんどの人がこれと似たような状況に置かれたことがあるのではないだろうか。

さて、私のこの判断が正当だとしたら、その根拠はどこにあるのだろうか。経験にとどまる現象学的な観点からこの問題に答えるのが本項の課題だ。

最初の手がかりは、このとき私が過去にもった他人との関わりについて想起をしているという点だろう。私がいま原稿の約束を有効なものとみなすのは、先日のミーティングでみんなに約束をしたという過去の経験を思い出しているからだ[2]（以下では誰かに何かを約束する経験を「約束経験」とも呼ぶ）。すると最初の課題は、約束をするという経験は現象学的な観点からどのように分析されるのか、ということになる。

現象学の伝統において、約束をするという経験は、「**社会的作用**（sozialer akt/social act）」の一種として分類され論じられてきた[3]。本項の議論も、社会的作用を最初に論

［2］想起については【2-1 経験の現象学的な分類とは何か】第2節を参照。

［3］経験の分類については第2章を参照。

じて社会の現象学に大きな影響を与えた現象学者A・ライナッハが『民法のアプリオリな基礎』（一九一三年）でおこなった考察に、おおきく依拠している。[4]

1　社会的作用としての約束

約束をするという経験は、【8－1　他人の心】で取り上げた〈他人の心を知ること〉という経験と同じく、他人にかかわるという特徴をもつ。しかし両者は異なる種類の経験であり、それらにはいくつかの重要な違いがある。たとえば、（1）他人の心を知るという経験が私の意図とは無関係に生じうる経験であるのに対して、約束経験はどれも、約束という意図的な行為の経験[5]である。（2）誰かに何かを約束するという経験をしても、その人の心についての知識がそれによって増えるわけではない。（3）私が他人の心について直接的に知るためには、その人と対面し、その人のふるまいを知覚しなければならないが、約束経験には同様の制約がない。他人がその場にいなくても、私はその人と約束をすることができ、しかもそのことによって私の約束経験の基本的な特徴に変化が生じることはないのである。

これらの違いのうち、本項でもっとも重要になるのは（3）だ。約束経験は、その場に自分以外の誰もいないときでさえも、約束相手という他人にかかわる経験として成り立つことができる。対面する他人に対して約束をするというのは、たしかに約束の典型的な場面だが、相手に会わずに、たとえばメールで約束をすることもできるか

［4］ A. Reinach, *Die apriorischen Grundlagen des bürgerlichen Rechtes.* Reprinted in his *Sämtliche Werke*, K. Schuhmann & B. Smith (eds), Philosophia Verlag, 1989.（A・ライナッハ「法の現象学について――民法の先験的基礎」『名古屋大学法政論集』第一四三号、四六七－五六七頁、第一四四号、六一九－六六一頁、一九九二年。）ライナッハについての包括的な二次文献として、以下を参照のこと。K. Mulligan (ed.), *Speech act and Sachverhalt*, Martinus Nijhoff, 1987; J. James & M. DuBois, *Judgement and Sachverhalt*, Kluwer, 1995.

［5］ 誰かに脅迫されて望まない約束をすることは、意図的な行為とは言えないように思えるかもしれない。しかしこの場合にも、私は意図的に約束という行為をおこなっているといえる。なぜなら、脅迫に屈せずに約束をしないという（大きな危険をともなう）選択肢もあったにもかかわらず、私は望まない約束をすることを選んだ

らだ。したがって約束経験は、他人の心について知るという経験とは異なる独自の様式で他人とかかわる。こうした独自性は、約束経験がもつどのような特徴に由来するのだろうか。

最初に考えられるのは、約束経験の志向的内容による説明だ[6]。たとえば、友人Aから借りていた本を明日返すという約束のメールを、その場にいないA本人に送ったとしよう。このとき私の約束経験は、「私はAから借りていた本を明日Aに返す」と表現できるような志向的内容をもつ。こうした志向性のおかげで、私の約束経験はAにかかわるのではないだろうか。なぜなら、志向的な経験は、(その場に)存在しないものについての経験でもありえるからだ。

しかしこの説明は、二つの理由からうまくいかない。第一に、約束経験は、いつでも約束相手についての志向的内容をもつわけではない。私がAに、別の友人Bの悩みを聞くという約束をしたとしよう。このとき私の約束経験がもつ志向的内容は、「私はBの悩みを聞く」と表現できるものだ。したがって、私の約束経験がAを相手としたものであるということは、この経験の志向的内容によっては説明できない。第二に、約束経験は、いつでも他人についての志向的内容をもつとは限らない。冒頭の例に出てくる私の約束経験の志向的内容は、「私は十一月末までに原稿を仕上げる」と表現できるものであり、ここには自分以外の他人が登場しない。すると、志向的内容による説明では、この約束経験が執筆チームのメンバーという他人にかかわるという

からである。この点について詳しくは以下を参照。古田徹也『それは私がしたことなのか――行為の哲学入門』新曜社、二〇一三年、一四八―一五三頁。行為については、【2―2　知覚からはじめる経験の分類】第7節も参照。

[6] 志向的内容については、【4―1　思考と真理】を参照。

ことを説明できない。

約束の相手とは、私がその約束を実行する義務を負う相手である。Bの悩みを聞くというさきほどの約束を守らなかったとき、私はBではなくAに対する義務をおろそかにしている。なぜなら、このとき約束を守るように私に要求する権利があるのは、AであってBではないからだ。[7] 同様に、私が十一月末までに原稿を仕上げなかったとき、私は執筆メンバー全員に対する義務をおろそかにしており、彼らには、約束を守るように私に要求する権利がある。私の約束経験が他人にかかわることの説明は、私が何について約束をしたかではなく、私がその約束を実行する義務を誰に対して負うのかという観点からなされなければならない。

では、約束経験には約束相手について考えるという経験がいつでもともない、この経験の志向性によって約束経験は約束相手にかかわる、というのはどうだろうか。この説明によれば、十一月末までに原稿を仕上げる約束をするという経験が執筆チームのメンバーにかかわるのは、約束経験の志向的内容のおかげではなく、私がそのとき同時に彼らについて考えてもいるからである。約束は知的な能力を必要とする行為なのだから、誰かと何かを約束するときに私がその人について考えているという主張はもっともだ。また、私はその場にいない人についても考えることができるのだから、この説明は、約束経験がその場に不在の相手にかかわることもできるという事実にきちんと対応している。

[7] たしかにこうした場面でBは、私に対して、Aとの約束を守るように求めるかもしれない。しかし、Bがこうした要求をすることが正当だとしても、それは、Aがもっているのと同じ根拠にもとづくわけではない。Aが私に正当な要求ができるのは、Aが私の約束相手だからである。Bは私の約束相手ではないのだから、私に対して約束を守るように要求するとき、これと同じ理由を持ち出すことができない。Bの要求の理由になることができるのは、たとえば、「一般的にいって、約束を破るのは道徳的によくない」というものだろう。

[8] ライナッハは、こうした事情を指摘して、約束やその他の社会的作用（後述参照）には「**受け止められる必要性**（Vernehmungs-bedürftigkeit）」という特徴があると主張した（ライナッハ前掲書、第三節参照）。これに対して、他者経験などがもつ、志向的内容にいつでも他人が含まれるという特徴を、ライナッハは

だがこの説明は、約束経験が他人にかかわる様式の独自性を十分に捉えていない。他人について考えるという経験は、その人にまったく気づかれずにもつこともできる。たとえば、私はいま執筆チームのメンバーについて考えながらこの文を書いているが、現時点では彼らはそのことにまったく気づいていない。それに対して、誰かに何かを約束をするという私の経験は、その約束を相手が受け止められるようなかたちでその人にかかわる必要がある。なぜなら、相手に受け止められることによってはじめて、その約束を果たす義務が私に生じ、約束を守るように要求する権利がその相手に生じるからだ[8]。誰かに対する約束を、その人に気づかれないように隠れておこなうという経験は、約束という行為の本性からしてけっしてありえないのだ。したがって、約束経験が他人にかかわるという特徴は、その人について考えるという経験では説明できない。

　約束経験に含まれる他人へのかかわりの独自性は、それが約束相手に向けて**表明される**という点にある。相手に受け止めてもらうために、私は自分の約束経験を[9]（ほとんどの場合には言葉で）表立ってはっきりと示さなければならないのである。ただしここでの表明を、喜びや悲しみが仕草に現れること（これを「**感情の表出**」と呼ぼう）と似たものとみなすことはできない。両者は少なくとも四つの点で異なるからだ。（A）感情の表出は自分の意図と無関係に生じることもあるが、約束経験の表明は約束という行為の一部であり、意図的におこなうことでしかない。（B）感情の表

「**他人についてのものであること**（Fremdpersönlichkeit）」と呼んだ。こうした言葉遣いでここまでの議論を要約すれば、「受け止められる必要性という約束経験のもつ特徴は、他人についてのものであるという特徴によっては説明できない」という具合になる。

[9]　ライナッハによれば、祈るという経験は、その相手である神に受け止められる必要があるが、だからといって祈りはいつでも表明されなければならないわけではない（前掲書、第三章参照）。神は、心の中のひそかな祈りも受け止めるというのである。すると同様に、神に対して何かを約束する場合には、その約束経験を受け止めてもらうために、約束を言葉にして表明する必要はないかもしれない。しかしここでは、人間を相手にしてなされる約束に話を限る。

　また、ここで注意しておきたいのは、本項で問題になるような意味での約束が、（人間ではない）動物に対してできるようなもので

出は相手をもたないこともあるが、約束経験の表明はいつでも他人を相手にしている。（C）感情はそれを表出させずにもつことができる経験だが、表明されていない約束経験はありえない。（D）感情の表出はその感情の志向的内容についての情報を含むとは限らない（たとえば、なんであれ何かに怒っていることは表出されるが、怒りの対象がどのようなものかについては何も表出されないことがありうる）が、約束経験の表明はその経験がどのような志向的内容をもつかを他人に知らせるかたちでなされる。

約束経験の表明は、状況に応じてさまざまな様式を取る。約束相手と対面している状況では、「私は十一月末までに原稿を仕上げます」と口に出して言うことで約束経験を表明できる。それに対して、相手がその場にいない状況では、たとえば十一月末までに原稿を仕上げるという内容のメールを相手に送ることによって、約束経験を表明しなければならない。表明の様式はこれらに限られない。原稿を十一月末までに仕上げる約束を相手から求められ、それに同意することや、原稿を十一月末までに仕上げるという誓約書を渡されてそれに署名・捺印をすることも、約束経験の表明の例とみなすことができるだろう。しかしいずれの場合でも、約束経験は、私たちが他人の心について知るという経験がもつ志向性とは別の仕方で他人にかかわるのである[10]。

まとめよう。約束経験は、約束をするという意図的な行為の経験であり、約束相手に受け止めてもらうために、その人に向けて表明されなければならない。こうした事

はないという点である。なぜなら、動物は表明された約束経験を受け止めることができず、それゆえ約束の実行を私たちに要求する権利を手にすることができないからである。（たしかに、私たちは動物に対して約束をするかのような行為をすることがある。だがこれは、おそらく、約束というよりも決意の単なる表明に近いものとして理解するのが適切だろう。）とはいえ、もちろんこのことは、私たちには動物に配慮する必要などないという帰結をもつわけではない。動物に対する道徳的な配慮については、【6−2　道徳】を参照。

[10]　この点については、【6−2　道徳】第6節での道徳体験についての議論、とりわけ「顔」をめぐる箇所も参照。

[11]　誰かに何かを問うという経験についての現象学的な考察として、以下を参照のこと。吉川孝『フッサールの倫理学――生き方の探究』知泉書館、二〇一一年、

情は約束経験だけに特有のものではない。誰かに何かを伝達すること、誰かに何かを命令ないし依頼すること、誰かに何かを質問することなども、その相手に対して表明され、受け止められる必要のある経験である。[11] このように、他人に受け止められる必要があり、それゆえ（典型的には言語によって）表明されなければならない経験こそ、社会的作用と呼ばれるものである。[12]

2　契約としての約束

誰かに何かを約束するという経験は、その約束をするときに私がもつものであり、そのときを過ぎれば消え去ってしまう。その一方で、約束そのものは、私が約束経験をもった瞬間を超えて残り続けることができる。冒頭の事例を使って具体的に考えよう。このあいだのミーティングで、私は十一月末までに原稿を仕上げるということを執筆メンバーに約束した。私のこの約束経験はすでに過去のものであり、もう存在しない。しかし、十一月末までに原稿を仕上げるという約束そのものは、十一月中頃の現在も有効なまま存在し続けている。したがって、約束そのものは、約束経験とは別のものである。さもないと、約束そのものは存在し続けていると同時にもう存在しない、という矛盾した帰結が出てきてしまうからだ。両者の違いをわかりやすくするために、約束経験から区別される約束そのものを、「**契約**」と呼ぶことにしよう。少し大げさな言い方かもしれないが、本項では、「契約」という語をこの意味で用いる。[13]

付録「問いの現象学」。A・サリーチェ「問いの現象学」八重樫徹訳、『論集』第二九号、東京大学大学院人文社会系研究科・文学部哲学研究室、二〇一〇年、四〇―五二頁。

[12]　すでに指摘されているように、社会的作用に関するライナッハの議論は、J・L・オースティンの言語行為論（『言語と行為』坂本百大訳、大修館書店、一九七八年）を部分的に先取りするものである（K. Mulligan, "Promising and Other Social Acts: Their Constituents and Structure," in his (ed.), Speech and Sachverhalt, Nijhoff pp. 29-90; B. Smith, "Towards a History of *Speech Act Theory*," in A. Burkhardt (ed.), *Speech Acts, Meanings and Intentions*, de Gruyter, 1990, pp. 29-61.）。

[13]　したがって、以下で問題にする契約は、まったくの無法地帯でも約束をすることによって生じ、私たちに対する拘束力をもつ

契約が約束経験から区別されるとしても、両者に深い関係があることは明らかだ。十一月末までに原稿を書くという契約は、私がみんなに原稿の約束をするという経験をもったちょうどそのときから存在し始めたものだ。もしこの約束経験がなければ、この契約は存在しなかっただろう。また、この約束経験の志向的内容が「私は十二月末までに原稿を仕上げる」というものだったら、契約の内容もそれに合わせて変わっていただろう。要するに、契約としての約束は、**社会的作用**としての約束によって生み出されるのである[14]。

では、契約としての約束はどのような対象なのだろうか。それが物的なものではないことは明らかだ[15]。たしかに約束という行為が物的な証拠を残すことはよくある。メールや契約書を通じて約束をおこなった場合、それらのメールや契約書が約束という行為の証拠になる。しかしこれらの証拠は契約と同じものではない。約束するときに送ったメールを電子的に複製しても契約の数は増えないし、契約書を燃やしても契約は灰にならずにそのまま残り続けるからだ。

契約は心的なものでもない[16]。契約がそれを生み出す約束経験から区別されることは、すでに指摘したとおりである。そして契約は、それを生み出す約束経験を想起するという経験と同一視することもできない。私が過去の約束経験を実際に想起していないときにも、それによって生み出された契約は有効なものとして存在し続けるからだ。では、契約を、それを生み出す約束経験を想起できるという能力と同一視してみ

ことがありうるようなものである。この意味での契約は、たとえば日本国の民法のような実定法によって定められた契約に限られない。また本項では、契約の拘束力は何に由来するかという問題に立ち入ることはできない。

[14] ライナッハ前掲書、第四節参照。ライナッハによれば、たとえば伝達について考えればわかるように、新たなものを生み出すという機能をすべての社会的作用がもつわけではない。

[15] 前掲書、第一節参照。

[16] 前掲書、第一節参照。

てはどうだろうか。約束経験を実際に想起しないときにもそれを想起する心的な能力は残り続けるのだから、この能力が存在することと契約が有効なものとして存在することは、同じなのではないだろうか。しかしこの説明もうまくいかない。原稿を書くという約束をしたという経験を私が完全に忘れ、それを想起する能力をまったく失ってしまったとしても、十一月末までに原稿を書くという約束は有効なまま残り続けるからだ[17]。同様の理由から、契約が有効なものとして存在することを、その契約に縛られていると感じる経験や、そうした経験をもつことができるという能力と同一視することもできない。

　物的でも心的でもないという点で、契約は数とよく似ている。しかし契約と数は、ある重要な点で区別される。契約はどれもなんらかの約束経験によって生み出されるものであり、そうした経験よりも前から存在していたわけではない。つまりどんな契約についても、それがいつから存在していたのかを問うことができる。しかし、数に関しては事情が異なる。たとえば、10より小さい素数は全部で四つ存在するが、それらがいつから存在しているのかについて、私たちは問うことはできないのである[18]。

　契約は時間的な始まりだけでなく、時間的な終わりももつ。契約は一定の条件のもとで消滅し、もはや存在しない過去のものになるのである[19]。たとえば、私が十一月末までに原稿を仕上げるという契約は、私が原稿を仕上げることによって消滅する。契約が消滅する条件はこれだけではない。契約の破棄を私が執筆チームの全員に依頼し

[17]　詳しくは本項第3節でも扱う。

[18]　こうした事態は、私たちの知的な能力の不足によって生じているわけではないということに注意してほしい。この問いが不可能であるのは、10より小さい素数が私たちには知りえないほど昔から存在していたからではなく、それらの素数が（そしてその他の数も）、そもそも歴史的な始まりをもつような仕方で時間のなかに存在するわけではないからなのである。

[19]　ライナッハ前掲書、第二節参照。もちろん、契約は破られる場合もあるが、そのときにも契約には消えて無くなるわけではない。こうした場合に契約は変化が生じるのか、もしそうだとしたら、それはどのような変化であるのかということは、興味深い問題だが、それらを本項で扱うことはできない。自分自身で考えてみて欲しい。

て、みんながそれに同意した場合や、絶大な権力をもった誰かが契約を破棄する命令を執筆チームの全員に下し、みんながそれに同意した場合にも、それらの契約は消滅するだろう。このように、契約は、心的でも物的でもないが、時間的な始まりと終わりをもつ独自の対象として認められなければならないのである[20]。

ここで着目すべきは、破棄すること、依頼をすること、命令すること、そして依頼や命令に同意することはどれも、意図的におこなわれ、相手に受け止められるために表明される必要のある経験、つまり社会的作用であるという点だ。社会的作用は、契約の存在をさまざまな仕方で左右するのである[21]。

3　冒頭の問題への回答

冒頭で提起した問題に戻ろう。私はいま、十一月末までに原稿を仕上げるという約束がこのあいだのミーティング以来ずっと有効であると判断する。この判断が正当なものだとしたら、その根拠はどこにあるのだろうか。

最初に指摘したように、この判断の正当性の根拠に約束経験の想起がかかわることは確かだ。しかしそれはこの判断が正当であるための十分条件ではない。また、この事例を離れて一般的にいえば、約束経験の想起は、いま問題になっているような判断が正当であることの必要条件ですらない。順番に確認しよう。

ここまでの議論によってはっきりしたように、私が有効だと判断する約束は、社会

[20]　契約に代表されるこうした独自の対象を、ライナッハは「**法的形成体**（rechtliches Gebilde）」と呼んだ（ライナッハ前掲書、第一章）。

[21]　たとえばライナッハは、譲渡（Übertragung）についての詳細な分析を残している（ライナッハ前掲書、第六章）。

的作用としての約束経験ではなく、契約としての約束である。想起されている約束経験が過去のものでありもう存在しないのに対して、有効な約束は、契約としていまも存在しているからだ。こうした契約は、それが消滅する条件がまだ満たされていない場合にのみ、有効なものとして存在する。したがって、私が十一月末までに原稿を仕上げるという契約が有効であるという判断の正当性は、過去の約束経験の想起だけでは十分に確保されない。判断の正当性の根拠は、その契約を消滅させる条件が満たされていないということを保証する経験にもなければならないのである。この契約が破棄されておらず、私がまだ原稿を仕上げていないという事実の認識は、そうした経験の一例だろう。

冒頭の事例で私が下した判断は、その正当性の根拠の一部を、約束経験の想起にもつ。しかし、一般的にいって、自分を拘束する契約の有効性についての判断は、その契約を生み出す約束経験の想起がないかぎり不当であるわけではない。十一月末までに原稿を仕上げると約束したことを私が完全に忘れてしまったとしよう。この約束経験を想起する能力を私はもうもたない。十一月も終わりに近づいたある日、執筆チームのみんなから、私の原稿の締め切りが迫っているけど進捗はどうかと尋ねられた。まったく身に覚えのない話だが、彼らが嘘をついているようには思えない。そこで、執筆チームのメーリングリストの過去ログを調べたら、「十一月末までに原稿を仕上げます」と書かれた自分のメールを発見した。いかにも自分が書きそうな文面で、他の誰かが自分のアカウントに不正アクセスしてこれを書いたということはまずありえない。したがって私は、あいかわらずこのメールを書いたときのことをまったく思い出せないけれども、自分が十一月末までに原稿を仕上げるという契約が有効であると判断する。この判断が正当なものだとしたら、その根拠になっているのは、この契約が破棄されておらず、私がまだ原稿を仕上げていないという事実を認識しつつ、約束をしたときのメールを履歴から発見するという経験である。約束経験についての想起は、自分を束縛する契約の有効性に関する判断にとっていつでも必要とされるわけではない。

4　展望

以上の考察がだいぶ概略的であることからもわかるように、約束経験と契約の現象学的分析には、取り組まれるべき課題がいくつも残されている。第一に、約束経験などの社会的作用のさまざまな形態を分析して整理し、それらが契約とのあいだに作り出す複雑な関係を明らかにする必要がある。たとえば、破棄・依頼・命令・依頼や命令への同意といった社会的作用の現象学分析に加え、そうした社会的作用を代理・代表して遂行するという経験（私が友人の代わりに何かを依頼すること、私個人が会社や国家のような団体を代表して約束や命令をすること）が分析されなければならない。[22]

契約に関しても課題が残されている。契約を存在させ続けているものは何かという

［22］　ライナッハは『民放のアプリオリな基礎』の一節を代理・代表（Vertretung）の分析に割いている（ライナッハ前掲書、第七節参照）。G・ヴァルターと尾高朝雄は、ライナッハをふまえながら、代理・代表についてそれぞれ独自の議論を残している（G. Walther, *Ein Beitrag zur Ontologie der soziale Gemeinschaften*, in *Jahrbuch für Philosophie und phänomenologische Forschungen*, Bd. VI, 1923. 尾高朝雄『国家構造論』岩波書店、一九三六年、第三四節）。

ことも、明らかにされなければならない。契約は、それについて誰も考えなくても、さらには当事者がそれについて忘れてしまっても、有効なものとして存在し続けることができるものだった。しかしそうはいっても、この世界から経験の主体がすべていなくなったら、一度は成立した契約もすべてなくなってしまうだろう。したがって、契約が存在するためには、（まず間違いなく複数の）経験の主体がそれと同時に存在している必要がある。だが、経験の主体なら誰でもいいというわけではない。私が十一月末までに原稿を仕上げるという契約は、遠く離れたところに住むまったく関係ない人たちだけを残して経験主体が世界からいなくなってしまったとしても、やはり消滅してしまうように思われる。したがってある契約の存在は、多くの場合、それに見合った範囲・規模をもつ**団体**（この場合は、執筆チーム）の存在を必要とすると言えるだろう。[23]

では、団体（グループ）が存在するとはいったいどういうことなのか。私が団体の一員であることは、現象学的な観点からはどのように分析されるのか。団体に属するためには、そのメンバーについての他者経験が必要なのだろうか。私たちはこうして、社会に関するより包括的な現象学の入り口にたどり着く。他人の心について知ることと約束することを論じた本章は、この入り口への道案内でもあったのだ。[24]

[23]【7−1　音楽作品の存在論】第3節では、ここで生じているものと同種の問題が、音楽作品の存続条件を題材として論じられている。

[24] 古典的な現象学における社会の現象学の展開については、【コラム　社会の現象学】を参照。また、この伝統を掘り起こし、その哲学的意義を論じるものとして、以下の論集を参照。A. Salice & H. B. Schmid (eds.), *The Phenomenological Approach to Social Reality*, Springer, 2016.

コラム　社会の現象学

意外かもしれないが、社会は、初期の現象学が集中的に論じた話題のひとつだった。フッサールの『論理学研究』（一九〇〇／一九〇一年）の影響下で形成されたいわゆるミュンヘン・ゲッチンゲン学派に属する若い現象学者たちによって、さまざまな社会的対象が、その存在を支える社会的経験と一緒に盛んに論じられたのである。本コラムの目的は、こうした展開を概観することにある。ただし紙幅の都合上、以下で述べられるのは、社会の現象学の歴史全体ではなく、そこから切り取られた一部にすぎないことをお断りしておく。

一連の動きのきっかけとなったのは、A・ライナッハの『民法のアプリオリな基礎』（一九一三年）だ。私たちの経験には他人に受け止められる必要のあるもの（「社会的作用」）があり、そうした経験のいくつかが社会的対象（「法的形成体」）を生み出す――ライナッハはこのことを、約束と契約を主な例にして、詳しく論じた（【8−2　約束】を参照）。そしてライナッハによれば、社会的作用や法的形成体、さらに両者の関係は、自然法則とは異なる独自の必然的な法則にしたがい、この法則は現象学的な分析によって明らかにされるというのである。しかし、第一次世界大戦で戦死したライナッハは、社会の現象学というプロジェクトをそれ以上先に進めることができなかった。ライナッハが切り開いた可能性はその後、ミュンヘンとゲッチンゲンの若者たちを中心にして、さまざまなかたちで実現されることになる。

一九二〇年代における社会の現象学にとってもっとも特徴的なのは、社会的作用と法的形成体に関する考察が、集団の中の個人という観点から推し進められた点にある。この点で、一九二〇年代の社会の現象学は、ライナッハの主張の単なる継承・発展には収まらない展開を見せることになる。

たとえばG・ヴァルターは、『社会的共同体の存在論への寄与』（一九二二年）において、共同体の名の下で個人が「機関」としてもつ経験こそが本来の意味での「社会的作用」であると主張した。この主張をライナッハは許容しないだろう。なぜなら、他人に受け止められる必要性によって社会的作用を特徴づけるライナッハにとって、「代理」、たとえば勤めている企業を代表して契約を取り交わすことは、社会的作用の一般的な特徴ではなく、特殊形態でしかないからだ。またヴァルターは、社会学者F・テンニースによるゲゼルシャフトとゲマインシャフトの区別をふまえながら、共同体《ゲマインシャフト》が成立する条件を、自分と他人が相互に心を理解しつつ経験を共有する、「一体化」によって説明することを試みている。

ここにはさらに二つの新しい論点がある。第一に、共同体そのものが、法的形成体の一種として、社会の現象学の主題の中に組み入れられている。そして第二に、社会的作用だけでなく、他人の心についての経験、さらには他人と共有される経験（〈私たち〉という一人称複数による経験）が、共同体を現象学的に分析するための鍵として引き合いに出されている。ライナッハは、共同体についてはごく簡単にしか論じていなかった。これとは対称的に、一九二〇年代の社会の現象学は、集団の中の個人という観点から、他人に関わる経験のさまざまなあり方を、より包括的に扱おうとするのである。

ヴァルターの考察は、ライナッハやミュンヘン・ゲッチンゲン学派のその他の現象学者によってそれまでに蓄積された見解の上に積み重ねられたものである。そのなかでもとりわけ重要なのは、M・シェーラーの共同体論だろう。『同情の形式と本質』（初版は別タイトルで一九一三年に刊行）と『倫理学における形式主義と実質的価値倫理学』（一九一三／一九一六年）という二つの著作において、シェーラーは、私たちの経験が他人に関わる様式の違いを数々の印象的な例を用いながら区別し、それらを人の集団が取りうるさまざまなかたちと結びつけて論じた。E・シュタインもまた、『精神科学と心理学の基礎づけへの寄与』（一九二二年）のなかで、シェーラーといくつかの基本的な発想を共有しつつ、共同体が個人の類比物であることを論じた。シュタインの考察は、『国家研究』（一九二五年）において、国家論としてさらに展開されることになる。なお、ヴァルター、シェーラー、シュタインらの考察は、日本でも経済学者・社会学者の高田保馬によってはやくからフォローされており、高田が一九二七年にドイツの雑誌に発表した論文「類型としての共同体」では彼らの著作が参照されているということも、ここで付け加えておいていいだろう。

一九二〇年代の社会の現象学は、ミュンヘン・ゲッチンゲン学派と多くの点で哲学的に対立していたフッサールにも影響を及ぼした。この時期のフッサールはいくつかの草稿で共同体について論じ、そこには「社会的作用」という言葉さえみられるのである。ここで特に目をひくのは、フッサールが社会的作用を、他人との相互関係に立つことによってはじめてもつことができる経験とみなしていた点である（『間主観性の現象学II』ちくま学芸文庫、二〇一三年、第三部一八）。こうした発想はライナッハには見られないため、フッサールもまた、集団の中の個人という観点から社会の現象学を標榜してヴァルターらに近い発想に立っていたということができるかもしれない。また、ライナッハが主張を社会的作用から除外していたのに対して、フッサールが主張を本質的に他人に差し向けられたもの、つまり社会的作用とみなしていた点も興味深い（Ms. A VI 30, 8b [Nov. 1921]）。

集団の中の個人という観点は希薄だが、一九二〇年代における社会の現象学の展開として、R・インガルデンによる問いの現象学も注目に値する。インガルデンは『本質の問い』（一九二五年）第一章で、何かを問うことを社会的作用の一種として取り上げ、それが正しい問いであるために必要な条件を論じた。その際にインガルデンは、問うことが「問題」という新たな存在を生み出すことを指摘した。こうしてライナッハが「法的形成体」と呼んだものの範囲は、契約や共同体のように社会科学の研究対象でもあるものを超えて、いわゆる社会的対象一般へと拡張されたことになる。また、問うことによって生み出される問題を志向的対象の一種とみなすことによって、インガルデンは社会的対象の存在論的身分をさらに詳しく論じるための筋道をつけてもいる。このアイディアを芸術作品の存在論に適用することで、インガルデンはのちに、『文学的芸術作品』（一九三一年）や『音楽作品の同一性について』（初出一九三三年）といった著作を世に送り出すことになる。インガルデンの芸術作品論もまた、社会の現象学の系譜と無関係ではない（音楽作品については、【7－1　音楽作品の存在論】を参照）。

社会の現象学は、一九三〇年代にもさらなる展開を遂げる。この時期の成果としてまずあげるべきは、A・シュッツの『社会的世界の意味構成』（一九三二年）だろう。現象学的社会学の出発点となったこの著作で、シュッツは社会的世界の複雑な構造を、社会的な環境世界・共同世界・前世界・後世界という区分を用いて分析した。本コラムの文脈で特に重要になるのは、社会的環境世界をめぐる議論だ。シュッツによれば、私たちが直接的に経験する社会である社会的環境世界では、身体を持った他人の心の経験をつうじて、私たちの社会的関係が成り立つのである。シュッツもまた、他人の心を「見ること」に関する現象学的な発想（【8―1　他人の心】参照）を共有していたのである。

また、ヨーロッパ留学時代にシュッツとの親交をもった法哲学者の尾高朝雄は、同地で執筆しシュプリンガー社からドイツ語で刊行した著作『社会団体論の基礎づけ』（一九三二年）や、その後の日本語の著作『国家構造論』（一九三六年）において、ミュンヘン・ゲッチンゲン学派の成果を参照しつつも、独自の社会の現象学を提案した。尾高は、国家などの社会団体が、抽象的（「イデア的」）であるにもかかわらず現実的であるのはいかにしてかという問題を取り上げ、フッサールの超越論的現象学を応用することによって、それに答えたのである。

また一九三〇年代には、K・スターヴェンハーゲンが、他人との経験の共有と共同体というシェーラー以来の観点から、共同体や国家についての現象学的な論考をいくつか発表した。『国民の本質』（一九三四年）や『人間存在の基盤としての祖国』（一九三九年）といったタイトルが示すように、スターヴェンハーゲンの関連著作からは、当時の社会・政治情勢（と、ゲルマン系ラトヴィア人という彼の出自）が垣間見える。今後の研究にあたっては、この点を踏まえた冷静な取り扱いと評価が必要になるだろう。

以上で概観した社会の現象学は、第二次世界大戦終結後からつい最近まで、現象学の表舞台からは遠ざかっていた。たしかに、M・トイニッセンの『他者』（一九六五年）のように、戦前の社会の現象学についても立ち入って論じた著作は存在する。だが、ライナッハを端緒とする社会の現象学者たちへの本格的な関心の高まりは、『ライナッハ全集』（一九八九年）の刊行によってゆっくりとはじまり、二〇一〇年代の後半になって、ようやく大きなものとなったと言ってよい。戦前の社会の現象学についての包括的な論集である『社会的現実への現象学的アプローチ』（二〇一六年）を呼び水として、この「失われた伝統」の再発見がさらに進むことが期待される。

第9章　人生

わが子を愛情深く気づかう母親のことを思い浮かべてみると、どうだろうか。彼女は知っているかもしれない、世界には「いかなる意味も」ないということを、あらゆる「価値」を無に帰す大洪水が明日にも訪れるかもしれない〔…〕ということを。〔…〕だが、まともな母親ならば、そのときにこう言うだろう。「そうかもしれない。けれども、そうであればなおさら確かなのは、私がわが子を見捨ててはならず、愛情をもってケアするべきだということだ」。

（E. Husserl, *Grenzprobleme der Phänomenologie*, Hua XLII, p. 310）

全面的に現象学的な態度とそこに属しているエポケーは〔…〕完全な人格の変化を惹き起こすよう命じられている。この変化はさしあたって宗教的回心と比較できるものかもしれないが、しかしそれを越えて、人類が人類であるかぎりで課せられている最も偉大な実存の変化という意義を秘めているのだ。

（E. Husserl, *Die Krisis der europäischen Wissenschaften und die transzendentale Phänomenologie*, Hua VI, p. 140）

9-1 人生の意味

1 問いをめぐる状況

意味のある人生とはどんな人生だろうか。そもそも人が生きることに意味などあるのだろうか。こうした問いは、たぶん誰もが一度は心に抱く問いであり、少なくない人々がその答えを哲学に求める問いでもある。答えを求めはしないまでも、哲学の「非専門家」の多くは、哲学はこうした類の問いに答えを与えようとする学問（あるいは非学問的な何か）だと思っている。

しかし、長い間、哲学の「専門家」が**人生の意味**というテーマに正面から取り組むことは稀だった。「人生に意味はあるのか」という問いは無意味な問いとして退けられたり、宗教だけが真面目に取り上げるたぐいの問いとして忌避されたりしてきた。徐々に事情が変わってきたのはここ三〇年ほどのことである[1]。主に英語圏の哲学者の間で、いまや「人生の意味」は何の衒いもなく論じられるテーマとなり[2]、影響力のある学術雑誌で「人生の意味」の特集が組まれたり、権威ある出版社からいくつもの単著やアンソロジーが出たりしている[3]。

[1] 三〇年以上前に発表された先駆的な業績に以下のものがある。T・ネーゲル「人生の無意味さ」、『コウモリであるとはどのようなことか』永井均訳、勁草書房、一九八九年。R・ノージック「哲学と人生の意味」、『考えることを考える（下）』坂本百大訳、青土社、一九九七年。R. Taylor, *Good and Evil*, Macmillan Publishing, 1970.

[2] *Philosophical Papers*, 34/3, 2005; *Monist*, 93/1, 2010.

[3] 二〇〇〇年以降に出た単著としては、T. Metz, *Meaning in Life*, Oxford University Press, 2013; S. Wolf, *Meaning in Life and Why It Matters*, Princeton University Press, 2010; J. Cottingham, *On the Meaning of Life*, Routledge, 2003. T・イーグルトン『人生の意味とは何か』有泉学宙ほか訳、彩流社、二〇一三年。J. Baggini, *What's All About?: Philosophy and the Meaning of Life*, Granta

こうした近年の事情は、人生の意味の問いがまともな哲学の問題とみなされるようになったことを示している。では、この問題に対して現象学的にアプローチするとどうなるだろうか。これまでの章で他の問題に対して試みてきたように、ここでも、経験を離れたところで作り上げた理論的枠組に経験をはめ込むのではなく、経験の内側から考えてみたい。

Books, 2004. 佐藤透『人生の意味の哲学』(春秋社、二〇一二年)など、アンソロジーとしては、E. D. Klemke & S. M. Cahn (eds.), *The Meaning of Life: A Reader*, Oxford University Press, 2007; J. Seachris (ed.), *Exploring the Meaning of Life: An Anthology and Guide*, 2012などがある。

2 問いの意味

「人生に意味はあるのか」という問いはそもそも問いとして意味をなさないと考える人がいる。「意味があるとかないとか言えるのは言語表現だけである。人生は言語表現ではない。したがって、人生の意味について語るのは「意味」という語の誤用である」。この単純な議論に対しては、次のように答えることができる。たしかに人生はいかなる意味でも言語表現ではないが、それでも意味があるとかないとか言えるものなのだ、と。実際、言語表現以外のものについても、私たちは「意味がある」「意味がない」ということがある。半日かけて穴を掘り、残りの半日でその穴を埋めるという作業には「意味がない」。「意味がある/ない」という表現は、記号について語る文脈と、活動や人生について語る文脈とでは、異なる意味をもつ。[4] その証拠に、「意味のある仕事」は「やりがいのある仕事」や「やる価値のある仕事」と言い換えられるが、「意味のある文」を「発話しがいのある文」あるいは「発話する価値のある

[4] ノージック前掲論文やイーグルトン前掲書、第二章は、「意味」のさまざまな意味を区別することを通じて、人生の意味の問いを明確化しようと試みている。

文」と言い換えることはできない[5]。

人生の意味の問いは、ただちに無意味と片付けられる問いではないとしても、何を問うているのか不明確であり、答えようのない問いだと考える人もいる。「人生に意味はあるのか」という問いの外見からわかるのは、それが「人生」についての問いであり、その「意味」を答えとして求めているということである。だが、まず「人生」とは一人ひとりの人生のことなのか、それとも人生一般のことなのか、はっきりしない。「意味」が何を意味しているのかは、もっとぼんやりとしている。

問いが不明確なのは、問題になっていることがらの性格上仕方ないところもある。しかし、もう少し問いの意味を明確にしないと、前に進むことができない。ここでは問いの意味を次のように限定したい。まず、問いのかかわる対象は個人の人生とする。「万人に共通する人生の意味なるものがあるのか、あるとすればどんなものなのか」という問いはここでは考察の外に置く[6]。次に、問い求められている意味とは、個人の人生がもったりもたなかったりする、ある種の**価値**であるとする。人生の意味がある種の価値だという考えは、「意味のある人生」が「生きるに値する人生」と言い換えられることから、自然に導かれる。

とはいえ、これでもまだ相当に曖昧である。ある種の価値というが、どんな種類の価値なのか。一人の人間の人生は、さまざまな観点から評価されうる。「彼女の人生は幸福だった／不幸だった」、「彼女は不幸だったが正しく生きた／満ち足りていたが

[5] 意味とは一般に何なのかという問いは【4-2 意味と経験】のテーマである。

[6] 人生一般の意味の問いに対する答えを、伝統的に人は宗教に求めてきた。今日でも、信仰にその答えを求める人は多い。信仰というテーマは、哲学と無関係ではないし、経験の内側にとどまろうとする現象学にとってさえ無関係ではない。【9-2 哲学者の生】を見よ。

[7] 哲学者が好む例を二つ挙げよう。一つはノージックが「経験機械」と名づけた空想上の例である（R・ノージック『アナーキー・国家・ユートピア』嶋津格訳、木鐸社、二〇〇〇年、六七―七一頁）。ある装置に脳をつなぐことで、あなたが望むどんな経験

間違っていた」。**幸福**と**道徳的な正しさ**は、人生を評価する際の重要な観点である。意味の観点はこれらのいずれとも異なる。実際、幸福と**有意義性**を比較してみると、「不幸だが意味のある人生」や「幸福だが意味のない人生」といった言い方に私たちは矛盾を感じない。[7] それぞれにあてはまる例を思い浮かべることも、それほど難しくないだろう。

他方で、「不正だが意味のある人生」や「正しいが意味のない人生」がありうるかどうかは、もう少し議論の余地がある。たとえば、ユダヤ人をこの世から絶滅させることに心血を注いだ人の人生は、有意義なものでありうるのだろうか。また、有意義な人生の典型例として、人はマザー・テレサやガンディーの人生を挙げることがあるが、彼らは同時に、道徳的に正しく生きた人の典型と見なされてもいる。彼らと同程度に正しく生きた人の人生が、なおも無意味であることなど考えられるだろうか。しかし、道徳性と有意義性が異なる種類の価値だと主張するために、それら二つが無関係だとまで主張する必要はない。次のように言えば十分である。人生のなかのある要素が、人生の正しさには影響を及ぼさないが、人生を意味のあるものにする場合がある。たとえば、数学や哲学の研究に打ち込むことは、それ自体として正しいことでも不正なことでもないが、それによって人生が有意義になることはある。

以上から言えるのは、「人生の意味とは何か」という問いは、価値に関する問いであり、しかも「幸福とは何か」とか「正しさとは何か」といった問いとは別の問いだ

でも仮想的に与えられるとしよう。それにつながれば、感じ方の面では完璧に幸福な人生を送ることができる。だが、それにつながることを欲する人はいないだろう、とノージックは言う。人生における重要なものを、あるいは、人生の重要さそのものを失うことになるからだ。もう一つはS・ウルフが挙げているより現実味のある例である（S. Wolf, "Happiness and Meaning: Two Aspects of the Good Life," *Social Philosophy and Policy* 14, 1997, pp. 207-225）。一人の男性を深く愛していた女性が、あるとき相手に遊ばれていたということを知る。それまでは彼との関係に満たされ、幸せだったが、今は不幸のどん底に突き落とされてしまった。それでも、男と恋に落ちてから遊ばれていたと知るまでのあいだ、彼女が幸福だったことは変わらない。他方で、その間の彼女の生活は有意義でもあったとは言うことはもうできない。この例は、人生のうちのある期間が幸福であると同時に無意味でありうることを示している。

ということである。すると当然次に問われるべきなのは、有意義性という価値を人生がもつのはどのようにしてか、という点である。【6―1　価値と価値判断】の項で述べたように、価値について現象学的に考えるとは、何かに価値があるとみなす経験から価値を切り離すことなく、そうした経験のあり方に忠実に考えることだ。ここでもそうしたアプローチを取りたい。

3　どんな人生が無意味なのか――鑑賞者の視点

私たちはどんなとき、どんなふうに人生の意味について語るだろうか。パチンコや競馬ばかりに時間を費やしている人を見て、「あの人の人生に意味はあるんだろうか」と思う。振り返って自分の人生を思い、たいした違いはないと気づく。「俺の人生も無意味なんじゃないだろうか」。あるいは、著名人が亡くなったとき、その人が遺した多大な功績を思い、「あの人は意味のある人生を送った」と語る。そして、「それに比べて俺の人生は……」とうなだれる。

語られる人生は他人のものであったり、自分のものであったりする。だが、いずれの場合でも、語る主体は語られる人生から距離をおいているように思われる。上に挙げたような場面で人生の意味を語る私たちの口ぶりには、いわば**鑑賞者の視点**に立ち、他人や自分の人生という（場合によっては――また自分について語る場合は必然的に――未完成の）作品を批評しているようなところがある。

［8］人生の「**物語的価値**（narrative value）」については近年さまざまに論じられている。代表的な論考として次のものが挙げられる。D. Velleman, "Well-being and Time", *Pacific Philosophical Quarterly* 72, 1991; J. M. Fischer, *Our Stories*, Oxford University Press, 2009, chapter 9, 10. こうした議論の背景には、人の自己性を物語と

芸術作品の解釈が評価を左右するように、人生をどう描写するかによって、有意義か否かの評価も変わる。同じ人の人生を、「幼少期は貧しい境遇にあったが、努力の末に財をなした」と語るのと、「貧しい少年時代を送ったために、物質的な豊かさへの渇望に支配された人生を送った」と語るのとでは、有意義性に関する評価は正反対になるだろう。人生についての語りがもつこのような特徴は、次のような考えへと導く。人生は物語のようなものであり、人生が有意義か否かの違いは、読者に「こんなふうに生きたい」と思わせる物語とそうでない物語との違いに似ている、と[8]。

私たちがどんな人生を典型的に無意味だと思うかを反省してみると、こうした考えはさらに説得力を増す。哲学者はしばしば、ギリシャ神話のシーシュポスの生を無意味な人生の典型として挙げる。神々の怒りを買ったシーシュポスは、岩を山頂まで押して運ぶという罰を受ける。運び終えた瞬間、岩は麓まで転がり落ちる。何度運び上げても、同じ結果が繰り返される。誰もこのような苦役に就きたいとは思わないだろう[9]。大きな苦労が何の成果も生まないような人生に、私たちは無意味さを感じる。

また、ある哲学者は次のような例を挙げている。トウモロコシ畑と養豚場を所有している農場経営者がいる。彼にとって「より広大な土地を買うのはより多くのトウモロコシを育てるためであり、そして、そうするのは豚により多くの餌をやるためであり、それはより広大な土地を買うためであり、それはより多くのトウモロコシを育てるためであり、それは豚により多くの餌をやるためであり……」[10]。ここでは目的と手

の関連において捉えるP・リクールやA・マッキンタイアの議論がある。「「だれ」という問いに答えることは〔…〕人生物語を物語ることである。〔…〕〈だれ〉の自己同一性はそれゆえ、それ自体物語的自己同一性にほかならない」（P・リクール『時間と物語 Ⅲ』久米博訳、新曜社、一九九〇年、四四八頁）。「人間の生の統一性は、物語的な探求の統一性である」（A・マッキンタイア『美徳なき時代』篠崎栄訳、みすず書房、一九九三年、二六八頁）。

[9] どんな人の人生も外側から見ればシーシュポスの苦役と同様に不条理だというのがA・カミュの見解である。A・カミュ『シーシュポスの神話』清水徹訳、新潮文庫、一九六九年参照。

[10] D・ウィギンズ「真理、発明、人生の意味」、『ニーズ・価値・真理――ウィギンズ倫理学論文集』大庭健・奥田太郎編訳、勁草書房、二〇一四年、一六二頁。

段の連関が円をなして自己完結している。トウモロコシと豚と土地がぐるぐると巡って拡大していくだけで、他には何も生み出されない。この農場経営者の人生は有意義と言えるだろうか。本人がどう思うかはさておき、こうした人生を思い浮かべると、私たちは虚しさを感じる。

4 人生の内側からの問い

努力がまったく報われない人生や、目的追求が自己完結している人生は、無意味に思える。このように、私たちが無意味だと思う人生には、ある程度共通する特徴が見いだせる。だとすれば、私たちが有意義とみなす人生にも何らかの共通する特徴があってもおかしくない。では、どのような特徴が人生を有意義にするのだろうか。

こうした問いの設定は、哲学が人生の意味の問題に対して取りうるものの一つではある。だが、そこには何かが欠けているように思われる。そこでは人生の意味が芸術作品の価値と似たものとして扱われている。しかし、少なくとも私たち一人ひとりにとっての自分の人生は、芸術作品のように解釈し評価する対象ではない。それは私たちがそのなかで生きているもの、より正確に言えば、私たちが生きていることそのものである。

人生の只中で、そこから距離を取ることなく、真剣に生きている最中に、ふと「でもこんなことをして何になるのか」という問いが心に浮かぶことがある。こうした問いは、しばしば人を自殺に追いやるほどに切実である。文豪トルストイを捉えたのはまさにこの問いだった。

こうして私は生活していた、が、五年前からなにかひどく奇妙なことが私の身に起こるようになった。すなわち、自分はいかに生きるべきか、何をなすべきかがまるで私に分からないような不可解な瞬間、生活の停滞の瞬間がまず私の上に訪れるようになったのである。そして私は途方に暮れ、憂鬱に陥った。〔……〕この生活の停滞はつねに、「なんのために？」「で、その先は？」という同じような疑問で表現されていた。[11]

トルストイは自殺への思いにかられ、「首を縊らないようにと紐類を自分の目の届かないように隠したし、銃をもって狩に行くこともやめてしまった」[12]という。このとき、彼が自分の人生を対象として眺める視点に立っていたのだとしたら、自殺を考えることはなかっただろう。

文豪は自らの問いに、より端的な表現を与えている。

私の疑問——五十歳になった私をして自殺にまで駆り立てたところの——は愚昧な幼児から賢明な老人に至るまで万人の心に秘められている最も素朴な疑問であ

[11] R・トルストイ「懺悔」、『宗教論　上』中村融訳、トルストイ全集14、三五四頁。

[12] 前掲書、三五六頁。

り、それなしには生きることの不可能な疑問であることは私が実際に体験したところだった。その疑問というのは――〈私がきょうもやり、あすもやるようなことからいったい何が生じるのか、私の全生活から何が生まれるというのか?〉ということなのである。

別の表現をすれば、疑問は次のようになろう――〈なんのために私は生きなければならないのか、なぜ、なにかを望み、なにかをしなければならないのか?〉[13]

このトルストイの自問を、私たちは自分のものとして受け止めることができる。「なんのために生きるのか」という問いは、目的を求める問いである。もちろん、私たちはたいてい何らかの目的をもち、それを実現するための活動に従事している。しかし、それが結局何になるのか。私たちが追求している目的には何の価値があるのか。価値のない目的を追求しても意味がない。意味のない人生は生きるに値しない。自分が追求している**人生の目的**の価値についての問いは、生きるに値する人生を生きたいという当然の願いから発する切実な問いなのである。

人生の意味について私たちが発する問いの中には、いわば人生の内側から生じる問いが含まれている。「人生の意味」について現象学的に考えるとき、軸足を置くべきなのはこの種の問いだろう。鑑賞者の視点から見た人生の有意義性についての〈それ自体としては十分興味深い〉問いは、人生の内側からの問いが元々の切実さを失った

[13] 前掲書、三六〇―三六一頁。

ときに生じる派生的な問いとみなすことができる。

5　人生の目的

トルストイによる問いのいくつかの定式のうち、「なんのために生きるのか」という定式は、人生の目的についての疑いを表現している。ところで、ある人生の目的が実現可能か否かという問いと、それが実現されたときにはたして何かをもたらすのかという問いは、異なる問いである。どちらも、否定的に答えられた場合には当該の人生の有意義性が否定されることになるが、その際の否定の意味合いが異なる。

前者の問いに対する極端な答えは、どんな人生の目的も実現不可能だ、というものである。これを（人生の目的に関する）**ニヒリズム**と呼ぶことにしよう。ニヒリズムを擁護する議論として、以下のようなものが考えられる。人生の目的は個別の行為の目的とは違う。もっと漠然としていて、達成条件が不明確なものである。「喉をうるおす」という目的は水を飲むことで達成される。だが、たとえば「芸術に人生を捧げること」とか「神に仕えること」とか「よい父親であること」といった目的は、どんな場合に達成されるのかが明らかでない。そのような人生の目的は、そもそも達成されることが不可能な目的なのではないだろうか。行為の目的はどんなものでも原理的には達成可能であり、達成されたときにはもはや目的ではなくなる。これに対して人生の目的は原理的に達成不可能である、と。

たしかに、右に挙げたような人生の目的は、ある時点で達成されて消滅するようなものではないだろう。しかし、達成可能な人生の目的もあると思われる。「画家として名声を得る」とか「子供を成人まで立派に育てる」といった目的なら、達成条件はそれほど明確ではないものの、達成された場面を想像することができるし、「プロ野球選手になる」や「オリンピックで金メダルをとる」といった目的なら達成条件がより明確である。さらに、「芸術に人生を捧げる」や「よい父親として生きる」のような非常に漠然とした目的も、たしかにある時点で達成されて消滅するものではないが、ある意味で実現可能だと考えることはできる。[14] たとえば、作品の制作に打ち込んでいるときや、子供にいつも気を配り、子供から尊敬される人物であろうと努力しているときには、人生の目的を実現していると言ってもよいのではないか。つまり、目的を達成してそれで終わりということはないとしても、目的に合致した人生が生きられているなら、人生の目的が実現されていると言ってよいのではないか。

6 正当化の連鎖と挫折

このように考えるなら、人生の目的が一般に実現不可能だとするニヒリズムは説得力を失う。次に問われるべきなのは、人生の目的が実現可能だとして、その実現がはたして何かをもたらすのかという問いである。

何かに真剣に打ち込んでいる最中にふと「こんなことをして何になるのか」とひと

[14] こうした人生全体にかかわる目的を、フッサールは「**使命**(Beruf)」と呼び、彼の倫理学の中心概念として用いている(E. Husserl, *Erste Philosophie II*, Hua VIII, Nijhoff, 1959, p. 16; Aufsätze und Vorträge. (1922-1937), Hua XXVII, Kluwer, 1988, p. 28)。フッサール倫理学における使命の概念の役割については、八重樫徹「フッサールと「真の自我」――フライブルク期倫理学の再構成」(『現象学年報』第二六号、二〇一〇年)および吉川孝『フッサールの倫理学――生き方の探究』(知泉書館、二〇一一年、第九章)を参照されたい。

りごちるとき、問われているのは、現に追求している人生の目的にそもそも価値があるのかということである。人は誰でも、自分が追求している人生の目的が正当で価値のあるものだと信じたい。だが、そう信じることができなかったり、疑いにとらわれたりすることがしばしばある。どうすれば人生の目的の価値についての信念を揺るぎないものにできるのだろうか。

手段は目的によって価値を得る。ある目的が価値を得るのは、それを手段とする上位の目的があるときだ。なぜ水を飲むことが必要なのかと問われれば、喉をうるおしたいからだと答えることができ、なぜ喉をうるおす必要があるのかと問われれば、生命の維持に不可欠だからだと答えることができる。同じように、人生の目的も、より上位の目的を持ち出すことで**正当化**できないだろうか。

そうした企てにあまり見込みがないことは、少し考えてみるとわかる。具体的な上位の目的を持ち出した途端に、「では、それに何の価値があるのか」とさらに問うことができる。「よく生きること」というすべてを包括する目的に行き着いたとしても、「では、よく生きることに何の価値があるのか」という問いが出現する。何かを正当化するのが別の何かでなければならないとしたら、最終的な正当化というものは原理的に不可能なのである。

「それに何の価値があるのか」という問いを封殺するような完全な正当化が不可能だとして、このことは人生を無意味にしてしまうのだろうか。ある意味ではその通りだ。いま私たちが置かれている状況はこうである。人生がそれ自体で有意義だとは信じられないため、人生の内部で追求している目的とは別の目的に、つまりは人生の外部に、有意義性の源泉を求める。だが、求めているものは決して得られない。人生の意味が人生の外部に求められるもので、それを求める努力が徒労に終わるしかないとすれば、人生は無意味だと認めざるをえない。

7　ペシミズム、オプティミズム、アイロニー

では、私たちは絶望するしかないのだろうか。生きることは無意味なのだから、生きることを断念しなければならないのだろうか。そんなことはない。実際、「こんなことをして何になるのか」とつぶやき、何の答えも与えられないときでも、私たちの多くはすぐに自殺を試みたりはしない。また前を向いて人生を続けるのである。T・ネーゲルはこう言う。

自分の人生や人間生活一般に対する真剣さを疑問に付し、諸々の前提を取り去って自分自身を見た後にも、〔他の誰かと逃げた後に元の鞘に収まった夫や妻と〕同じ状況が成立する。われわれは自分の人生に復帰することになるし、またそうしなければならないのだが、その際、われわれの真剣さにはアイロニカルな風味が加わっている。アイロニーがわれわれを人生の無意味さから解放してくれると

いうのではない。何をするときでも、あたかも添え物のように「人生は無意味だ、人生は無意味だ」とつぶやいてみても、無益である。生き、働き、努力し続けることにおいて、口では何を言おうと、われわれは行為において自分を真剣に扱っているのである。[15]

人生という「フルタイムの仕事[16]」の内部では、私たちは正当化を求めることなく、真剣さを発揮している。そして、正当化を求めて挫折した後でも、相変わらず真剣に人生に打ち込むことができる。

この事実を前にすると、「それに何の意味があるのか」という自ら立てた問いに律儀に付き合い、人生の目的の正当性についての信念を確固たるものにしようとして、人生の外部に根拠を求めるのは、はじめから必要のないことだったようにすら思えてくる。だが、現実はそれほど楽観視できない。トルストイの例を再び持ち出すまでもなく、私たちは真剣に生きている最中に、「意味などあるのか」という問いに否応なく襲われることがある。この問いが人を自殺に追いやることすらあるのだ。

「人生が無意味でも生きることに何ら問題ない」という**オプティミズム**と、「人生は無意味なのだからもはや生きるのを諦めなければならない」という**ペシミズム**、この二つの間を私たちは揺れ動いている。オプティミストに徹することができればいいのだが、それは難しい。価値にかかわる反省能力をもっている以上、自分が追求してい

[15] ネーゲル前掲書、三三頁。

[16] 前掲書、二四頁。

る目的が本当に価値のあるものなのかを問わずにはいられないからである。だとすれば、「どうやってペシミズムに飲み込まれずに生きていくか」という実践的な問題が生じる。そこでネーゲルは上の引用にあった**アイロニー**という態度を推奨する。

もし永遠の相の下で何ものも重要であると信じるべき理由がないのであれば、事実何も重要ではないのであり、われわれは自分の無意味な人生に、英雄的勇敢さや絶望によってではなく、アイロニーをもって取り組めばよいのである。[17]

だが、重要でないと分かっていることに真剣に取り組むのは、彼が言うほど簡単なことではないだろう。私たちは自分の取り組んでいる事柄が大切なことであってほしいと願う。この願いは、本当に捨てなければならないものなのだろうか。永遠の相の下で大切でないものは、本当に大切ではありえないのだろうか。

8　本当に大切なもの

たしかに、どんなに大切だと思っているものでも、距離を置いてみると大切さを失うことがある。だが、距離を置くことができないもの、距離を置いてはならないものと感じるものが、誰にでもあるのではないだろうか。親にとっての子供や、芸術家に

[17]　前掲書、三八頁。

とっての芸術は、しばしばそのようなものである。他人にとっては取るに足らないものであっても、それらを大切なものとみなしている当人にとって、それらは事実大切なものなのである。[18]

この意味での「大切なもの」をもち、それにかかわる活動に打ち込んでいるとき、人は「そんなことをして意味があるのか」という問いに対して、「ある」と断言するはずである。このとき、その人の人生は生きるに値するものになっているとは言えないだろうか。自分にとって本当に大切なものをもつことで、人は無意味な人生を生きるに値するものにすることができるのではないだろうか。[19] 人生の意味を外部に求めることができず、内部にとどまるしかないのだとしたら、おそらくこのようなところに求めるべきだと思われる。

私たち一人ひとりにとって人生の意味とは何か、どのようなときに人生は意味のあるものになるのか、という問いに対して、最終的な答えを与えることがここでの目的ではなかった。人生の意味について経験の内側から考えるときにとりうる一つの道を示したにすぎない。しかも、この道もまだほんの途中である。

さらに先に進もうとするなら、何かを大切なものとみなすという経験のあり方をより深く掘り下げ、それが単に個人的なことがらなのか、それともある人にとって本当に重要なものとただそう思われているだけのものを分ける何らかの基準があるのかを明らかにするといった課題に取り組む必要があるだろう。その際には、過去の現象学

[18]【6−1 価値と価値判断】第9節で述べた「私たちがその中で生きている情動と価値のシステムの内部でしか価値について語ることはできない」という考えはここでも妥当する。

[19] ここでのひとまずの結論は——そこに達するまでの道筋は異なるものの——サルトルの見解にいくらか似ている。彼もまた、人生の意味が外部から与えられることはないが、人々は自分自身の人生を意味あるものにすることができると述べている。「諸君が生きる以前において人生は無である。しかし人生に意味を与えるのは諸君の仕事であり、価値とは諸君の選ぶこの意味以外のものではない」（J‐P・サルトル『実存主義とは何か』伊吹武彦訳、サルトル全集13、人文書院、一九六八年、六九頁）。

者が「使命」や「**愛**」について考えた成果が手がかりになるかもしれない[20]。

また、私たちの人生の「**脆さ**」をもっと考慮することが必要になるだろう。私たち一人ひとりにとって重要なものは、いつ失われるかわからない。災害や事故や病気が親から突然子供を奪い去るかもしれない。女優が顔にひどい火傷を負ったり、歌手が声帯を失ったり、ピアニストが指を失ったりすることも、それほど稀ではない。こうした可能性を考えるとき、自分の人生が全体として有意義なものだという考えは、たまたま享受している幸運を過大評価しているにすぎないように思えてくる。人生のなかのほんのいっとき、しかもまったく偶然に、「本当に大切なもの」を得ることができたとしても、それが本当に人生を有意義なものにしてくれるのだろうか。生きるに値するように見えた人生は、荒れ狂う大海に囲まれて、たまたま沈まずに済んでいる小舟のようなものでしかないのではないか。こうした人生の脆さに現象学がどう向き合うべきなのかは、重要な問いである。次項では、この問いを考えるための手がかりを示唆することになるだろう。

[20]　フッサールの「使命」概念については本項注［14］を参照。愛についてまとまった考察を残した現象学者としてはまずM・シェーラーがいる。M・シェーラー『同情と本質の諸形式』新装版、飯島宗高ほか訳、シェーラー著作集8、白水社、二〇〇二年。また、フッサールも、たとえば以下の箇所で愛について考察している。フッサール『間主観性の現象学Ⅱ　その展開』浜渦辰二・山口一郎監訳、筑摩書房、二〇一三年、二九三―二九九頁および『間主観性の現象学Ⅲ　その行方』浜渦辰二・山口一郎監訳、筑摩書房、二〇一五年、五三五―五四三頁。

9-2 哲学者の生

哲学者（＝現象学者）は、経験の探究を通じて、世界と自己とを理解しようとしている。たとえば物とは何かを探究しながら、物が物として与えられる経験に目を向けて、物と経験との不可分の関係に光をあてる。そこでは、**経験の不完全性**が浮き彫りにされ、私たちの知識の限界が明らかにされる。[1] しかし、このように物や物の経験を解明するとき、いったい何がおこなわれているのだろうか。それは、私たちが物について日常的に知っていることや物理学を通じて説明されることと、どのような違いがあるのだろうか。この項では、現象学の立場から、哲学者として生きることはいかなる営みであるのか、哲学者の人生にはどのような意味があるのかを考察する。[2]

1 知覚経験の不完全性

喫茶店で注文した珈琲が運ばれてきて、目の前にカップが置かれる。この珈琲カップの外側には、喫茶店のロゴが入っている。カップを手にとって口に近づけると、内側の珈琲が見えてくる。すでにミルクが入っているようで、いつもの珈琲の焦げ茶色

［1］経験の不完全性については、【1-1 現象学の特徴】、【5-1 実在論と観念論】を参照。

［2］現象学は現代の哲学としては珍しく、哲学者の生を正面から考察する。ヘレニズムを中心とする古代哲学に「生き方としての哲学」という問題系を見いだしているP・アドは、フッサールのアウグスティヌス理解にもその継承を読み取っている（P. Hadot, *Philosophy as a Way of Life*, A. Davidson (ed.), M. Chase (tr.), Blackwell, 1995, pp. 65-66）。アドの影響を受けたM・フーコーも哲学者の「自己への配慮」との関連においてフッサールに言及している（『ミシェル・フーコー講義集成〈11〉主体の解釈学（コレージュ・ド・フランス講義一九八一－八二）』廣瀬浩司・原和之訳、筑摩書房、二〇〇四年、三六頁、五一七頁）。

ではない。同時に、いままでカップの陰に隠れていた角砂糖が見えるようになった。私は、珈琲カップ、ミルク入りの珈琲、角砂糖などを眼で見て、それらの形や大きさや色について知ることができる。さらに、砂糖を入れるかどうか迷いながら珈琲を口にすると、すでに十分な甘みを感じた。ミルクだけではなく砂糖もすでに入れられている。どうやらこの店では、珈琲にはミルクと砂糖がはじめから入っていて、さらに甘みを必要とする人のために、角砂糖が添えられているようだ。

このような知覚経験に目を向けて、記述することができる。私たちの知覚は、一つの側面からのみなされており、知覚される物は、ここからは知覚されない面、知られない部分をもっている。[3] 私たちはそうした側面について何らかの予想を立てており、珈琲は焦げ茶色をしていて、苦い味がするとはじめから思っている。だからこそ、その予想が裏切られると驚くことになる。こうした知覚経験がどれほど進んでも、知覚される物から知覚されない側面が取り除かれることはない。カップの背面に何が描かれているか、珈琲を飲み終えたカップの底に何が見えるか、今後カップがどのように変化するのかについて、私たちはまだ知らない。したがって、知覚経験はどんな場合にも何らかの**推定**を含むことによって成り立っている。見たり、聴いたり、触ったりすることで知られる知覚対象の、つまり物の存在は、いつも推定を含んでいるのであり、そのような推定は知覚経験の進行のなかで**裏切られる可能性**を排除できない。[4] したがって、いま知覚されている物は別様であったり、そもそも存在しなかったりする

[3] 知覚経験の特徴や他の経験との比較については、**【2−1 経験の現象学的な分類とは何か】**を参照。

[4] 「外的知覚は、その固有の本質にしたがえば、なしえないことをなし遂げようとする不断の僭越行為である」（フッサール『受動的綜合の分析』山口一郎・田村京子訳、国文社、一九九七年、一三頁）。幻滅可能性については、**【2−1 知覚からはじめる経験の分類】**第3節を参照。

ことさえあるだろう。私たちが知覚に依拠してその対象が何であり、どのように存在するかを探究するならば、その試みは際限なく進行することになる。

こうした知覚経験のうちにとどまるならば、**実在世界**に関して、本当は何がどのように存在しているのかについて知ることは困難であろう。実在世界の本当の姿は、経験の届かないところにあり、経験を超えるものと位置づけられる[5]。世界のあらゆる対象についてくまなく知るということは、知覚経験の構造からして実現できない目標である。それは、たとえば一人の科学者の人生が有限であるから、いつかは科学的探究の時間が途切れてしまうという意味においてのみそうなのではない。ある一つの側面からしか対象に接近できないという経験の構造からして、経験を通じた探究は、世界の究極の姿を確定できないのだ[6]。世界のあらゆる対象について完全な認識をもつことを望むとしても、そうしたことは、経験が際限なく続くさらにその果てに想定されるもの、つまり「**理念**[7]」にすぎない。世界の本当の姿は、あくまでもこのような理念として目指されるにすぎず、私たちがそうした地点に実際に到達することはできないのである。したがって、厳密に言うならば、私たちは世界の存在を認識していると思い込んでいるだけであり、実際にはその思い込みが裏切られて、世界が存在しないことになる可能性を否定できないだろう。経験に根ざした哲学の立場からは、**世界の非存在の可能性**が主張されるかもしれない[8]。

[5] 世界には本当のところ何がどのように存在するかを探究する形而上学については、【5―1 実在論と観念論】を参照。

[6] フッサールによれば、神でさえも、物を知覚する場合には一面的にせざるをえない（フッサール『イデーンI―1』渡辺二郎訳、みすず書房、一九七九年、第四三節、第四五節）。

[7] 「理念」はカントの用語であり、『純粋理性批判』（翻訳多数）において「感官においてそれに合致するいかなる対象も与えられない必然的な理性概念」と定義されている（『純粋理性批判』「超越論的原理論」の第二部第二部門「超越論的弁証論」における第一編第二章「超越論的理念について」）。理念は、経験を超えて認識を拡張する理性によって産出され、経験を統制し、導く働きをする。

[8] フッサール前掲書、第四六節。

2　自然な実在論

本当にそうなのだろうか。たしかに、個々の事物の経験については**錯覚**が生じることがあるし、まとまった経験の連なりが目覚めとともに**夢**とわかって、それまでの妥当性を失うこともある。しかし、私たちのこれまでの人生において、実在世界の全体が存在しなくなるような経験が生じることはなかった。個々の事物の経験が変化して、その内容が修正されるときでも、世界はつねに存在しつづけてきた。いまも実在世界は目の前に実際に広がっており、私たちもそのなかを現に生きている。しかもこの世界は、私たちが眠っているあいだにも、死んだ後にも存在しつづけるであろう。こうしたことは基本的な事実として打ち消すことができないのではないだろうか。私たちにとってこの世界は端的に存在しているのであって、このことを疑う余地はないように思われる。[9]

世界には究極的に何がどのように存在しているのか、経験と世界とがどのように結びつくかなどの哲学の問いを考察する以前に、私たちの日常の経験の営みは世界が確実に存在することをあえて言葉にしないほど**自明なもの**と認めており、「**自然な実在論**」[10]を支持している。世界の存在をわざわざ問題にするのは余計なことであり、哲学者は、とりたてて考える必要のない問題を捏造しているのかもしれない。哲学者が世界の存在をわざわざ疑って、その背後に真の存在それ自体を想定したり、挙げ句の果てにそれを正当化できないと言いだしたりするのであれば、そうした営み自体が笑う

［9］　フッサールは、このような世界の存在にかかわる私たちの態度を、『イデーンI』において、「自然的態度の一般定立」と特徴づけている（フッサール前掲書、第二七―二九節）。「現象学の根本問題」の講義（一九一〇―一一年）の冒頭でも自然的態度について語られている（『間主観性の現象学II　その方法』浜渦辰二・山口一郎監訳、二〇一二年、一五―三三頁）。

［10］　H・パトナムは、フッサールを、W・ジェームス、L・ウィトゲンシュタイン、J・L・オースティンとともに自然な実在論者として紹介している（H・パトナム『心・身体・世界――三つ撚りの綱／自然な実在論』新装版、野本和幸監訳、法政大学出版局、二〇一一年、三五頁）。ここでの自然な実在論は、【5―1　実在論と観念論】の分類によれば、現象学を非形而上学的な営みと見なす立場に位置づけられる。

べきものであるだろう。なぜなら、この世界の存在を疑っている哲学者自身も、依然として目の前の世界の存在を前提している可能性があるからである。世界の存在を前提にして生きながら、世界の存在を認識できないと言うことは、自己矛盾という不合理に陥ることになるだろう。[11]

たいていの哲学者は、哲学的探究のときにも睡眠のときにも、さらには自分の誕生以前や死後においても世界が存在するという信念をもっている。哲学者は今日の原稿の続きを明日にも書くだろうし、死後に著作が読まれるのを名誉なことと見なしている。あるいは家庭生活において、二〇年のローンで家を購入し、生命保険に加入して財産を家族に残そうとするかもしれない。したがって、哲学者が大真面目に世界の存在が疑わしいなどと主張するのであれば、それは日常の実践における**生き方**と齟齬をきたすことになるだろう。[12] 日常の実践においては、そもそも世界の存在が疑われることはないし、何らかの懐疑が生じても部分的であり、世界全体の存在は前提にされている。そもそも何かが疑われるときには、そのものの通常の状況や類似した他のものとの対比においてそうされる。[13] むしろいっさいのものの存在に疑義を呈するような**哲学的懐疑**の営みは、日常のなかに収まるべき文脈を見いだすことができない。世界の存在が、哲学者の目には不確かなものに見えたとしても、それは私たちの日常の実践を支える**地盤**でありつづけている。哲学者が「日常の世界は世界の真なる姿ではなく、本当の世界についてはわからない」という**懐疑**を抱くのであれば、それは、科学

[11] 「不思議なのは、哲学者達が、彼ら自身が真であると認識していたことと矛盾した命題を、彼らの哲学的信条の一部として、心から主張することができたということである」(G・E・ムーア『常識の擁護』『観念論の論駁』、國嶋一則訳、勁草書房、一九六〇年、一七一頁)。

[12] 野矢茂樹『哲学の謎』講談社現代新書、一九九六年、二六頁。

[13] J・L・オースティン『知覚の言語――センスとセンシビリア』丹治信春・守屋唱進訳、勁草書房、一九八四年、二四頁。フッサール『イデーンI―1』(前掲書)、第三〇節、『ヨーロッパ諸学の危機と超越論的現象学(以下、危機)』細谷恒夫・木田元訳、中公文庫、一九九五年、第二八節、第三七節。

から日常までのさまざまな実践から意味を奪うことになるだろう。この世界がいま目の前に存在しているという常識は、哲学者による極度の懐疑から擁護されなければならないのだ。[14]

3　認識と行為

哲学者がわざわざ経験に眼を向けて、その不完全性を洞察することで、いったい何をしていることになるのだろうか。哲学者の生の営みの意味を明らかにするに先立って、私たちの日常の生の営みをもう少し分析してみたい。私たちが自明なものと見なしている日常の世界は「**生きられた世界**（**＝生活世界**）」と特徴づけられる。[15]この生きられた世界の存在は私たちの日常の生とどのように結びついているのであろうか。世界を自明視している日常の生に目を向けたうえで、この生においては世界が疑われないことの意味を明らかにしなければならない。注目すべきは、世界やそのなかのさまざまな対象は経験によって認識されるけれども、そのことを通じてその存在の**確実性**が最終的に確証されるわけではない点である。というのも、すでに述べたように、経験が一面的であるかぎり、その対象を完全に認識することはできないからである。経験のうちに世界の確実性の正当化の根拠を求めても、その試みは原理的に失敗することになる。にもかかわらず、事実上は、世界の存在の確実性が日常の実践的な生の支えになってしまっている。ここでは、私たちが認識できるものの範囲と日常の実践

［14］　ムーア、ウィトゲンシュタイン、日常言語学派によって共有されていたこうした問題意識は、S・カヴェルにも引き継がれている。荒畑靖宏「日常性への回帰と懐疑論の回帰――スタンリー・カヴェル」、齋藤元紀・増田靖彦編『21世紀の哲学をひらく』ミネルヴァ書房、二〇一六年、第九章。

［15］　生活世界は、フッサールの『危機』（一九三六年）で展開された概念である。新しい関連資料も刊行されており、類型性、周期性、身体性、規範性などの自明性をめぐる論点を考察することができる(E. Husserl, *Die Lebenswelt. Auslegungen der Vorgegebenen Welt und ihrer Konstitution.* Hua XXXIX Springer, 2008)。田口茂は、自明なものに眼を向ける考察様式のうちに現象学の特有性を見いだしている（田口茂『現象学という思考――〈自明なもの〉の知へ』筑摩書房、二〇一五年、序章、第一章）。

を支える根拠となるものとがずれてしまっている。このようなずれをどのように理解すればいいのだろうか。ここで重要なのは、「何がどこまで確実に知られうるか」という**認識**をめぐる問いと「いかに振る舞うべきか」という**行為**や生き方をめぐる問いとを区別してみることである。一方の「認識の問い」の水準においては、世界が経験によって与えられるかぎり、その存在に確実性を見いだすことはできない。しかし、他方の「生き方の問い」のなかでは、世界の存在の確実性を疑うことは「笑うべき」であり、生き方の合理性にそぐわないものとなる。このように、世界の存在は、日常の生き方をめぐる問いとして考察されることで、肯定的に論じられるかもしれない。

　ここではまず、世界そのものではなく世界のなかの個々の対象が行為においてどのように経験されるのを確認しておきたい。私たちの日常の実践において個々の対象にかかわる行為に眼を向けてみると、注目すべき傾向が明らかになる。行為はしばしば認識による確認の手続きに依拠しながらも、そのような確認の手続きをたえず省略することでうまく進んでいる。たとえば、教員が新学期の授業ではじめて教室に向かうとき、教室までの建物の位置や教室の番号をしっかり確かめる。マイクやプロジェクターの使い方についてもマニュアルで確認しなければならない。しかし、少しずつ慣れるにつれて、いちいち確かめることなく教室に行き、機材を使用できるようになる。教変の変更がある場合には、ふたたび教室の番号をしっかり確認するが、機材が同じであれば以前のやり方と同じようにするだけでよい。さらに翌年も授業をする場合には、とくに確かめることなくすべてを進めることができる。私たちの行為は、未知の新しいものに出会い、それを既知のものにしてゆくが、すでに馴染みのものに関しては、あえて確かめることもなく受け入れている。以前に使用したものと同じ企業の製品に出会うならば、両者の操作手順のパターンに類似性を見いだして、同じように扱うことができる。このように実践的行為は、新たなものと既知のものとの類似性を手がかりにすることで、細かな確認の手続きを省略している[16]。もしも、私たちが毎回まったく馴染みのないものに直面するかのようにすべてを確認するとしたら、そのような振る舞いの合理性が疑われることになるだろう[17]。

4 世界と生

世界は個々の対象とはかなり異なっており、行為においても、教室やそのなかの機材などとは異なった仕方において経験される。世界は、そのつどの行為において対象として出会うわけではなく、あらゆるそのつどの行為が有意味な仕方でそこに収まる**地平**である。たとえば、教室で授業をするとき、大学から自宅へ帰宅するとき、自宅で食事をするとき、それらの行為はいつもすでに世界という地平のなかでなされている。こうした世界の存在については、もともとあった確認の手続きが省略されているわけではなく、そもそも最初からそうした手続きを見いだすことはできない。教室にプロジェクターが設置されているかどうかについては、その教室に行けば確認でき

[16] フッサールは、経験が類型に応じて機能することを詳細に分析している(『デカルト的省察』浜渦辰二訳、岩波文庫、二〇〇一年、第三二節、第三八－三九節)。現象学的社会学の立場から生活世界の類型の機能を考察したものとして、以下を参照。A・シュッツ、T・ルックマン『生活世界の構造』那須壽訳、ちくま学芸文庫、二〇一五年、第一章。

[17] M・シェーラーによれば、私たちの行為は、知覚によってわざわざ確認しないようなものを「実践的考慮」に入れることで成り立っている。M・シェーラー『倫理学における形式主義と実質的価値倫理学(上)』シェーラー著作集1、新装版、吉沢伝三郎訳、白水社、二〇〇二年、二五二－二五六頁。K. Mulligan, "Certainty, Soil and Sediment," in M. Textor (ed.), *The Austrian Contribution to Analytic Philosophy*, Routledge, 2006, pp. 29-89.

る。しかしながら、世界が存在するかどうかについては、それを確認する手続きがそもそも考えられない。世界は、個々の事物とは異なって、経験の対象となることはなく、いつもすでに背景に退いている。世界は、まず未知のものとして出会い、そのあり方を確かめることで既知のものになるわけではない。それはあらゆる行為に先だっていつもすでに確実に存在するものとして受け入れられてしまっている。こうした意味において、世界の存在はあらかじめ既知のものになっており、これからも存在しつづけることが自明視されている[18]。世界を確かめるまでもなく既知のものとして受け入れることは、個々の行為を支える生き方の様式になっている[19]。私たちが生きるということは、世界のなかで生きるということを意味している[20]。

　こうした生の様式を次のように理解することができるだろう。私たちが世界の存在を自明なものとして受け入れているとき、推測されるにすぎないものを確実なものと見なしている。いいかえれば、世界の存在の確実性は推測的であるにもかかわらず、確実なものとして**過大評価**されている。このような過大評価は、個々の自然現象についての科学的探究においては許しがたいものであろう。しかし、日常の実践を支える生き方においては、世界の存在をめぐるこのような過大評価がなされている。このような評価に根ざす生き方は、そもそも確かめようがないものを確実なものとして受け入れるのであるから、**信仰**に擬えることができるであろう。ある種の宗教家にとっての**神**が、それなくしては生が意味を失うものとして信仰されるように、私たちにとっ

[18]　ハイデガーは「馴れ親しみ」における世界との出会いを強調している（『存在と時間』（翻訳多数）、第一八節）。

[19]　ウィトゲンシュタインは、こうしたことを「蝶番」という比喩によって語っている（『確実性の探究』黒田亘訳、大修館、一九七五年、第三四一節、第三四三節）。この問題を深く検討したものとして、以下がある。山田圭一『ウィトゲンシュタイン　最後の思考――確実性と偶然性の邂逅』勁草書房、二〇〇九年。

[20]　「生きるということはつねに世界を確信しながら生きるということである」（フッサール『危機』前掲書、第三七節、訳文は引用者による）。

ての世界は、日常の実践においてなくてはならないものとして信仰されている。この世界の存在を信じなければ日常の実践が意味を失うので、私たちは世界の存在を前提にせざるをえないのである。私たちの日常の実践的な振る舞いにおいて、世界の存在を信仰することがいわば**要請**されているのだ。理論的には避けるべきことがむしろ実践的には要請されているのであり[21]、この世界の存在を信じて生きることは、要請としての合理性をもっている。

5 哲学者の生

哲学者はこのようにして世界から身を引くことで、この世界の存在が認識によって確かめられないこと、にもかかわらず日常の実践の基盤として前提せざるをえないことを明らかにし、こうしたことに要請としての合理性を見いだすことができる。ところが、私たちは哲学の営み以前にも、世界の存在を自明なものとして受け入れ、事実上それを前提にして生きていた。哲学以前には、世界が確実に存在することはあえて言葉にする必要もないし、そのように言うことが奇妙なほど自明になっていた。一方には、哲学に先だって世界の存在を自明なものとする日常の**自然な態度**があり、他方には、世界の存在は認識できないゆえに信仰されるとする**哲学の態度**がある。自然な態度に生きる者は、経験が原理的に不完全であることを突きとめるわけではないのに対して、哲学する態度に生きる者は、世界を経験へと関連づけ、経験の不完全性をふ

[21] 「蓋然性を過大評価したり、軽い推測性を経験的確実性ゆえに過大評価したりすることは、理論的には非難されるべきであるが、実践的には善いことなのであり、そうだからこそ実践的な状況においてはひたすら要求されている」（E. Husserl, *Grenzprobleme der Phänomenologie*. Hua XLII, Springer, 2014, p. 323.）このような発想は、カントの「実践理性の要請」に見いだされる（カント『実践理性批判』（翻訳多数）第一部第二編「純粋実践理性の弁証論」における第二章五「純粋実践理性の要請について」を参照）。しかし、カントにとっては、自由、魂の不死、神の存在などの経験を超えた「叡智界」にかかわることが要請されるが、ここでは経験の及ぶ現象としての「この世界」の存在にかかわる要請がなされている。

[22] フッサールは、このような態度の変更を「宗教的回心」にたとえている（『危機』（前掲書）、第三五節）。哲学を始める動機と

まえたうえで、世界の存在様式を考察している。

　自然な態度から哲学の態度への**態度変更**（「**現象学的還元**」と呼ばれる）において、いったい何がどのように変化したのであろうか。[22]ある意味では、この二つの態度のあいだは大きな違いは見いだされない。というのも、自然な態度においても哲学の態度においても、世界が存在するという成果の点では相違がないからである。後者においては、世界の存在という自明な事実がただ追認されたにすぎないように思われる。哲学の態度においてわざわざ要請されるまでもなく、自然な態度において世界の存在はつねに前提にされていたのだ。したがって、哲学の態度へ移行したにしても、世界について新たな認識が獲得されたわけではないし、世界における実践がより善く進められるようになったわけでもない。[23]とするならば、哲学者の営みはいったい何をしたことになるのだろうか。

　この問いについて、次のように言うことができるだろう。哲学の態度に立つことによって、私たちが世界と自己とをこれまでとはまったく別様に理解したかもしれない、と。しかもこのような理解は、私たちの人生をめぐって、何か大きな変化をもたらしてはいないだろうか。哲学による経験の解明によって、私たちはみずからの認識能力の限界を学び知ることになった。私たちの経験がどれほど進展したとしても、世界のすべてを認識することはできない。世界の存在を前にしてみずからが不完全であることを、哲学者は自覚している。このような不完全性を踏まえる者は、みずからの

いう論点からこの態度変更を論じたものとして以下を参照。吉川孝「生き方について哲学はどのように語るのか　現象学的還元の「動機問題」を再訪する」、『現代思想——総特集フッサール——現象学の深化と拡大』第三七巻第一六号、青土社、二〇〇九年。

[23]　このことは、懐疑論の哲学的意味をめぐる問題としても考えられている。B・ストラウド『君はいま夢を見ていないとどうして言えるのか——哲学的懐疑論の意義』永井均監訳、春秋社、二〇〇六年。古代の懐疑主義（ピュロン派）においては、現代の懐疑主義とは異なって、懐疑による「エポケー（判断保留）」を通じて心の「無動揺（平静）」にいたるという「生き方」が提示されていた。J・アナス&J・バーンズ『古代懐疑主義入門』金山弥平訳、岩波文庫、二〇一五年、第一章、第一三章。

認識能力について「**慎ましさ**（modesty）」をもって生きることになり、みずからの信念が間違っている可能性に敏感になるだろう。[24] このような慎ましさは、哲学の態度にたつ者が、まさに哲学をすることによって手にした人としての善さ、つまり**徳**である。慎ましさを備えた者の人生は、みずからが確かめうるものだけをみずからの**責任**において引き受けたうえで、それを超えたものを信じてみずからの生を投げ出すような「**試し**」という意味をもつだろう。[25] 経験は不完全なものであり、推定によって成り立っている以上、かならず裏切られる可能性を含んでいる。哲学者はみずからの経験のただなかからこの世界を見つめ直して、みずからの経験の限界とこの世界の不可解さを引き受け直すことになる。私たちは経験の不完全性を知ることで、世界について完全な真理を手にしうると考える**独断論**に陥ることがなくなる。さらに私たちは、この不完全な経験においてなおも世界の存在と意味が与えられるのを確認することで、世界について何も真理を語りえないという**懐疑論**に傾倒することを避けることができる。このようにして哲学者として生きる者は、みずからの不完全性を自覚したうえで、この世界に生きることを受け入れるようになるだろう。世界と自己との理解をめぐるこうした変化は、当人の人生にとって大きな意味をもっているように思われる。

[24] H. Jacobs, "Phenomenology as a Way of Life? Husserl on Phenomenological Reflection and Self-Transformation," *Continental Philosophy Review* 46 (3), pp. 349-369, 2013.

[25] こうした文脈において、人生を「試す」「試みる」ことの意義が、フッサールによって検討されている。E. Husserl, *Erste Philosophie II*, Hua VIII, Nijhoff, 1959, pp. 351-352.

あとがき

現象学の――さらには哲学の――入門書を書くことになるとは思っていなかった。想い起こせば、学生の頃、さまざまな入門書（文献案内の推薦書を含む）を手にとって、ワクワクしながら読んだものだ。読み進めるうちに、フムフムと納得したり、スッキリしたり、ウットリしたことさえある。学生なりに勉強が進んで生意気になってくると、だんだんと、ガッカリしたり、イライラしたり、ムカッとしたりすることも増えてくる。さらに、研究者の看板を掲げるころには、以前ならウットリしていたような本にも、「なるほどね」「そうなるよね」という冷めた感想を挟まずにはいられなくなる。本書も曲がりなりに入門書である以上、そのように読んでいただけるのかもしれない。そう考えると、ひときわ感慨深い。

本書『ワードマップ　現代現象学』のコンセプト――現象学を通じての哲学入門――は、幸いなことに、執筆者たちによってほとんど最初から共有されており、そのおかげで私たちはそのような入門書を書いてみたいとすぐさま意気投合できた。「現代現象学」という表現はやや大げさに見えるかもしれないが、いままでの入門書にはない新しいものを打ち出そうと取り繕ったわけではない。私たちが考えているような「現象学」への入門書がほとんどなかったので、とにかく書いて世に問うてみたかった。いままでにはない新しいもの、読者の皆さまにとって有益なものになっていることを願う。本書をきっかけに多くの読者が現象学への関心を高めていただけるのであれば、執筆の主目的のひとつが達成されたことになる。さらに、現象学に詳しい方々から「現象学の新しい入門書」と認めていただければ、これほど嬉しいことはない。現象学は哲学であり、哲学に関心のあるさまざまな人たちに開かれている。また、現象学が哲学であるからこそ、それ以外のさまざま学問（心理学、社会学、教育学、医学、看護学など）の問いをかかえる人たちにも読んでいただける。そのように信じて本書は執筆された。

本書の構想が芽生えたのは、二〇一三年の十二月、高知での研究会の合間に、冬の柔らかな陽が差し込む川沿いの部屋のなかで雑談をしているときだった。それから、構想を練ったり、分担を決めたり、執筆したり、検討したり、原稿を寝かせたり、書き直したり、かなりの時間が経過した。とにかく多くの共同作業をしてきた。オフラインでは、東京と高知の大学や仕事場で、幾度となく顔を突き合わせた。よく食べ、よく飲んだ記憶もあるが、それをはるかに凌いでよく議論した。オンラインでのミーティングや検討会は数えきれず、しばしば夜間や休日にも開催された。おかげで互いの原稿をじっくり読みあうことができた。こうして執筆者全員が本書を貫く発想を共有しながら意見交換を重ねたため、ある意味では本書の全体は共同執筆によるといってもいいかもしれない。しかしながら、執筆者はそれぞれ独立した研究者でもあり、担当した章・項ごとの内容にそれぞれが責任を負っている。よく読んでいただくと、それぞれの議論の運びや力点の置き方のあいだに緊張関係が見えてくるかもしれない。

本書の成立にあたっては、多くの方々のお世話になった。酒井泰斗氏（ルーマン・フォーラム）には、新曜社を紹介していただいたうえ、企画、執筆、宣伝などあらゆる面でアドバイスいただいた。議論の筋を通すことにしか興味がない（おそらくは何かが欠落している）哲学研究者たちにとって、ほんとうに頼もしい存在である。また、同じく酒井氏の後押しで世に出た『ワードマップ　現代形而上学』（新曜社）の執筆者（鈴木生郎、秋葉剛史、谷川卓、倉田剛の各氏）にも多くを負っている。同書の見事な成功がなければ、本書は生まれなかった。また、その内容についても、議論の明晰さ、叙述の平易さ、統一された書式など、いつもお手本にさせていただいた。勝手ながら、本書が『現代現象学』というタイトルで出版されることに何の迷いもなかった。姉妹編のように扱われては迷惑かもしれないが、ご寛恕いただきたい。また、新曜社の高橋直樹氏にも、長期にわたる執筆を支えていただき、内容についての的確なコメントもいただいた。現在のようなかたちで無事に本書が刊行されたことに、心よりお礼を申し上げたい。

それぞれの執筆者の担当箇所の原稿を読み、コメントや質問をいただいた人もたくさんいる。以下の皆さまには特に名前を挙げてお礼を申し上げたい（五十音順、所属・敬称略）。秋葉剛史、井頭昌彦、池田喬、小草泰、川瀬和也、北村直彰、倉田剛、源河亨、國領佳樹、小手川正二郎、鈴木生郎、富山泰斗、長門裕介、中山洋子、新川拓哉、藤川直也、松井隆明、渡邊浩幸。また、本書の草稿の一部を利用した以下の授業でも、受講した学生の皆さんから有益なコメントや質問をいただいた。「現代哲学」（埼玉大学教養学部）、「哲学」（慶應義塾大学日吉共通科目）、「哲学概説」（岡山大学文学部）、「感性への問いの現在」（早稲田大学グローバルエデュケーションセンター）、「哲学講読ＩＡ」（高知県立大学文化学部）、「看護研究方法論Ｖ（現象学的研究方法）」（ＤＮＧＬ・５大学大学院による「災害看護グローバルリーダー養成プログラム」）。コメントや質問のすべてに対応できたわけではないが、ときに議論の構成、事例の挙げ方、専門用語や日本語表現の選択などについて参考にさせていただいた（もちろん最終的な文責は執筆者にある）。心よりお礼を申し上げたい。

　執筆者が期間中に助成を受けた科学研究費にも多くを負っている。研究種目・研究課題番号・研究代表者名のみを挙げるかたちでまとめて記しておきたい。

・基盤研究（C）・26370027・吉川孝
・基盤研究（C）・17K02178・吉川孝
・若手研究（B）・26770014・植村玄輝
・若手研究（B）・17K13315・八重樫徹
・若手研究（B）・15K16636・森功次
・特別研究員奨励費・11J05611・植村玄輝
・特別研究員奨励費・11J01064・八重樫徹
・特別研究員奨励費・12J09186・富山豊

・特別研究員奨励費・12J05918・森功次

各執筆者が所属する研究機関には、研究費の取り扱いを含めて、いつも研究をしっかりサポートいただいている。この機会にお礼を述べさせていただきたい。

現象学は哲学をするときの一つのやり方であると同時に、一つの伝統でもある。執筆者は全員、国内外の先輩現象学者たちから多くを学び、この伝統のなかに入ってきた。本書『ワードマップ　現代現象学』はその名のとおり新しいかたちの入門書を意図したものだが、先達から受け継いだものをフィルターにかけて出てきただけのものともいえる。私たちはそこにサインをして、次の人々に渡す。一つの伝統を抜け出すことなく、完全にオリジナルなものを生み出すことは不可能だが、それでも新しいものをつくろうという意志と努力がなければ、伝統はやがて消えていってしまうだろう。現象学という伝統がこれからも続いていくことを願いつつ、すべての先輩たちに感謝する。

執筆者一同

二〇一七年六月

人名索引

■ま　行

■や　行

■ら　行

事項索引

■さ　行

■た　行

■な　行

■は　行

■ま　行

■や　行

現代現象学をさらに学ぶための文献案内

第1部

■現象学全般に関する入門

［1］ R. Sokolowski, *Introduction to Phenomenology,* Cambridge University Press, 2000.

［2］ D. Moran, *Introduction to Phenomenology,* Routledge, 2000.

［3］ J. Smith, *Experiencing Phenomenology: An Introduction,* Routledge, 2016.

［4］ ダン・ザハヴィ『フッサールの現象学』新装版、工藤和男・中村拓也訳、晃洋書房、2017年。

［5］ U. Kriegel, *Subjective Consciousness : A Self-Representational Theory,* Oxford University Press, 2011.

［6］ U. Kriegel, *Varieties of Consciousness,* Oxford University Press, 2015.

［7］ D. Zahavi, *Self and Other: Exploring Subjectivity, Empathy, and Shame,* Oxford University Press, 2014.

［8］ ダン・ザハヴィ『自己意識と他性――現象学的探究』中村拓也訳、法政大学出版局、2017年。

［9］ ショーン・ギャラガー、ダン・ザハヴィ『現象学的な心――心の哲学と認知科学入門』石原孝二ほか訳、勁草書房、2011年。

［10］ D. W. Smith & A. L. Thomasson (eds.), *Phenomenology and Philosophy of Mind,* Oxford University Press, 2005.

［11］ D. O. Dahlstrom, A. Elpidorou & W. Hopp (eds.), *Philosophy of Mind and Phenomenology : Conceptual and Empirical Approaches,* Routledge, 2016.

［12］ 村田純一『色彩の哲学』岩波書店、2002年。

現象学に関する入門書は多数あるが、ここでは「現代現象学」の観点から哲学の問題に取り組んでいるものを中心に挙げておきたい。［1］は、平易な語り口によって、現象学の基本的発想やその哲学的含意をわかりやすく解説している。［2］は、ブレンターノ、フッサール、ハイデガー、メルロ＝ポンティ、レヴィナスなどの人物ごとに、現象学的哲学のバリエーションを紹介してい

る。バランスのとれた叙述は、中世哲学研究の泰斗でもある著者の視野の広さによるものである。[3]は、本書と同じく、「経験」を手がかりに哲学の諸問題を考察するというスタイルで執筆された新しい入門書。[4]は、本書でも頻繁に参照されるフッサールの標準的な解説であり、現代哲学のなかにフッサール現象学を位置づける論述も多数ある。[5]は、意識経験から出発する現象学のスタンスの意義を、論証を通じて丁寧に明らかにしている。[6]は、経験の分類への本格的な取り組みであり、この問題が哲学にとってきわめて大きな課題となることが示されている。[7]と[8]は、哲学の問題としての自己、他者、間主観性などのトピックに対して、現象学がどのように取り組みうるのかを明らかにしている。[9]は、現象学の立場から、認知科学の成果をもふまえたうえで、心の哲学の議論に挑もうとしている好著。[10][11]は、心の哲学と現象学との接点のなかで哲学の問題を考察するさまざまな論考が収められている。心の哲学を視野に入れることなしに、現代哲学としての現象学の意義を示すことは難しいだろう。[12]は、色彩をめぐる哲学・心理学の問いに切り込むことで、経験に根ざす哲学としての現代現象学の可能性がわかりやすく示されている。

本書が用いる意味での「現代現象学」とは異なる観点から書かれた入門書のなかでは、以下のものを推薦したい。いずれも日本の現象学研究を牽引する(してきた)著者による良著である。

木田元『現象学』岩波新書、1970年。
新田義弘編『フッサールを学ぶ人のために』世界思想社、2000年。
斎藤慶典『フッサール　起源への哲学』講談社選書メチエ、2002年。
谷徹『これが現象学だ』講談社現代新書、2002年。
田口茂『現象学という思考──〈自明なもの〉の知へ』筑摩選書、2014年。

第2部

■第4章　志向性

[1] 門脇俊介『フッサール──心は世界にどうつながっているのか』NHK出版、2004年。
[2] 貫成人『経験の構造──フッサール現象学の新しい全体像』勁草書房、2003年。
[3] マイケル・ダメット『真理という謎』藤田晋吾訳、勁草書房、1986年。
[4] 金子洋之『ダメットにたどりつくまで』勁草書房、2006年。
[5] マイケル・ダメット『分析哲学の起源──言語への転回』野本和幸ほか訳、勁草書房、1998年。

［６］　ジョン・R.サール『志向性――心の哲学』坂本百大訳、誠信書房、1997年。
［７］　ティム・クレイン『心の哲学――心を形づくるもの』植原亮訳、勁草書房、2010年。

本章で考察したような、経験同士の織り成すネットワークから志向性を考えるという方向性、そしてフレーゲ的意味論などの分析哲学の道具立てを援用するという手法については、［１］をその先駆的な試みとして挙げることができる。コンパクトに圧縮された記述だが、本章を読み終えた読者ならその狙いも汲み取れるだろう。同様の精神を共有しつつ、フッサールの叙述や用語法に即したより詳細な議論を展開している研究書として［２］を挙げておく。時間論や受動性など、フッサール現象学の重要なトピックでありながら本書ではほとんど取り上げることのできなかった事柄についても議論されている。本章で大きく依拠した検証主義的意味論の考え方は［３］で展開されている。とりわけ「直観主義論理の哲学的基底」を参照。とはいえ、分析哲学や論理学の予備知識なしにダメット本人の叙述に挑むのは容易ではない。心強い手助けのひとつとして［４］が頼りになるだろう。本章で描いたようなダメットとフッサールに共通する方向性を必ずしも主題的に展開したものではないが、ダメット自身がフッサールについてまとまった言及をおこなっている著作として［５］がある。本章を読み終えて、さらに志向性の問題について詳しく考えてみたくなった読者には、もはや古典ではあるが［６］が充実した議論を与えてくれる。よりコンパクトでまとまった紹介が欲しい読者には、［７］の第１章が問題の見通しを与えてくれるだろう。また、この［７］は第５章で扱った心身問題とも関連して、心と物理的世界の関係をどのように考えるかという問題も主題的に扱っている。

■第５章　存在

［１］　倉田剛『現代存在論講義Ｉ――ファンダメンタルズ』新曜社、2017年。
［２］　植村玄輝『真理・存在・意識――フッサール『論理学研究』を読む』知泉書館、2017年。
［３］　佐藤駿『フッサールにおける超越論的現象学と世界経験の哲学――『論理学研究』から『イデーン』まで』東北大学出版会、2015年。
［４］　金杉武司『心の哲学入門』、勁草書房、2007年。
［５］　スティーブン・プリースト『心と身体の哲学』河野哲也ほか訳、勁草書房、1999年。
［６］　ジェグォン・キム『物理世界のなかの心――心身問題と心的因果』太田雅子訳、勁草書房、2006年。

「何が（どのように）存在するのか」という問題は、形而上学のうちでも特に「存在論」と呼ばれる分野にかかわる。［1］は、存在論が現代哲学のなかでどのように論じられているかを丁寧に解説した入門書である。特に同書の第2章で扱われる方法論的な話題は、形而上学・存在論への現象学的アプローチの特色を考えるうえでも助けになるだろう。現象学と形而上学が関係するという話に驚いた読者には、かなり専門的だが、［2］を推薦したい。現象学の創始者フッサールがはやくから形而上学に関心をもっていたこと、そして現象学を形而上学的に中立的な営みとみなす初期の立場がどうやって維持困難になったかが論じられている。現象学的な観念論については、［3］がフッサールに即して綿密に検討している。現代哲学において心身問題がどのように論じられているかを知りたい場合には、まずは［4］から始めるのがいいだろう。また［5］は、心身問題に対するさまざまな立場を新旧織り交ぜて論じた著作であり、ブレンターノやフッサールにも一章が割かれている。二元論的な立場に対する大きな脅威となる心的因果の問題については、現代の議論に大きな影響を与えた著者による［6］に挑戦してほしい。

■第6章　価値

［1］ エトムント・フッサール「評価と行為の現象学――形式的および実質的な価値論と実践論」吉川孝・八重樫徹訳、『現代思想　総特集フッサール――現象学の深化と拡張』、青土社、2009年所収。

［2］ 八重樫徹『フッサールにおける価値と実践――善さはいかにして構成されるのか』 水声社、2017年。

［3］ J. J. Drummond & L. Embree (eds.), *Phenomenological Approaches to Moral Philosophy: A Handbook,* Springer, 2002.

［4］ 吉川孝・横地徳弘・池田喬編著『生きることに責任はあるのか――現象学的倫理学の試み』弘前大学出版会、2012年。

［5］ チャールズ・テイラー『自我の源泉――近代的アイデンティティの形成』下川潔ほか訳、名古屋大学出版会、2010年。

［6］ 河野哲也『善悪は実在するか――アフォーダンスの倫理学』講談社選書メチエ、2007年。

［7］ ヒューバート・L.ドレイフュス、スチュアート・E.ドレイフュス「道徳性とは何か――倫理的熟達の発展に関する現象学的説明」、デイビット・ラスマッセン編『普遍主義対共同体主義』菊池理夫ほか訳、日本経済評論社、1998年所収。

フッサール自身による価値論・道徳哲学の構想は、［1］で簡潔に展開されており、訳者の解題はその2つの時期の倫理学に解説を加えている。［2］は、現代の分析哲学における感情・価値・道徳についての議論などをふまえなが

ら、フッサールの価値論と道徳哲学の意義をわかりやすく示した著作。[3][4]は、さまざまな現象学者における道徳哲学についての論集。フッサール、ハイデガー、レヴィナスはもちろん、マルセル、ボーヴォワールなどの現象学者としては意外な人物や、和辻哲郎などの日本の倫理学者までもが視野に入っており、現代の道徳哲学の問題をふまえた論考も含まれている。[5]は、善さの経験を解明する「道徳現象学」を手がかりとして、「善さ」をめぐる現代哲学の到達点とも言うべき成果を示している。[6]は、現象学に親近性があるJ. J. ギブソンの生態学的心理学の立場から、近代の道徳哲学の再考をうながした著作。[7]は、「倫理的熟達」についての現象学的分析に依拠して、そのような論点を無視する従来の道徳哲学の問題点を示そうとした大胆な論文。

■第7章　芸術

[1]　佐々木健一『美学辞典』東京大学出版会、1995年。

[2]　ロバート・ステッカー『分析美学入門』森功次訳、勁草書房、2013年。

[3]　西村清和編監訳『分析美学基本論文集』、勁草書房、2015年。

[4]　ロマン・インガルデン『音楽作品とその同一性の問題』安川昱訳、関西大学出版部、2000年。

[5]　鈴木生郎・秋葉剛史・谷川卓・倉田剛『ワードマップ　現代形而上学──分析哲学が問う、人・因果・存在の謎』新曜社、2014年。

[6]　H. R. Sepp & L. Embree (eds.), *Handbook of Phenomenological Aesthetics*, Springer, 2010.

[7]　金田晋『芸術作品の現象学』世界書院、1990年。

[1]は「読み物としての辞書」というスタイルで、美学における伝統的な問題を学ぶことができる良書。本書で論じた「美的経験」については、この本の「美」「美的態度」「美的判断」「美的体験」の項目を読むといいだろう。現代美学の諸動向を追うには、(「英語圏の」という限定を付すことにはなるが、)[2]から入り、[3]に進むのを勧める。[4]は芸術作品の存在論の古典。その後の発展については[5]の第7、8章を読むと良いだろう(この本は現代形而上学全般にわたって良い見通しを与えてくれるので、全ての章を読んでほしいところだが)。[6]は現象学的美学というテーマで、古典的現象学者の議論や現代の諸問題を幅広く扱っている。また本文中ではあまり扱えなかった画像経験の問題については[7]が現象学的観点から考察している。

■第8章　社会

[1]　斎藤慶典『思考の臨界──超越論的現象学の徹底』勁草書房、2000年。

［２］ 小手川正二郎『甦るレヴィナス――『全体性と無限』読解』水声社、2015年。
［３］ J. L. オースティン『言語と行為』坂本百大訳、大修館書店、1978年。
［４］ 野家啓一『言語行為の現象学』勁草書房、1993年。
［５］ ジェイムズ・レイチェルズ、スチュアート・レイチェルズ『現実を見つめる道徳哲学――安楽死・中絶・フェミニズム・ケア』新版、次田憲和訳、晃洋書房、2017年。
［６］ A. Salice & H. B. Schmid (eds.), *Phenomenological Approaches to Social Reality: History, Concepts, Problems*, Springer, 2016.

古典的な現象学者による他者経験論については、［１］の第Ⅲ部第２章第３節が見通しのよい概略を与えている。本書では触れることができなかったが、「他者」についてレヴィナスが展開した独自の哲学を現象学の一つのあり方として解釈する試みに、［２］がある。約束に関するライナッハの議論は、オースティンが［３］で展開した言語行為論の先取りとなっている。［４］は、著者が言語行為論と現象学を接続するという観点から書いた論文を集めたもの。約束と契約について、本章の範囲を超えてさらに考えを深めるためには、ホッブズに始まる社会契約説を考慮しないわけにはいかない。日本語で読める手軽な解説として、［５］の第６章を推薦しておく。［６］は、初期現象学における社会哲学とその哲学的意義についての本格的論集である。同書で扱われている現象学者たちの見解は、社会への現代現象学的なアプローチにも大きなヒントを与えてくれるだろう（本書のコラム「社会の現象学」も参照）。

■第９章　人生

［１］ トマス・ネーゲル『コウモリであるとはどのようなことか』永井均訳、勁草書房、1989年。
［２］ 青山拓央『幸福はなぜ哲学の問題になるのか』太田出版、2016年。
［３］ 吉川孝『フッサールの倫理学――生き方の探究』知泉書館、2011年。
［４］ 池田喬『ハイデガー　存在と行為――『存在と時間』の解釈と展開』創文社、2011年。
［５］ 納富信留『ソフィストとは誰か？』ちくま学芸文庫、2015年。
［６］ P. Hadot, *Philosophy as a Way of Life: Spiritual Exercises from Socrates to Foucault,* A. Davidson (ed.), M. Chase (tr.), Blackwell, 1995.
［７］ 山田圭一『ウィトゲンシュタイン最後の思考――確実性と偶然性の邂逅』勁草書房、2009年。

現代哲学において「人生の意味」を論じた古典的論文として、［１］の第２章「人生の無意味さ」を挙げておきたい。［２］は、分析哲学者が「幸福とは何

か」を正面から問う著作。人生の意味をめぐる現代哲学の議論にも言及している。[3] は、フッサール現象学を「生き方」をめぐる問いへの取り組みとして読み解いた研究書。[4] は、ハイデガー『存在と時間』を、現代哲学の議論をふまえたうえで解釈した研究書であり、第4章では「幸福」がテーマになっている。「哲学者」の生き方は古代哲学において重要なトピックだった。[5] は、国際的に著名なプラトン研究者が、ソフィストをめぐる最先端の研究を通じて、哲学者として生きることの意味をも示唆しようとした著作。[6] は、「生き方としての哲学」という視点から古代哲学史を解釈した画期的な研究であり、後期フーコーにも影響を与えた。フッサールへの言及にも注目。[7] は、確実性をめぐる晩年のウィトゲンシュタインの思考を追跡しており、その密度の高い議論は、世界の存在を問う現象学の営みの意味を検討する手がかりを与えてくれる。

【編著者紹介】

植村玄輝（うえむら・げんき）
1980年生まれ。慶應義塾大学大学院文学研究科哲学倫理学専攻単位取得退学。博士（哲学）。現在は岡山大学大学院社会文化科学研究科准教授。専門は初期現象学。主な著書・訳書に『真理・存在・意識——フッサール『論理学研究』を読む』（知泉書館，2017年），H. ドレイファス＆Ch. テイラー『実在論を立て直す』（共訳，法政大学出版局，2016年），T. タフコ編『アリストテレス的現代形而上学』（共訳，春秋社，2015年）。
担当項目：第3章，第5章，【8–2】，【コラム　フッサールのノエマ概念】，【コラム　社会の現象学】

八重樫　徹（やえがし・とおる）
1982年生まれ。東京大学大学院人文社会系研究科博士課程修了。博士（文学）。現在は広島工業大学工学部准教授。専門は初期現象学，現代倫理学，感情の哲学。主な著書・訳書に『フッサールにおける価値と実践——善さはいかにして構成されるのか』（水声社，2017年），E. フッサール『間主観性の現象学Ⅲ　その行方』（共訳，ちくま学芸文庫，2015年）などがある。
担当項目：第2章，【6–1】，【8–1】，【9–1】

吉川　孝（よしかわ・たかし）
1974年生まれ。慶應義塾大学大学院文学研究科後期博士課程修了。博士（哲学）。現在は高知県立大学文化学部准教授。専門は現象学，現代倫理学。主な著書・訳書に『フッサールの倫理学　生き方の探究』（知泉書館，2011年），『続・ハイデガー読本』（共著，法政大学出版局，2016年），『生きることに責任はあるのか——現象学的倫理学の試み』（共編著，弘前大学出版会，2012年），E. フッサール『間主観性の現象学』（全3巻，共訳，ちくま学芸文庫，2012–15年）などがある。
担当項目：第1章，【6–2】，【9–2】，【コラム　現象学とケア】

【著者紹介】

富山　豊（とみやま・ゆたか）
1981年生まれ。東京大学大学院人文社会系研究科博士課程修了。博士（文学）。現在は東京大学大学院人文社会系研究科研究員，横浜女子短期大学非常勤講師，國學院大學非常勤講師。専門はフッサール現象学。主要な論文に「現象学は外在主義から何を学べるか」（『哲学』68号，日本哲学会），「フッサール初期時間論における過去の構成と過去の実在性」（『現象学年報』31号，日本現象学会），「フッサール中期志向性理論における「対象」の同一性と「ノエマ的意味における規定可能な X」（『哲学』65号，日本哲学会）などがある。
担当項目：第4章

森　功次（もり・のりひで）
1981年生まれ。東京大学大学院人文社会系研究科修了。博士（文学）。現在は大妻女子大学国際センター専任講師。専門は美学。主要な論文・訳書に「前期サルトルの芸術哲学——想像力・独自性・道徳」（東京大学，2015年），K. ウォルトン「フィクションを怖がる」（西村清和編『分析美学基本論文集』，勁草書房，2015年所収），R. ステッカー『分析美学入門』（勁草書房，2013年），K. ウォルトン「芸術のカテゴリー」（電子出版物）などがある。
担当項目：第7章，【コラム　現象学者たちの芸術論】

新曜社

ワードマップ
現代現象学
経験から始める哲学入門

初版第1刷発行　2017年8月14日
初版第5刷発行　2021年1月24日

編　著　植村玄輝・八重樫　徹
　　　　吉川　孝
著　者　富山　豊・森　功次
発行者　塩浦　暲
発行所　株式会社　新曜社
　　　　101-0051　東京都千代田区神田神保町3-9
　　　　電話（03）3264-4973（代）・FAX（03）3239-2958
　　　　E-mail : info@shin-yo-sha.co.jp
　　　　URL : https://www.shin-yo-sha.co.jp/
印刷所　星野精版印刷
製本所　積信堂

ISBN978-4-7885-1532-1　C1010

好評関連書

信原幸弘 編
ワードマップ 心の哲学 新時代の心の科学をめぐる哲学の問い
心の哲学の主要な論争やさまざまな思想的立場を、初学者に向けて解説。脳科学・心理学・人工知能・精神医学など、近年進展めざましい心の科学の基礎を問う。
四六判320頁
本体2600円

山口裕之 著
ワードマップ 認知哲学 心と脳のエピステモロジー
「脳は高度な情報処理機関」にすぎないのか？「意識の科学」の成果をよみほどき、脳科学の哲学的基礎を考えるしなやかな認知哲学入門書。
四六判306頁
本体2800円

前田泰樹 著
心の文法 医療実践の社会学
「心」を個人の持つ能力や性質と見なす分析を離れ、他者の感情を読み取る、動機を推し量るなどのやりとりのなかにこそ現われる心の概念の実際を捉える。
A5判288頁
本体3200円

井頭昌彦 著
多元論的自然主義の可能性 哲学と科学の連続性をどうとらえるか
すべての事象は物理科学によって明らかにできるという「自然主義」理解の誤りをただし、科学主義・物理主義をとらない「多元論的」自然主義を提唱する。
A5判308頁
本体4200円

古田徹也 著
それは私がしたことなのか 行為の哲学入門
自然法則に支配され、運に翻弄される人間。意のままにならない世界で、我々はどこまで自由なのか。「私」という不完全な行為者の意思、責任、倫理を問う。
四六判282頁
本体2400円

（表示価格は税を含みません）